Seeshaupt
Bernried
Karpfen Winkl

Willkommen am See!

84137 Vilsbiburg
2. Aufl. 2004

ISBN 3-9807800-2-3
Typographie: Matthias Liesendahl

Scans: Bruno Hockel, Landshut

Druck: Pscherer Druck, Eching bei Landhut

STARNBERGER SEE

Herausgegeben von Eva Dempewolf

Kiebitz Buch

Starnberger See

Themen und Autoren

Der Starnberger See – neu entdeckt

Wer den Starnberger See als Heimatadresse angibt, wird unweigerlich für »geldig« gehalten – ein Klischee, das von jeher mit dieser Gegend verbunden ist.

Natürlich ist es ein Privileg, in einer Region daheim zu sein, wo andere Urlaub machen. Doch beileibe nicht alle Bürger der Anrainergemeinden des Sees sind Millionäre. Und der Genuss, direkt am Wasser zu wohnen, ist – schon allein aus Platzgründen – einer winzigen Minderheit vorbehalten. Trotzdem: Der Starnberger See ist nicht umsonst weltweit bekannt.

Umso mehr erstaunt es, dass es zwar eine Menge Literatur dazu gibt, ein gut ausgestatteter großformatiger, dennoch handlicher Bildband mit Beiträgen fachkundiger Autoren bislang aber fehlte. Als mich der Verleger der schönen Kiebitz-Bücher auf ein solches Projekt hin ansprach, war ich deshalb zunächst skeptisch. Doch eine Umfrage bei Freunden und Bekannten sowie bei Buchhändlern rund um den See und in der nahen Landeshauptstadt belehrte mich eines Besseren. Ein solches Buch fehlt, hieß es übereinstimmend. Und schneller als erwartet wurde nun eine zweite Auflage nötig.

Da das Buch dem See auf den Grund gehen und möglichst viele Aspekte beleuchten sollte, kamen schließlich fast 40 Autoren zusammen. Dabei fiel auf, dass sehr viele von denen, die Interessantes über dieses wunderschöne Fleckchen Erde zu erzählen haben, entweder »Zugroaste« sind oder aber gebürtige Hiesige, die Beruf oder Liebe in teils weit entfernte Gefilde verschlagen hat. Zufall? Ich denke nicht. Bekanntlich weiß man das, was vor der eigenen Haustür liegt, nur selten zu schätzen. Wer hat heutzutage nicht mehr Museen und Sehenswürdigkeiten in, sagen wir, Paris oder Rom besucht als in der nahen heimischen Großstadt? Ich, die ich seit frühester Kindheit hier lebe, habe bei der Arbeit an diesem Buch jedenfalls unendlich viel Neues über meine Heimat erfahren und möchte nun auch Sie einladen, unseren See und die Ortschaften an seinen Ufern vielleicht neu, vielleicht zum ersten Mal wirklich bewusst zu entdecken.

Mein Ziel war ein bunter Bilderbogen, dessen Lektüre ebenso informativ ist wie sie Spaß macht. Tauchen Sie mit Unterwasserarchäologen nach prähistorischen Fundstücken am Seegrund, schwelgen Sie in den Naturbildern, den sprachlichen wie den fotografischen, und lassen Sie sich entführen in eine Zeit, in der der Starnberger See Schauplatz glanzvoller Fürstenfeste war und noch lange nicht die »Badewanne der Münchner«. Lesen Sie die Geschichte des Kasperlgrafen Franz von Pocci und seines knollennasigen Helden Larifari. Aber lesen Sie auch von der unsäglichen Armut vieler Fischerfamilien und von dem Elend, das Kriege und Seuchen wiederholt über das Land brachten.

Der erste Teil des Buches behandelt Themen, die den ganzen See betreffen – von seinen eiszeitlichen Ursprüngen über die Fischerei und den Segelsport bis hin zu den Verkehrsproblemen unserer Tage; im zweiten Teil dann finden Sie Porträts der Ortschaften und Sehenswürdigkeiten an seinen Ufern.

Mir bleibt nur noch, allen zu danken, die, in welcher Form auch immer, zu diesem Buch beigetragen haben – und zu hoffen, dass alle, die es nun in Händen halten, genauso viel Freude und Vergnügen beim Blättern und Schmökern haben wie wir beim Planen und Zusammenstellen des Bandes.

Eva Dempewolf
Starnberg, im Oktober 2004

Titelbild: Blick von der Ilka-Höhe bei Tutzing über den Starnberger See.
Links: Der See von Südwesten, im Vordergrund das Buchheim Museum bei Bernried.
Die Bilder auf den folgenden Seiten:
Carl August Lebschée: »Der Dampfer Maximilian bei der Insel Wörth« (1858).
Seepanorama mit Alpenblick am Abend.
Surfer bei St. Heinrich, im Hintergrund das verschneite Karwendelgebirge.
Fischer mit Hecht im Morgenlicht.

HONDA

Geologische Spurensuche

Rolf K. F. Meyer

Das anmutige Moränenhügelland mit seinen blau blinkenden Seen und dunklen Mooren vor der gewaltigen Alpenkette lockt die Großstädter seit langem. Aus der öden, trockenen Münchner Schotterebene drängt es sie hinaus in die bucklige, abwechslungsreiche Welt der Hügel und Seen. Ein in mehrfacher Hinsicht nahe liegendes Ziel ist der große Starnberger oder Würmsee, der von jeher die Phantasie beflügelt, dessen Entstehung Geologen aber erst in der zweiten Hälfte des 19. Jahrhunderts erklären konnten.

Spuren der Eiszeit

Einer der Ersten, die den eiszeitlichen Ursprung der Moränenhügel- und Seenlandschaft südlich von München beschrieben, war der Geologe und Paläontologe Karl von Zittel, der 1874 vor der Münchner Akademie der Wissenschaften dazu einen Vortrag hielt. Er hatte in Skandinavien die typischen lang gestreckten Gletscherseen mit Gletscherschliffen und Fremdlingsblöcken (Findlingen) gesehen, die von schwedischen Geologen als eiszeitlich erkannt waren. Zittel zog daraus den

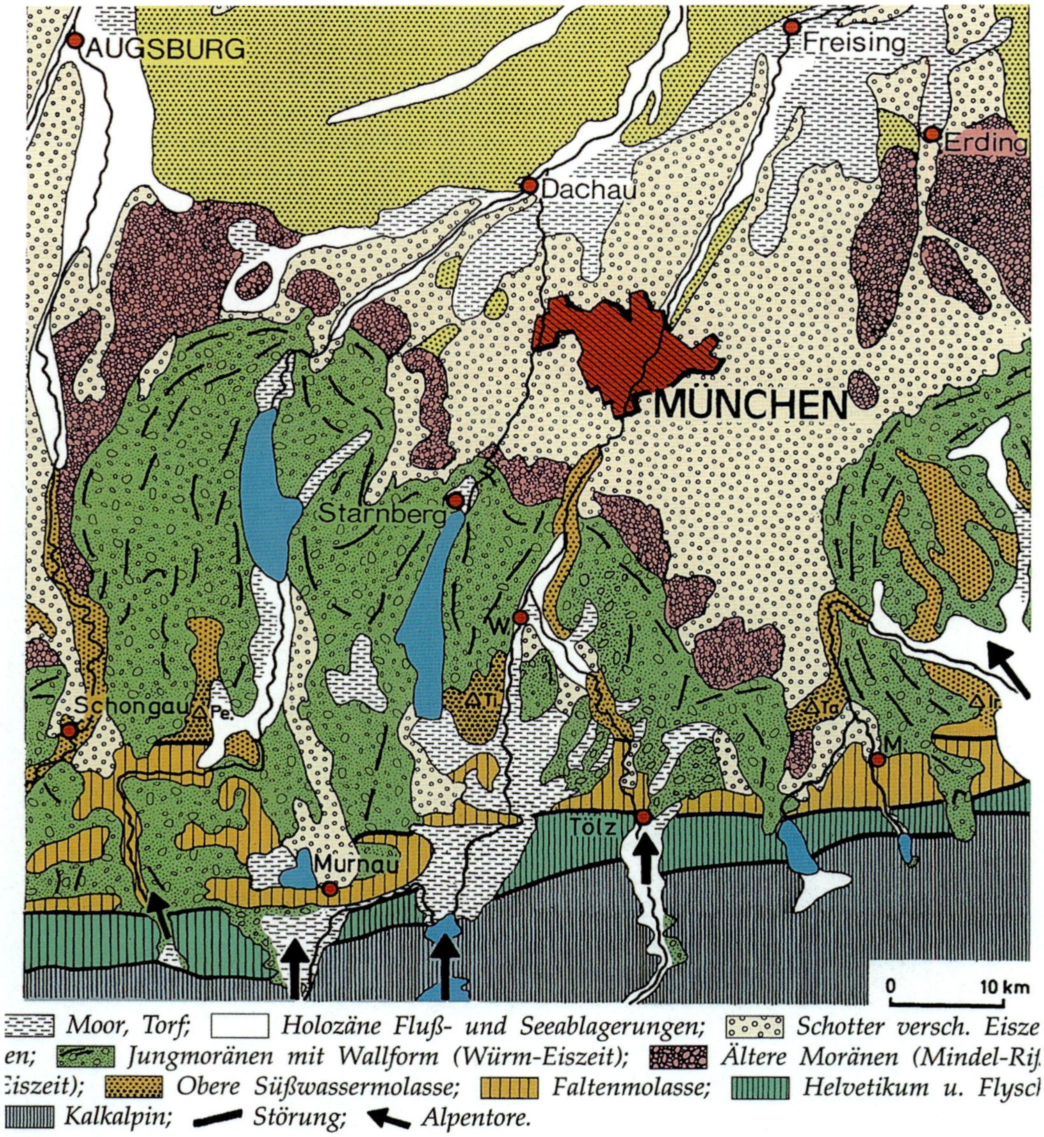

Abbildung 1: Geologische Übersichtskarte der Umgebung des Starnberger Sees mit den Ablagerungen der Eiszeit zwischen den Alpen im Süden und der jungtertiären Oberen Süßwassermolasse im Norden. Vor den Alpentoren breiten sich die Jungmoränen-Züge mit eingelagerten Mooren und Seen girlandenförmig aus. Davor liegt der verwaschene und zum Teil abgetragene Altmoränenzug. Im Gegensatz zu dem halbkreisförmigen Inn-Gletscher ist der Isar-Loisach-Gletscher stärker gegliedert, da er durch mehrere Alpentore gespeist wurde.

Schluss, dass auch die lang gestreckten, zungenartigen Becken des Würm- und Ammersees samt ihrer umgebenden Hügellandschaft das Werk eines großen Gletschers sein mussten, den er Isar-Gletscher taufte.

Neben Findlingen, die – der große Amphibolit-Block aus Percha ist ein schönes Beispiel – nur mittels Eis aus den Zentralalpen über das Inntal hinweg transportiert worden sein können, spielten auch Gletscherschliffe bei der Erforschung eine große Rolle. Tatsächlich entdeckte Zittel zwei Gletscherschliffe auf festem Gesteinsuntergrund: am Schwaighof nordwestlich von Iffeldorf und am Isarhang östlich von Kloster Schäftlarn. Ein wichtiger Gletscherschliff ist auf Nagelfluh im Garten der Rosenapotheke von Berg zu besichtigen.

Der Starnberger See spielte somit bei den Anfängen der Eiszeitforschung eine große Rolle. Zahlreiche Geologen haben seit Zittels Entdeckung die Eiszeitlandschaft durchstreift und ihre Entstehung beschrieben. Die grundlegende Arbeit veröffentlichten Penck und Brückner 1901/09 mit *Die Alpen im Eiszeitalter.* 1931 legte J. Knauer eine erste geologische Karte 1:100 000 vor. Genauere geologische Karten 1:25 000 stammen von H. Jerz.

Wer sich über die Spuren der Eiszeit südlich von München genauer informieren möchte, sei auf die Zusammenstellungen der Reihe *Wanderungen in die Erdgeschichte* verwiesen, der auch die hier gezeigten Abbildungen entnommen sind. In diesem Beitrag kann nur eine kurze Einführung gegeben werden.

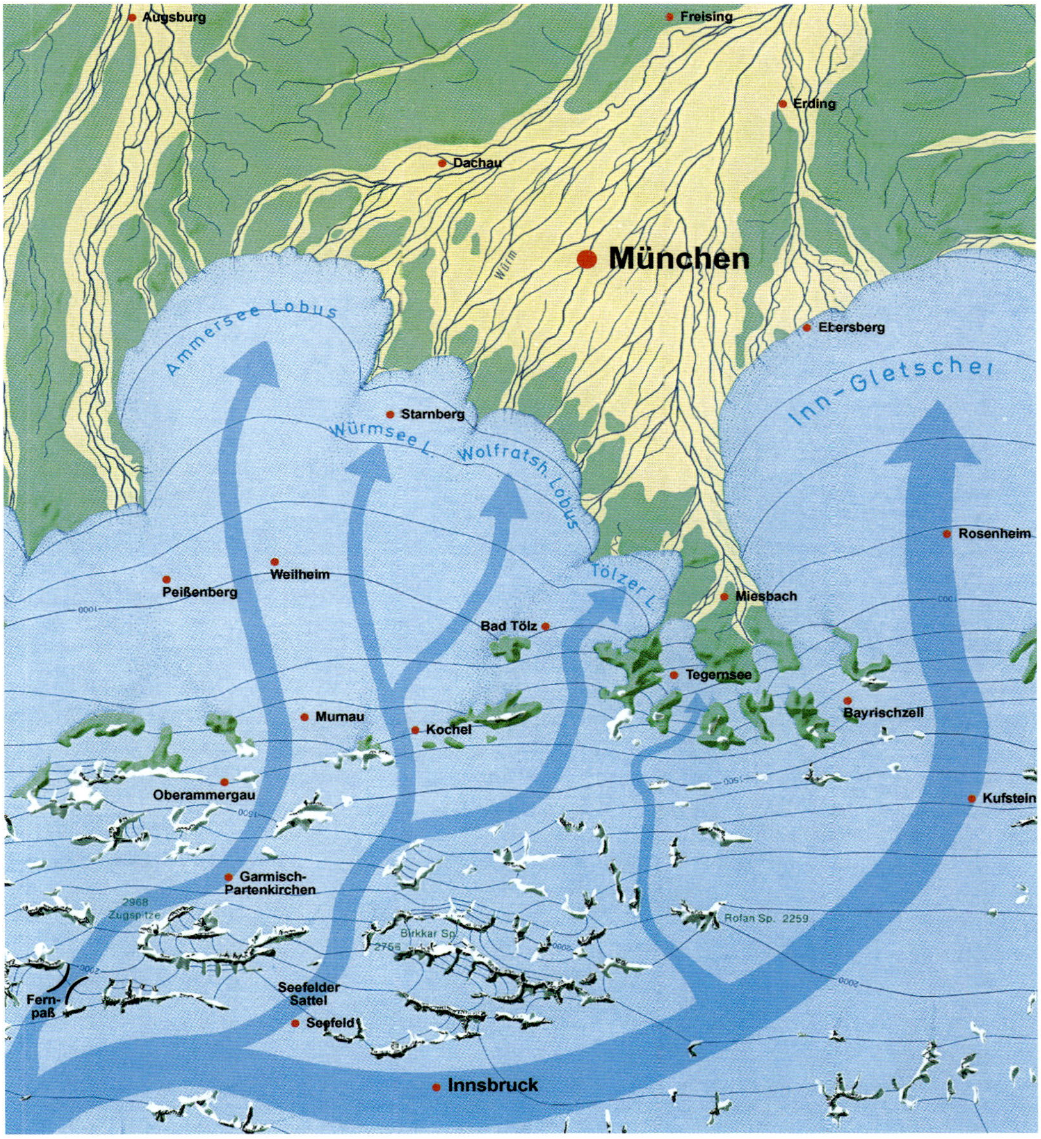

Abbildung 2:
Das gleiche Gebiet wie Abb. 1 (etwas erweitert) während der letzten Eiszeit. Der größte Teil des Gebiets wird vom Eis des Isar-Loisach-Gletschers im Westen und des Inn-Gletschers im Osten bedeckt. Nur einzelne höhere Gipfel ragen aus dem Eisstromnetz der Alpen heraus. Die Eisströme des Isar-Loisach-Gletschers werden über den Fernpass und den Seefelder Sattel vom großen Inn-Gletscher her aus den Zentralalpen heraus versorgt. Ohne scharfe Grenze gehen die Eisströme der Alpenhochtäler in die breiten Gletscherzungen (Loben) des Vorlands über, unter ständiger Abnahme der Eismächtigkeit. Diese betrug am heutigen Starnberger See nur noch 200 bis 300 m. Ausschnitt aus v. Husen, 1987, verändert.

Aufhäufung der Moränenwälle

Der Starnberger See liegt im Zentrum des ehemaligen Isar-Loisach-Gletschers. Dieser war im Gegensatz zum Inn-Gletscher stärker in einzelne Gletscherzungen (Loben) gegliedert, da er durch mehrere Alpentore gespeist wurde (Abb. 1 und 2). Im Westen lag der große Ammersee-Lobus, der direkt über den Fernpass und das Loisachtal am meisten Eiszufuhr aus dem Inntal erhielt; schon weniger bekamen Würmsee-Lobus und Wolfratshauser Lobus über Seefelder Sattel und Kesselberg, am wenigsten schließlich der kleine Tölzer Lobus durch das Isartal.

Jeder Eisstrom hobelte mit seinem eingefrorenen Gesteinsschutt nördlich der festen Faltenmolasse-Rippen ein eigenes Zungenbecken in den weichen Flinzmergel der Oberen Süßwassermolasse (Abb. 3). In den Sommermonaten dürfte darüber hinaus das unter Druck stehende Schmelzwasser am Gletscherboden eine große Rolle gespielt haben.

Am äußersten Ende der jeweiligen Gletscherzunge schmolz der antransportierte Gesteinsschutt aus und wurde zusammen mit dem feinen Gesteinsmehl zu Endmoränen aufgehäuft. Besonders gut haben sich diese Endmoränenwälle an der Würm am Nordende des Starnberger-See-Beckens erhalten. Dort sind auch noch die heute trockenen Schmelzwasserrinnen zu sehen, die von großen Gletschertoren gespeist wurden (z.B. bei Gut Rieden). Deshalb wurde die letzte Eiszeit von Penck auch als Würm-Eiszeit bezeichnet und der Moränenkranz von Leutstetten von ihm zum *Locus typicus* erklärt.

Gletscher auf dem Rückzug

Nach dem Hochstand des Eises vor ca. 20 000 Jahren begann das Rückschmelzen der Gletscher. In

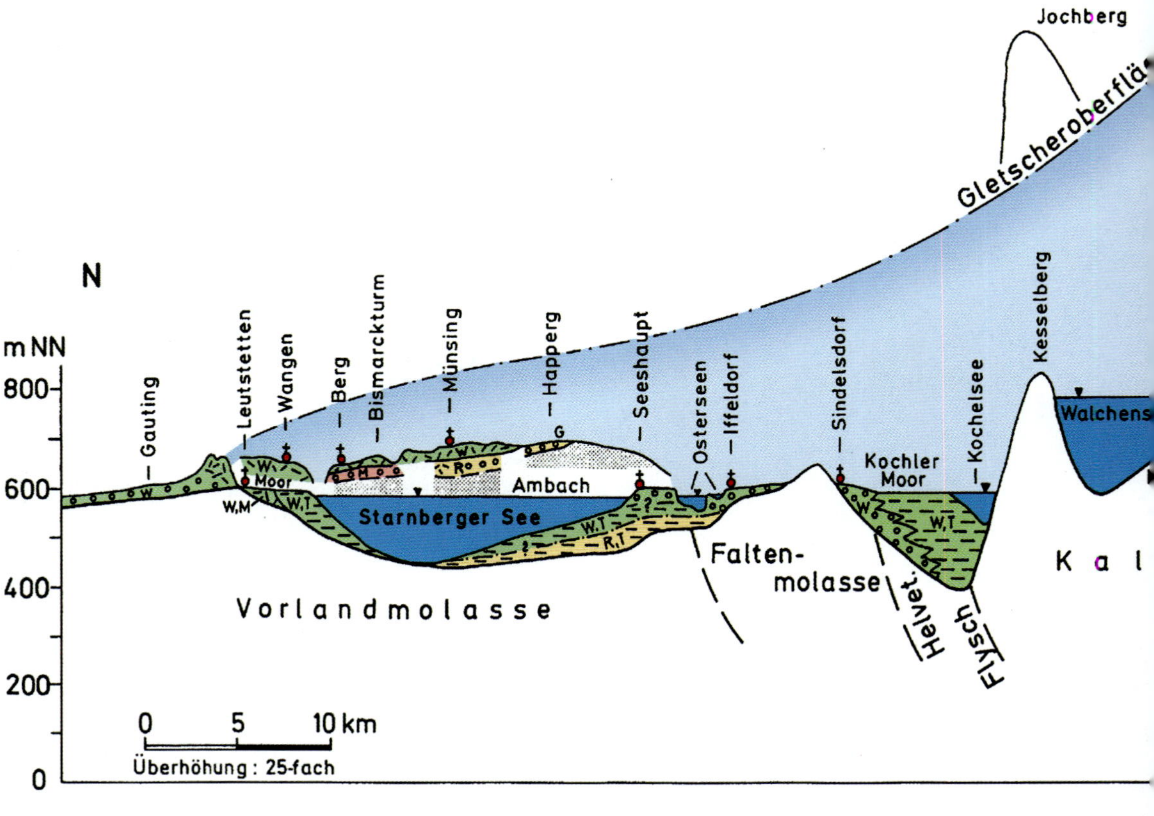

Abbildung 3:
Nord-Süd-Schnitt durch die Zunge des Würm-Gletschers und seine Ablagerungen. Die Würm-Gletscherzunge wurde durch den oberen Isar-Gletscher gespeist, der über die Hauptdolomit-Felsrippen des Kesselbergs ins Vorland austrat und dort im weichen Flysch das tiefe Kochelsee-Stammbecken schuf. Von ihm ging der Würmast direkt über die Faltenmolasse nach Norden zum über 100 m tiefen Starnberger-See-Becken in den weichen Mergeln der Vorlandmolasse. Neben dem Walchensee ist nur das Würmseebecken kaum aufgefüllt. Der Aufbau des Münsinger Molasserückens ist im Hintergrund dargestellt. Vom Doppelwall der Endmoränen bei Leutstetten geht es hinab in die Münchner Schotterebene.

den Stillstandsphasen bildeten sich die Rückzugsmoränen. So staffeln sich heute eine Vielzahl von Moränenzügen um die Zungenbecken und bilden das abwechslungsreiche Moränen-Hügelland. Zwischen den Moränenwällen lagerte sich flächig vor allem feste lehmige Grundmoräne ab, die nach Abschmelzen des Gletschers am Gletscherboden übrig blieb; sie ist wasserundurchlässig und bildet heute zusammen mit dem Seeton den Untergrund der zahlreichen Feuchtgebiete und Moore.

Als das Eis schließlich so weit abschmolz, dass auch die übertieften Zungenbecken von Norden her eisfrei wurden, bildeten sich langsam die Seen heraus. Da der Geschiebe-Nachschub in den abschmelzenden Gletschern nachließ, wurde zunächst nur das Nordende der Zungenbecken mit Gletschertrübe verfüllt (Seeton unter dem Leutstettener Moos). Das Starnberger Becken hatte dann das große Glück, dass keine größeren Zuflüsse von Süden kamen. Kurzfristig hat sich zwar die Urloisach ihren Weg durch das abschmelzende Eis gesucht und dabei die zerfallenden Toteisfelder im Bereich der heutigen Osterseen eingeschottert; im Seebecken selbst lag zu dieser Zeit jedoch noch eine schützende riesige Toteismasse.

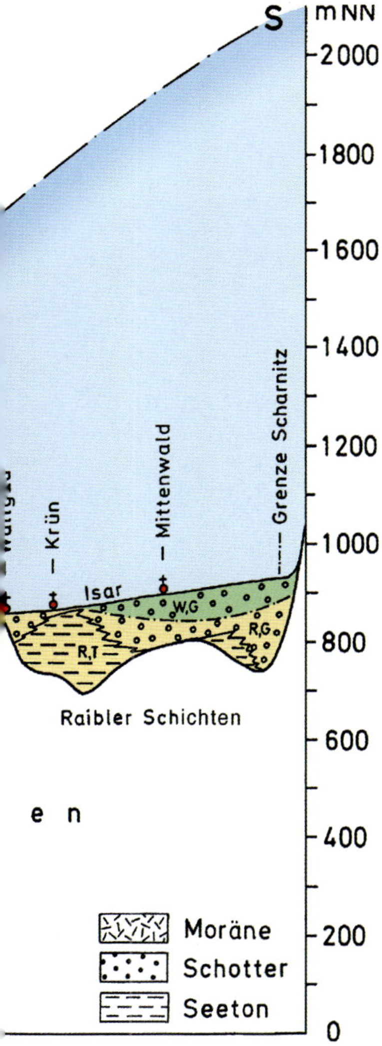

Die Seen entstehen

Mit dem weiteren Zurückschmelzen der Gletscher suchte sich die Loisach dann ihren Weg nach Osten in das Kochelsee-Penzberg-Wolfratshauser-Becken und verfüllte in kurzer Zeit dieses riesige Seengebiet zusammen mit der Isar. Als spärlicher Rest blieb ganz im Süden nur der kleine Kochelsee. Auch die Südhälfte des Ammerseebeckens ist schon durch die Ammer verfüllt. So blieb nur der Starnberger See durch glückliche Umstände bis heute weitgehend erhalten. Sein über 120 m tiefes Becken ist nicht das alleinige Werk des letzten, nur etwa 10 000 Jahre währenden Würm-Hochglazials. Wie ältere, durch Eisauflast verfestigte Seetone im südlichen Seebecken belegen (Riss-Ton in Abb. 3), bestand das Seebecken schon zur Riss-Eiszeit vor etwa 150 000 Jahren. Die lange dauernden risseiszeitlichen Gletschervorstöße dürften die Hauptübertiefung geschaffen haben. Ihre Altmoränen reichen noch über die Jungmoränen nach Norden hinaus (Abb. 1). Westlich des Klosters Schäftlarn gibt es auch schon spät-mindelzeitliche Seetone, die eine noch ältere Anlage der Zungenbecken vermuten lassen (etwa vor 400 000 Jahren). Außerdem tritt beiderseits des Starnberger Sees (z.B. im Schlosspark Berg oder in der Maisinger Schlucht) mindelzeitlicher, bei Happerg, westlich von Eurasburg, sogar günzeiszeitlicher Deckenschotter (Nagelfluh) auf, der in noch älteren Eiszeiten entstanden ist.

So dürften die Seebecken durch vielfache Eisvorstöße über Jahrhunderttausende geschaffen worden sein.

Wirkungen und Sedimente des Eises. Oben links: Gletscherschliff auf Felsuntergrund. Er entsteht durch die schleifende Wirkung der im Eis eingefrorenen Gesteinsgeschiebe. Oben rechts: Amphibolit-Findling bei Percha. Solche tonnenschweren »erratischen Blöcke« wurden vom Eis z.T. bis aus den Zentralalpen ins Alpenvorland transportiert. Auch ihre Oberfläche ist vom Eis poliert. Unten links: Gekritztes Kalkgeschiebe, typisches Erkennungsgestein der Moränen. Unten rechts: Ungeschichtete und unsortierte Geschiebe- und Gesteinsblöcke in toniger Grundmasse kennzeichnen die Moränen.

Wissenswertes rund ums Wasser

Roland Gröber

Ein See besteht nicht nur aus einer Ansammlung von mehr oder weniger Wasser. Auch über und unter dem Seespiegel gibt es zahlreiche Eigenheiten, die ein Gewässer charakterisieren. Die Wissenschaft, die sich damit befasst, ist die Hydrologie oder Gewässerkunde. Hier ein kurzer Einblick.

Der Starnberger See in Zahlen

Die größte Länge beträgt 19,9 km, die größte Breite 4,7 km. Die mittlere Seefläche misst 5720 ha, die Uferlänge 49 165 m. Aus diesem Verhältnis erkennt der Fachmann, dass die Uferlinie sehr wenig gegliedert ist. Der mittlere Wasserspiegel – er kann um 0,5 m nach oben oder unten schwanken – liegt auf 584,17 m über NN. Nach einer 1984 vom Landratsamt Starnberg herausgegebenen Seekarte ist der mit 127,77 m tiefste Punkt in die Nähe der Seeburg zu lokalisieren, 650 m vom Ostufer entfernt. Er liegt mit 456,4 m über NN fast auf der gleichen Höhe wie der tiefste Punkt des Ammersees (452 über NN) – Zufall, oder werden hier frühe geologische Gemeinsamkeiten sichtbar?

Die mittlere Wassertiefe des Starnberger Sees beträgt 54 m. Nur unter etwa 2,7 Prozent der Fläche finden wir eine größere Tiefe als 110 m. In einer Breite von etwa 1000 m durchzieht eine ausgeprägte Tiefenrinne (Schweb) den See. Ansonsten setzen sich die Geländeformen unter Wasser etwa so fort, wie sie auch über Wasser sind: also steiler Abfall des Seegrundes am Ostufer und flache Böschung am Westufer und am Südende des Sees. Selbst einige Berge können unter Wasser festgestellt werden. Diese hat Westenrieder 1784 in seiner beigefügten Karte eingezeichnet, und sie veranlassten Philipp Apian in seiner Topographie von Bayern zu der Bemerkung, dass die drei Schiffe, die zur damaligen Zeit (etwa 1554) bei Possenhofen gebaut wurden, wegen der Enge des Sees und der unter dem Wasser verborgenen Klippen wohl

nicht sicher benutzt werden könnten. An einer Stelle ragt ein Berg etwa 1,60 m über die Wasseroberfläche hinaus und bildet die einzige Insel, die Roseninsel. Sie hatte ursprünglich eine Fläche von 1,27 ha und wurde unter Maximilian II. auf etwa 1,73 ha vergrößert.

Zuflüsse, Temperatur und Farbe

Mit 3,1 Mrd. Kubikmeter hat der Starnberger See den größten Inhalt aller bayerischen Seen (Chiemsee nur ca. 2 Mrd. Kubikmeter). Im Gegensatz zum Ammer- und Chiemsee besitzt der Starnberger See keine großen Zuflüsse, und sein Niederschlagseinzugsgebiet ist nur 240 km² groß. Daraus folgt, dass er von allen bayerischen Seen die längste Wassererneuerungszeit hat: 21 Jahre. Die geringen Zuflüsse bedeuten aber auch, dass er mit Sicherheit länger »leben« wird als etwa Ammersee oder Chiemsee. Für den Wasserhaushalt sind neben den Niederschlagsmengen viele unterirdische Quellen verantwortlich. Jeder Schwimmer kann diese Quellen in ufernahen Gebieten spüren. Die Würm führt etwa 50 Prozent des Wassers ab, der Rest verdunstet. Durch Wärmespeicherung hat die große Wassermenge spürbaren Einfluss auf das Klima der näheren Umgebung.

Etwa alle fünf bis sechs Jahre friert der See zu, wobei sich aber selten eine völlig geschlossene Eisdecke bildet – nach 1913/14, 1928/29, 1941/42 und 1962/63 zuletzt im Februar 1987. Im Sommer erwärmt sich das Wasser bis etwa 22° C, an flachen Stellen wurden schon 27° C gemessen. Freilich wird fast immer nur das Oberflächenwasser aufgeheizt; einen Meter tiefer ist es bereits merklich kälter.

Die Farbe des Wassers ist grün, wobei im Winter ein bläulicher, im Sommer ein gelblich brauner Ton dazukommt. Die Sichttiefe liegt im Sommer bei 3 bis 4 m, im Winter bei 14 m. Für die Verringerung im Sommer ist vor allem eine Trübung durch thermische Faktoren verantwortlich. Die Wasserqualität wird heute wieder mit Güteklasse I (kaum verunreinigt) angegeben.

Von Wellen, Seiches und »Lackerln«

Die Wellen erreichen selbst bei Windstärke 8 auf dem See kaum mehr als 30 cm Höhe, können aber beim Auflaufen auf das Ufer fast 10-mal so hoch werden. Einige physikalische Effekte werden in der Literatur über den See häufig hervorgehoben. Da sind zum einen die Seiches (sprich Säsch), die durch Luftdruckunterschiede entstehen. Dabei kommt es zu einer Schwingung mit einer Periodendauer von etwa 25 Minuten und einer Amplitude von 5 bis 50 mm, die von einer kürzeren Periode mit etwa fünf Minuten Dauer überlagert wird. Da die Wellen durch starken Wind meist sehr viel höher sind, können die Seiches nur mit speziellen Geräten gemessen werden. Deutlich sichtbarer ist das so genannte Rinnen, das durch unterschiedliche Temperaturverhältnisse im See und durch Wind bewirkt wird. Aufmerksame Beobachter wissen: Wenn der See »Lackerl« hat, schlägt das Wetter um.

Faszinierender Föhnblick ins Gebirge

Ein interessanter Effekt ist auch die Tatsache, dass der Seespiegel der Erdkrümmung folgt und die Mitte des Sees etwa 5 m höher liegt als die beiden Enden. Schaut man von der Wasserlinie von Starnberg aus nach Seeshaupt, kann man also erst Gebäude wahrnehmen, die etwa 30 m über der Wasseroberfläche liegen. Eine gegensätzliche optische Erscheinung ist die Kimme, eine Lichtbrechung, die nur bei starken Temperaturunterschieden sichtbar wird. So kann es vorkommen, dass man von Bernried aus Schloss Leutstetten kaum sehen kann, während es zu anderen Zeiten so hoch aufragt, dass selbst Uferland zwischen Schloss und See erkennbar wird. Noch markanter wird der Blick von Starnberg aus, wenn bei Föhn das Gebirge direkt hinter dem See aufzusteigen scheint. Ein Panorama, das immer wieder fasziniert.

Als der Starnberger See noch öfters zufror – die Postkarte (Ausschnitt) stammt aus dem Winter 1913/14.

Die Dolchklinge aus Feuerstein der späten Jungsteinzeit (um 3000 v.Chr.) von der Roseninsel ist der älteste Fund vom Starnberger See.

Die Besiedlung der Vorzeit

Hans Peter Uenze

Die historischen, durch schriftliche Quellen erhellten Zeiträume beginnen hierzulande erst sehr spät, in karolingischer Zeit. Alles, was dem vorausgeht, wird unter dem Begriff Vor- und Frühgeschichte zusammengefasst. Hierbei versteht man unter Vorgeschichte den Zeitraum vom ersten Auftreten des Menschen bis zum Eintreffen der Römer in Bayern, dem Jahr 15 v. Chr. Zur Frühgeschichte zählen dann die Zeit der Römerherrschaft und die folgenden Jahrhunderte bis in die Zeit um 800 n. Chr.

Die ältesten Fundstellen

Die ältesten Fundstellen der Vor- und Frühgeschichte am Starnberger See gehören der Jungsteinzeit an, dem 4. Jahrtausend v. Chr. Von dieser Zeit kennen wir neben einzelnen Steinwaffen, die auf der Jagd verloren gegangen sein mögen oder als Opfergaben in den Boden gelangten, aus dem See selbst zwei Siedlungsplätze: die Roseninsel und eine Pfahlbausiedlung auf einer heute unter Wasser liegenden ehemaligen Insel bei Kempfenhausen. Weitere, noch unbekannte Siedlungsplätze sind westlich wie östlich des Sees vorauszusetzen.

Handelsrouten der Bronzezeit

Erst viele Jahrhunderte später, in der Bronzezeit (2300–1200 v. Chr.), war das Land um den Starnberger See bereits etwas dichter besiedelt. Die Siedlungen selbst dürften an den damaligen Handelswegen gelegen haben, auf denen die begehrte Bronze aus den Alpen in die Donauzone transportiert wurde. Aus dem Weilheimer Raum kommend, verliefen westlich des Starnberger Sees offensichtlich zwei dieser Handelsrouten, die nicht mehr als Trampelpfade gewesen sein können. Eine führte nach Andechs, wo sich an der Stelle der mittelalterlichen Burg eine Siedlung befand, und von dort nach Norden. Die andere zog über die Gegend von Machtlfing, Aschering, Pöcking, Söcking und das Würmtal in nordöstliche Richtung.

Kennzeichnend für die Bronzezeit sind die Grabhügel, die über den Bestattungen errichtet wurden. Diese aus Erde und Steinen erbauten »Miniaturpyramiden« haben rund 10 m Durchmesser und erreichen heute noch rund 0,5–0,8 m Höhe. Derartige Grabhügel finden sich an mehreren Stellen im Starnberger Raum, so bei Frieding, Aschering und Traubing, am Eßsee bei Seewiesen sowie östlich des Starnberger Sees bei Aufkirchen.

Urnenfelder- und Hallstattzeit

Um 1200 v. Chr. kam es nach Veränderungen im sozialen und religiösen Bereich zu völlig neuen Bestattungssitten. Die Verstorbenen wurden jetzt verbrannt, ihre Überreste in Urnen gefüllt und diese dann in kleinen Erdgruben beigesetzt. Nach der Form ihrer Friedhöfe wird diese Epoche als Urnenfelderzeit bezeichnet (1200–800 v. Chr.). Am Starnberger See sind Fundstellen dieser Epoche deutlich seltener als jene der Bronzezeit, was aber mit den geringeren Fundchancen aufgrund der unauffälligen Grabform zusammenhängen kann. Die bekannteste Fundstelle der Urnenfelderzeit im Starnberger Raum befindet sich auf der Roseninsel. Die Menge des dort entdeckten urnenfelderzeitlichen Schmucks und der Keramik belegt zweifelsfrei, dass die Insel keine bloße Fischeransiedlung war, sondern während einer Unruhezeit bewohnt wurde – weil der Platz nicht so einfach wie eine Landsiedlung zu überfallen war. Wie am Beginn der Urnenfelderzeit, so steht auch an ihrem Ende eine zugleich religiöse und soziale Revolution.

Während der nach einem Fundplatz in Österreich benannten Hallstattzeit (800–500 v. Chr.), dem älteren Abschnitt der vorrömischen Eisenzeit, kehrte man wieder zur Bestattung in Grabhügeln zurück. In diese Epoche, die Zeit der frühen Kelten, fällt die intensivste Besiedlung der vorrömischen Zeit in der Region um den Starnberger See.

Als Zeichen einer Art Binnenkolonisation, eines Landesausbaus, sind die nun weiträumig in der Moränenlandschaft verbreiteten Grabhügel anzusehen. Sie liegen in Gruppen von 12 bis 70 Exemplaren und weisen deutlich größere Dimensionen auf als jene der Bronzezeit: Durchmesser zwischen 15 und 20 m bei rund 1 m Höhe sind nun die Regel. Besonders attraktiv sind die Exemplare zwischen Traubing und Machtlfing, die heute von alten Bäumen bekrönt werden.

Wirtschaftsgrundlage der damaligen Zeit war die Landwirtschaft mit Ackerbau und Viehhaltung. Die Fischerei spielte als Erwerbszweig keine Rolle, wie das Fehlen von Grabhügeln am Seeufer oder an den Hängen zum Starnberger See beweist. Besiedelt wurden vielmehr die Hochflächen westlich und östlich des Starnberger Sees. Hier bestanden viele kleine Siedlungen (aus je ein bis drei Gehöften) zur gleichen Zeit, wie wir etwa aus dem Bereich der Gemeinde Berg wissen. Den dortigen 14 Nekropolen der Hallstattzeit müssen ebenso viele Siedlungen entsprochen haben.

Grabhügel der Latènezeit

Nach rund 300 Jahren friedlicher Entwicklung und des Wohlstands folgte erneut eine Periode des Wandels. Der Anfang der um 500 v. Chr. beginnenden Latènezeit (500–15 v. Chr.) ist durch eine krasse Veränderung der Bestattungssitten gekennzeichnet: Jetzt wurden nur noch einzelne Personen auf herkömmliche Art in Grabhügeln beigesetzt. Für die große Masse der Bevölkerung wandte man dagegen nach dem Tod ein Ritual an, das sich archäologisch nicht nachweisen lässt. Rund 100 Jahre später begann nach kriegerischen Wirren im keltischen Bereich Mitteleuropas, zu dem unter anderem der gesamte süddeutsche Raum zählt, eine große Wanderungsbewegung, überwiegend in östliche Richtung. Während dieser kriegerischen Unruhezeit wurde die Roseninsel erneut aufgesucht. Zwar stabilisierten sich die Verhältnisse gegen 300 v. Chr. wieder, doch war das Land um den Starnberger See jetzt nur noch sehr dünn besiedelt.

Oben: Grabhügel der Hallstattzeit zwischen Traubing und Machtlfing, umgeben von Buchen, Wiesen und einem Feuchtgebiet.

Unten: Gefäß der Hallstattzeit aus einem der Grabhügel.

Die Römer am Starnberger See

Erst während der römischen Epoche, die mit dem Einmarsch der Römer in Südbayern im Jahr 15 v. Chr. begann und mit ihrem fast vollständigen Rückzug gegen 400 n. Chr. endete, finden sich wieder archäologische Fundplätze im Land um den Starnberger See. Bei ihrer Eroberung und der anschließenden Entwicklung des Landes legten die Römer eine Vielzahl von Straßen an, die Städte (Kempten, Augsburg, Salzburg) miteinander verbanden, aber auch zur Grenzregion an der Donau führten. Der Starnberger Raum wurde von einer römischen Straße durchzogen, die von Kempten und Epfach kommend bei Andechs die Höhe der Moränenlandschaft erreichte und von dort über Perchting nach Gauting führte, wo sie auf eine andere Straße stieß, die Augsburg mit Salzburg verband.

In der Nachbarschaft der römischen Straßen entstanden Landgüter, von denen einige bei Andechs in ihrer Lage bekannt sind. Andere, wie die beim Schmalzhof zwischen Pöcking und Starnberg, lassen sich nur durch die zugehörigen Nekropolen erschließen. Insgesamt muss man sich das Land in der Nachbarschaft der Straßen kultiviert vorstellen, während die entfernteren Regionen, wozu auch das Ostufer des Starnberger Sees zählt, sich selbst überlassen blieben und mit Wald bedeckt waren. In den siedlungsnahen Gebieten dürften dagegen kaum Bäume gestanden haben, da die Römer für ihre Bäder und Häuser sehr viel Holz als Heizmaterial benötigten.

Das frühe Mittelalter

Gegen 400 n. Chr. ging die Römerherrschaft in Südbayern zu Ende. Danach verstrichen fast 100 Jahre, bis die eingewanderten germanischen Gruppen im frühen Mittelalter (5.–8. Jahrhundert) hierzulande dauerhaft ansässig wurden. Erst gegen 530 n. Chr. entstand unter fränkischem Druck das bayerische Stammesherzogtum mit dem Sitz des Herzogs in Regensburg, der alten Römerstadt.

Unter den nun gesicherten Verhältnissen wurden in der 2. Hälfte des 6. Jahrhunderts auch im Land um den Starnberger See die ersten Siedlungen angelegt – nachweisbar durch Grabfunde in Feldafing und in Frieding bei Andechs. Im 7. Jahrhundert folgte eine Art Landesausbau mit neuen Siedlungen in Herrsching, Farchach, Münsing und Tutzing, jeweils ebenfalls durch Grabfunde bezeugt. Eine Reihe von Orten, deren Name auf -ing endet, dürfte auf frühmittelalterliche Dörfer zurückgehen, so Machtlfing, Maising, Perchting, Pöcking, Söcking und Traubing.

In die Phase eines weiteren Landesausbaus, jetzt des 9. und 10. Jahrhunderts, gehören dann am Nordostufer des Starnberger Sees die Siedlungen von Aufkirchen, Aufhausen, Allmannshausen, Bachhausen, Sibichhausen und Mörlbach, die als Rodungen entstanden.

Kette aus verschiedenfarbigen Glasperlen aus römischer Zeit von Perchting (1. Jh. n. Chr.).

Geschichte aus dem See – archäologische Entdeckungen unter Wasser

Marcus Prell

Was treibt Archäologen seit rund 140 Jahren dazu, im Starnberger See der Vergangenheit auf den Grund zu gehen? Warum werden unter Wasser aufwändige Vermessungsrahmen installiert, Pfähle gezeichnet und Holzproben entnommen?

Der Starnberger See ist aus archäologischer Sicht ein See der Superlative. Er bewahrt kulturgeschichtliche Spuren vom 4. Jahrtausend v. Chr. bis in die jüngste Vergangenheit. Vor Kempfenhausen ruhen die Überreste der einzigen in Bayern nachgewiesenen »Pfahlbausiedlung«. Von der Roseninsel stammt das älteste bekannte Wasserfahrzeug Bayerns. 1873 fand hier der erste archäologische Tauchgang Bayerns statt.

Unterwasserarchäologie in Bayern

Der Beginn der bayerischen Unterwasserarchäologie liegt im Jahr 1864, als die Münchner Professoren Carl Theodor Ernst von Siebold und Moritz Wagner an der Roseninsel vermeintliche Reste vorgeschichtlicher Pfahlbauten entdeckten. Bei den folgenden, vom Starnberger Landrichter Sigmund von Schab geleiteten Ausgrabungen rund um die Insel kam erstmals ein Taucher zum Einsatz. Die Grabungsmethoden mit der Baggerschaufel muten heute recht grob an, entsprachen aber der Zeit. Schab ließ über 80 Gruben ausheben; rund 1,5 Tonnen Knochen, über 201 kg Tonscherben und 554 sonstige Fundstücke kamen ans Tageslicht.

Die moderne Taucharchäologie im Starnberger See ist eng mit der Bayerischen Gesellschaft für Unterwasserarchäologie e.V. verbunden. Diese führt seit 1980 im Auftrag des bayerischen Denkmalamts an verschiedenen Stellen Prospektionen und Ausgrabungen durch. Zunächst dokumentierte man vor Seeshaupt und Leoni verstreut am Seeboden liegende Keramik- und Glasobjekte, die

Bugpartie des urnenfelderzeitlichen Einbaums von der Roseninsel während der Freilegung. Das 13,5 m lange Gefährt wurde 1989 geborgen.

zum Teil im Heimatmuseum Starnberg ausgestellt sind. Wie so oft waren die Fundstellen von plündernden Sporttauchern bereits gestört worden.

Inselsiedlung Kempfenhausen

Zwischen 1985 und 2000 fanden mehrere Grabungskampagnen an einer Fundstelle in der nördlichen Seehälfte statt, wo sich auf einem ungefähr 150 m langen und 50 m breiten unterseeischen Höhenrücken vor Kempfenhausen in etwa 4 m Tiefe die Reste einer jungneolithischen Inselsiedlung erhalten haben. In monatelanger Arbeit trugen die Taucher das Oberflächensediment ab, zeichneten Pfahl um Pfahl, entnahmen Proben zur Holzart- und Altersbestimmung und legten einen Sondageschnitt an, der Reste einer Kulturschicht erkennen ließ. Die Jahrringanalyse der Hölzer ermöglichte eine Datierung der Anlage auf die Zeit zwischen 3723 und 3719 v. Chr. Trotz des genauen Pfahlplans ließen sich bislang keine eindeutigen Hausgrundrisse identifizieren – die tief greifende Erosion hat die meisten Spuren verwischt.

Wie die Menschen damals am See lebten, können wir nur ansatzweise rekonstruieren. Sicherlich betrieben sie Fischfang und Ackerbau. Sie verwendeten Keramikgeschirr, das mit Sonnensymbolen verziert war. Einige Scherben der Gefäße fanden sich am Seegrund, ebenso Silexpfeilspitzen und ein Steinbeil. Die kleine Siedlung scheint überregionale Kontakte besessen zu haben, denn drei weitere Funde, darunter das bekannte Flachbeil, bezeugen die Verwendung von Kupfer, eines für die damalige Zeit innovativen Werkstoffs.

Da die Werkzeuge etwa zum Zeitpunkt der Errichtung der Anlage hergestellt wurden, kann auch bei ihnen näherungsweise das Alter absolut bestimmt werden – eine Seltenheit in der Archäologie, die den konservierenden Eigenschaften des Wassers zu verdanken ist. Durch den Abschluss von Luftsauerstoff können im feuchten Milieu organische Materialien wie Holz Jahrtausende überdauern und datiert werden.

Einbäume – Arbeitsboote der Fischer

Bereits die Seebewohner der Jungsteinzeit benutzten hölzerne Boote, die aus einem ausgehöhlten Stamm gefertigt waren. Dieser Bootstyp, volkstümlich Einbaum genannt, war bis etwa 1900 am Starnberger See als Arbeitsboot der Fischer in Gebrauch. Über zehn Einbäume fanden Taucher im Starnberger See, und einige sind in der Archäologischen Staatssammlung München ausgestellt.

Rund um die Roseninsel laufen mehrere vorgeschichtliche Palisaden, die bis auf wenige Zentimeter aberodiert sind. Durch Wellenschlag und Bootsverkehr sind diese jahrtausendealten Zeugnisse stark bedroht.

Roseninsel-Einbaum – ein sensationeller Fund

Der älteste Einbaum und zugleich das älteste Wasserfahrzeug Bayerns ist der Roseninsel-Einbaum. Auch bei ihm verrieten die Jahrringe den Zeitpunkt seiner Herstellung: 900 v. Chr. Mit einer Länge von 13,5 m ist er der größte Einbaum Mitteleuropas. Der Roseninsel-Einbaum wurde 1986 im Flachwasser an der Westseite der Insel entdeckt. Umfangreiche Untersuchungen zeigten, dass er in ein urnenfelderzeitliches Schichtpaket eingebettet lag. Aufgrund der außerordentlichen Länge stellte seine Hebung hohe Anforderungen. Einfache Bergungsmethoden mit Gurten und luftgefüllten Ballons schieden aus, da das Gefährt wie ein Taschenmesser hätte zusammenklappen können. Man wählte daher ein korsettartiges Stützgestell aus Holzschalen, die um den gewölbten Rumpf gelegt wurden. Unter tatkräftiger Mitwirkung des Taucherausbildungszentrums Percha konnte der Einbaum am 26. November 1989 mit zwei Kränen geborgen werden. Ein Spezialtieflader brachte die wertvolle Fracht in die Konservierungswerkstätte der Archäologischen Staatssammlung München.

Da die Konservierung von Holz sehr kosten- und zeitintensiv ist, verzichtet man inzwischen auf die Hebung von Einbäumen. Ein im Jahr 2000 vor Kempfenhausen entdecktes, rund 5,40 m langes Exemplar wurde am Seegrund mit Hilfe von Plexiglasscheiben im Maßstab 1:1 gezeichnet und anschließend mit Geotextilien und einer Kieslage abgedeckt. Der Einbaum steht mit der Siedlung vor Kempfenhausen jedoch in keinerlei Zusammenhang. Er wurde rund 3500 Jahre später angefertigt und datiert in die Latènezeit.

Wohnsiedlung oder Wallfahrtsort?

Doch zurück zur Roseninsel. Seit mindestens 6000 Jahren suchen Menschen diese Insel auf und haben im Wasser Spuren hinterlassen, die es noch zu enträtseln gilt. So ist bis heute nicht geklärt, ob die vorgeschichtlichen Pfähle und Balken im Wasser zu Behausungen gehörten. Einige Pfahlreihen sind eindeutig als Palisaden anzusprechen. Doch wer sollte geschützt werden? War die Insel dauerhaft bewohnt oder diente sie bloß zur Bestattung der Toten oder gar zu kultischen Handlungen?

Viele Fragen werfen auch die beiden sagenumwobenen Brücken auf, die einst einige hundert Meter lang vom Festland zur Insel führten. Ihre früheste Erwähnung stammt aus dem 16. Jahrhundert, als ein gewisser Jakob Rosenbusch die Insel als Ritterlehen samt dazugehörigem Fischwasser »zwischen den zwei Brücken« erhielt. Die Brücken, von denen noch hunderte Pfähle im Grund stecken, sollen im Dreißigjährigen Krieg zerstört worden sein. Über das wahre Alter der Anlagen wurde schon viel spekuliert. Aufgrund der von Taucharchäologen entnommenen Holzproben konnte vor kurzem die nördliche der beiden Brücken datiert werden: Ihre Entstehungszeit liegt um das Jahr 1340 n. Chr. Damals stand auf der Insel ein Kirchlein, das bis 1401, als die Feldafinger Ortskirche eingeweiht wurde, der Festlandsgemeinde als Gotteshaus gedient haben mag. Lorenz von Westenrieder bemerkt dazu, dass ungewissen Erzählungen zufolge eine berühmte Wallfahrt zu dem Kirchlein gewesen sei und derart viel Volk dahin strömte, dass man es für nötig hielt, zwei so lange Brücken zu bauen.

Der Starnberger See ist ein in Bayern einzigartiges Geschichtsbuch, dessen Entzifferung erst begonnen hat. Er birgt keine materiellen Reichtümer, aber er enthält Antworten zur regionalen und überregionalen Kulturgeschichte, die keine andere Quellengattung liefern kann.

Oberflächenaufnahme bronzezeitlicher Baustrukturen im Flachwasser. Der Taucharchäologe Peter Glas überträgt die Befunde mit Bleistift auf wasserfestes Millimeterpapier.

Zur Geschichte der Fischerei am See

Roland Gröber

Die Fischerei am Starnberger See ist sehr alt. Man darf annehmen, dass die ersten Siedler am See auch Fischer waren. Sie konnten fischen, wann immer sie wollten. Erst langsam bildeten sich die Fischereirechte heraus. Sie beruhten auf dem Besitz von Grund und Boden und lagen damit bei den alten Adelsgeschlechtern und später bei den bayerischen Herzögen. Diese ließen die Fischerei von Leibeigenen gegen Abgaben und Scharwerk durchführen.

Die älteste Urkunde zur Fischerei am See stammt aus dem Jahr 792 und handelt von der Schenkung eines Fischers an Propst Baltherich von »Sceftlarn« (Schäftlarn). Fast 200 Jahre später (980) wurde im Kloster Ebersberg eine Urkunde ausgestellt, in der einem gewissen Udalricus das Recht zur gemeinsamen Ausübung der Fischerei im ganzen See eingeräumt wird – mit Ausnahme eines ausschließlich für das Dorf »Tutzingen« bestimmten Teils. Das Fischen war also schon um 1000 nicht mehr jedermanns Recht und auch nicht mehr überall möglich.

Im Laufe der Zeit verfügten die Klöster Schäftlarn, Beuerberg, Tegernsee, Bernried, Fürstenfeld und Polling über Besitzungen und damit auch Fischrechte am Würmsee. Die Klöster, die zur Fastenzeit und an den Freitagen Bedarf an Fischen hatten, sicherten sich so ihre Versorgung.

Der erste Seerichter

1346 erscheint in den Urkunden zum ersten Mal ein Seerichter zu Starnberg, der die Fischer überwachen sollte. Ihm unterstanden in Fischereifragen alle Fischer des Würmsees, also auch die, die zu einem anderen Landgericht gehörten.

Aus dem Vorhandensein eines Seegerichts lässt sich schließen, dass es Vorschriften für die Fischerei gab, über die der Richter zu wachen hatte. Hauptinhalt dieser Bestimmungen, die unbekannt sind, dürfte die Sicherung der Fischlieferungen an die Münchner Hofhaltung gewesen sein. Die Fische der bayerischen Seen gehörten neben Wild zu den bevorzugten Spezialitäten des Adels.

Die Seeordnung von 1444

Vorschriften zur Fischerei, auf deren Vorhandensein wir bis dahin nur indirekt schließen konnten, sind in der Seeordnung von Herzog Albrecht III. von 1444 erstmals schriftlich überliefert. Diese regelte die Fisch-, Wasser- und Mühlrechte am Würmsee und an der Würm. 1489 heißt es, dass »die Vischer daselbst am Wirmsee sitzend, vischn mugn mit alln Zeug und zuo alln Zeiten, wie sy den Visch gewinnen mugn und zuo gewinnen wissn, dann allain im Laich nit und nach dem Maß, als hernach steht.«

Das Fischverbot während der Laichzeit und die geforderten Mindestmaße der Fische sollten ein Ausfischen des Sees verhindern.

Das Recht zu fischen war an den Besitz bestimmter Anwesen geknüpft. So konnte jeder, der ein entsprechendes Haus erbte oder kaufte, auch fischen. Folglich gab es auch Schmiede, Bäcker, Müller und Schuster, die ihr Glück mit der Fischerei versuchten. Im Allgemeinen aber stammten die Fischer aus Fischerfamilien.

Die recht liberalen Vorschriften von 1489 wurden von vier »Aufluegern« überwacht, »die den See ohn Unterlaß besuchen, auf alle und jede Punkten der Vischordnung fleißig Achtung geben und die Verbrecher dem Pfleger zu Starnberg fürtragen« sollten. Mit dem Befolgen der Regeln war es jedoch nicht weit her. 1508 wurde dem Pfleger zu Starnberg in einem »kräftigen Mandat« befohlen, die Artikel der Seeordnung öffentlich ausrufen und schwere Strafen verkünden zu lassen. Da auch diese Androhungen wenig fruchteten, war es

Bild S. 28: Am frühen Morgen ist dem Fischer ein Hecht ins Netz gegangen. Hechte waren früher wichtige Fangfische im Starnberger See.

Das Bild »Idylle am See, von Schloss Ammerland inspiriert« mit Fischerboot malte Franz Graf von Pocci im Jahr 1863.

Lorenz Quaglio (1793–1869), Landschaftsmaler, Zeichner und Lithograph, erwanderte die Landschaft um den Starnberger See und schilderte auch die Menschen und ihre Arbeitsgeräte, wie hier einen Fischer bei Possenhofen.

nur eine Frage der Zeit, wann eine strengere Ordnung erlassen werden würde.

Vorkaufsrecht des Hofes

Am 4. Oktober 1521 beorderte der Pfleger zu Starnberg die Fischer nach Tutzing, um den Entwurf einer neuen Ordnung durchzusprechen, die zwei Monate später im Namen der Herzöge Wilhelm und Ludwig erlassen wurde. Sie gilt als Markstein in der Verwaltungsgeschichte der Fischerei am Würmsee und sollte für die nächsten 300 Jahre (bis 1835 gab es sechs weitere Seeordnungen) die Vorlage darstellen.

Geregelt wurden die Beschränkung der Fangzeiten, der Verkauf der Fische, die Festlegung des Fangzeugs und die vorgeschriebenen Preise. Neu war das »Brittlmaß« zur Festlegung der Maschenweiten der Netze. Der Pfleger gab an die Fischer kleine Brettchen (»Brittl«), die damit ihre Netze stricken mussten. Mit dieser Maßnahme wollte man den Fang von zu kleinen Fischen verhindern.

Die wichtigste Neuerung betraf den Verkauf der Fische. Im Gegensatz zu früher bestand nun das absolute Vorkaufsrecht des Hofes. Dazu wurden »Fischkäufler« aufgestellt. Nur die Fische, die vom Hof nicht gebraucht wurden, durften auf dem Fischmarkt feilgeboten werden. Diese Regelung barg von Anfang an Zündstoff, da die Preise des Hofes niedriger waren als auf dem freien Markt.

Segenregister, Zunftpixen und Fischainigung

Um diese Zeit tauchen auch zum ersten Mal »Segenregister« auf. In diesen Verzeichnissen sind alle Fischlehensbesitzer (also die Besitzer einer Sege = Zugnetz) schriftlich festgehalten. Das älteste bekannte Register (1527) enthält zunächst nur die 15 Hoffischlehen. 20 Jahre später sind 88 Segen und 15 »Vischkeufl« verzeichnet.

Am 1. Oktober 1585 erließ Herzog Wilhelm für den Würmsee eine weitere Seeordnung. Auf 53 Seiten wird in 85 Punkten die Fischerei reglementiert. Neu sind vor allem zwei Anweisungen: die »Zunftpixen« und die jährlich abzuhaltende »Fischainigung«.

In die Zunftpixen wurden der »Übergabsschilling« einbezahlt, der bei der Übergabe der Fischerei (z. B. an den Sohn) zu zahlen war, sowie die Geldstrafen, die bei Vergehen gegen die Ordnung verhängt wurden. Die Fischer konnten sich daraus Geld leihen.

Die »Fischainigung« war die jährliche Versammlung vor dem Seerichter in Starnberg. Hier wurden die Seeordnung vorgelesen (die meisten Fischer konnten ja weder lesen noch schreiben) und Verfehlungen bestraft. Nachfolger der Fischainigung ist der jährlich stattfindende Fischerjahrtag.

Die Hierarchie der Fischer

Eine Fischerzunft in klassischer Form hat es am Starnberger See nie gegeben. Als wesentliche Kriterien fehlten dafür die Selbstverwaltung sowie die Vorschriften für die Ausbildung der Lehrlinge und deren Werdegang bis zum Meister.

Dem Hofküchenamt als oberster Instanz unterstand der Seerichter zu Starnberg. Dieser stützte sich auf zwei Hoffischkäufler in Possenhofen und Ambach, die als »Fischmeister« auf den See fuhren und die Fische zu einem festgelegten Preis aufkauften. Als kurfürstliche Beamte erhielten sie eine feste Besoldung und trugen zeitweilig eine Uniform. Die Fische, die der Fischmeister nicht für den Hof nahm, durften von den gemeinen Fischkäufeln gekauft werden, aber nur am Ufer. Auch diese mussten ihre Fische zunächst dem Hof anbieten und durften sie erst dann frei verkaufen.

Neben den Fischmeistern gab es zur Aufsicht über die Fischer noch die »Auflueger« und die »Vierer«. Sie wurden aus den Reihen der Fischer bestimmt und bekamen für ihre Tätigkeit, die von den anderen Fischern oft als Bespitzelung empfunden wurde, ein kleines Entgelt. Davon konnten sie aber nicht leben, und so mussten sie auch selbst fischen. Konflikte waren daher vorprogrammiert. Auf der untersten Sprosse der Hierarchie standen die Fischer. Die Hoffischer waren dem Hof direkt unterstellt, die gemeinen Fischer weltlichen oder kirchlichen Herren.

Diese komplizierte Konstruktion war ganz darauf angelegt, dem Hof genügend Fische zu verschaffen. Auf die Fischer und deren Familien nahm man keine Rücksicht. Da die Preise, die der Hof zahlte, sehr niedrig waren, konnte kaum einer von der Fischerei leben. So nimmt es nicht wunder, dass aus schierer Not häufig gegen die Seeordnung verstoßen wurde – sei es, dass zu unrechter Zeit oder mit zu engem Netz gefischt wurde, sei es, dass die Fische auch einmal nebenher »verschwärzt« wurden.

Die Protokolle der Fischainigungen sind voll von Übertretungen, gegenseitigen Vorwürfen und

Banzenstechen vor der Seepromenade in Starnberg. Ein Holzfass (Banzen) auf einem Pfahl musste zerstört werden. Das Banzenstechen gilt als Vorläufer des Fischerstechens, das alle fünf Jahre von den Berufsfischern vor der Starnberger Seepromenade durchgeführt wird. Das Gemälde (1874) stammt von Starnbergs erstem Fotografen Josef Wörsching.

Anklagen. Teuerungen und schlechte Fangjahre brachten darüber hinaus viele Familien an den Rand des Abgrunds. In den ärmlichen Fischerhäusern herrschte oft drangvolle Enge und bittere Not.

Rudererdienste

Nur manchmal gab es für die Fischer auch etwas nebenbei zu verdienen, wenn z.B. Wallfahrer über den See nach Aufkirchen oder St. Heinrich gesetzt werden wollten oder wenn der Fürst mit seinem Gefolge aus München an den See kam und opulente Feste feierte.

Allein für den Bucentaur, das größte Schiff der Prunkflotte, waren an die 300 Ruderer erforderlich. Da für die Begleitboote weitere Ruderer gebraucht wurden, mussten praktisch alle Fischer zur Verfügung stehen. Obwohl sie dafür entlohnt wurden, waren sie meist wenig begeistert von der Tätigkeit, da sie dafür ihre Feldarbeit liegen lassen mussten. Außerdem forderte der Hof gerade für diese Prunkfahrten besonders viele Fische an. So kam es mehr als einmal vor, dass die Fischer streikten und erklärten: Herr Kurfürst, entweder wir fangen Fische für Eure Hoftafel oder wir fahren Euch auf dem See, beides zusammen geht nicht.

Ein Advokat der Fischer

1777 fanden die Fischer in Hofkammerdirektor und Fischainigungskommissar von Planck einen wohl wollenden Fürsprecher. In einer sorgfältig erarbeiteten »Fischainigungsrelation« legte er die Gründe für den Schlendrian und die Probleme der Fischerei dar. Als Hauptübel erkannte er die zu niedrige Entlohnung. Er hielt es für richtig, die Fischer besser zu stellen. Dann könne man die Ordnung strenger fassen und straffer handhaben, während man anderenfalls immer genötigt sei, ein Auge zuzudrücken. Eine erstaunliche Erkenntnis!

Trotz vieler guter Vorschläge änderte sich jedoch kaum etwas. Auch eine leichte Anhebung der Preise brachte wenig. Die Fischer waren immer weniger bereit, sich der Mühe des Fischens zu unterziehen, und betrieben, wo immer es möglich war, Landwirtschaft, so dass der kurfürstliche Hof oft Probleme hatte, an seine Fische zu kommen.

Schließlich brach das System der Fischkäufler ganz zusammen. Nachdem man 1835 endgültig einsah, dass es unmöglich war, einen gemeinen Fischkäufler zu finden, konnten die Fischer ihren Fang frei verkaufen, falls der Hoffischkäufler keinen Bedarf mehr hatte. 1856 wurde auch dieses Vorkaufsrecht des Hofes aufgehoben. Jetzt konnten die Fischer völlig frei verkaufen.

Die Sommerfrischler kommen

Anfang des 19. Jahrhunderts kamen die ersten Künstler und später der Geldadel an den See. Der Fremdenverkehr blühte auf und gab vielen Familien Brot und Arbeit. Fischer, die früher nur Boote für den eigenen Be-

Fischermeister Paul Dechant aus Starnberg bei der morgendlichen Fischernte.

darf besaßen, schafften weitere Ruder- und Segelboote an, die sie vermieteten. Zunächst waren Bootsfahrten nur in Begleitung eines »kundigen Bootsführers« erlaubt, später konnte sich jedermann ein Boot leihen.

Zwar besserte sich damit die wirtschaftliche Lage der Fischer, doch war man nun von den Fremden abhängig. Konnte Westenrieder noch »ein schönes und rührendes Bild von der patriarchalischen Einfalt, Genügsamkeit, Rechtlichkeit und dem biedern Sinn der Uferbewohner« zeichnen, gelangte von Schaden 50 Jahre später zu dem Schluss, die Wirklichkeit entspräche jenem Bild wenig und in einigen Gegenden ganz und gar nicht mehr. Die Sitten der Uferbewohner litten unter den vielen Fremden; vor allem hinsichtlich der Bewohner des Untersees »hört man würdige Seelsorger über die immer mehr um sich greifende Sittenlosigkeit und Irreligiosität der Land- und Fischerleute bittere Klage führen«.

Die Fischereigenossenschaft

1884 trat eine allgemeine Landesfischereiordnung in Kraft, die die speziellen Seeordnungen ablöste. Die Fischer des Starnberger Sees hatten sich 1861 zu einer Fischerinnung und 1909 zu einer Genossenschaft zusammengeschlossen. Der See wurde vom königlichen Obersthofmarschallstab und später von der Bayerischen Schlösser- und Seenverwaltung an die Fischereigenossenschaft verpachtet. Von den ehemals bis zu 100 Fischereigerechtigkeiten sind bis heute gerade noch 35 übrig geblieben.

Der »Brotfisch« des Sees ist seit eh und je die Renke. Früher gingen im Durchschnitt vier Stück auf ein Pfund, heute sind es etwa zwei. Neben den Renken waren in früherer Zeit vor allem Hechte wichtige Fangfische. Als besondere Delikatesse gelten von jeher die Saiblinge, die früher auch Lachsferchen genannt wurden. Ihre Bedeutung war so groß, dass man lange Zeit eigene Fangbücher führte. Selbst in unserer Zeit ist der Fang eines Saiblings nicht alltäglich.

Der schwerste Fisch, der jemals im Starnberger See existierte (er wurde nicht gefangen, sondern tot angeschwemmt), war ein 108 Pfund schwerer Waller. Heute ist diese Fischart im Starnberger See fast ausgestorben.

Die Renke war und ist der Brotfisch des Sees.

Das Churfürstliche Schloß

Starenberg am Würmsee

Prunkschiffe und fürstliche Feste

Annette Kienzle

Während des Aufenthalts im Starnberger Schloss mit schmucken Booten auf Entenjagd zu gehen oder eine kleine Schifffahrt auf dem See zu unternehmen, gehörte seit Ende des 15. Jahrhunderts zu den Vergnügungen des Münchner Hofes. Mit der Erlangung der Kurwürde durch die bayerischen Herzöge bildete sich ab 1623 in Bayern ein neues Herrscherbewusstsein heraus; man wollte nun mit der barocken Prachtentfaltung der großen Fürstenhäuser Europas konkurrieren. Und die Feste, die die Wittelsbacher auf dem Starnberger See inszenierten, waren in der Tat spektakulär.

Im Mittelpunkt stand das Prunkschiff Bucentaur. Den Bau dieses »schwimmenden Schlosses« hatten Kurfürst Ferdinand Maria und seine Gemahlin Henriette Adelaide, eine Tochter des Herzogs von Savoyen, im Jahr 1662 gleichzeitig mit dem Bau der Theatinerkirche in München und des Schlosses Nymphenburg in Auftrag gegeben. Ausgelöst hatte diese Investitionsfreude die Geburt des lange ersehnten Thronfolgers Max Emanuel.

Als Vorbild für das bis dahin größte Binnenschiff Europas diente der venezianische Bucintoro, die legendäre Staatsbarkasse der Dogen von Venedig. Keine Kosten scheuend, holte Kurfürst Ferdinand Maria für den Bau denn auch venezianische Architekten und Schiffbaufachleute nach Bayern, denen die Anleitung der zahlreichen Münchner und Starnberger Handwerker oblag. Ein eigens bestellter Dolmetscher sorgte für eine reibungslose Kommunikation.

Vorherige Seiten: Michael Wening, »Flottenparade mit dem Prunkschiff Bucentaur vor Schloss Starnberg«, Kupferstich, 1701.

Doppelporträt von Kurfürst Ferdinand Maria und seiner Gattin Henriette Adelaide, die das Prunkschiff Bucentaur in Auftrag gaben. Das Bild ist im Besitz der Bayerischen Staatsgemäldesammlung, Schloss Nymphenburg, und stammt von Sebastiano Bombelli (1666).

Der Bau des Bucentaur

Zuerst musste eine neue Werkstätte errichtet werden. Dazu wählte man das Areal am Nordufer des Sees, auf dem sich bereits Schiffshütten der bayerischen Herrscher befanden. Mit dem Schiffsbau selbst begannen die Handwerker im Spätherbst des Jahres 1662. Größten Wert legte man von Anfang an auf gute Qualität der Rohstoffe. Bautrupps durchforsteten die Wälder rund um den Starnberger See, um das beste und härteste Holz für den Schiffsrumpf zu besorgen. Auch im Schiffsaufbau verarbeiteten die Handwerker ausschließlich sorgfältig ausgewählte Hölzer.

Im Frühjahr 1663 wurde die Werkstätte nach vorne geöffnet, um den Vordersteven (Schiffsbalken) anzufügen. Das Schiff erreichte nun seine endgültigen Maße: über 30 m lang und fast 7,5 m breit. Die Baustelle musste Tag und Nacht bewacht werden, denn die wertvollen Baumaterialien weckten bei den weniger betuchten Zeitgenossen Begehrlichkeiten. Gleichzeitig begann der Bau der neuen Schiffshütte, des so genannten Bucentaur-Stadels. Hier sollte das Schiff Quartier beziehen, wenn es nicht auf dem See fuhr. Dieser Stadel steht heute noch auf dem Gelände des Bayerischen Yachtclubs in Starnberg. 1803 wurde er für das neue Leibschiff Carolina renoviert und verkleinert.

In der Höhe umfasste der Bucentaur drei Etagen. Bei der prunkvollen Innengestaltung sparten die Schiffbaumeister ebenso wenig wie bei den opulenten Bemalungen und Vergoldungen der Außenwände. Die mittlere Etage bestand aus zwei Kabinetten, bei deren Ausstattung zeitgenössische Münchner Künstler mitwirkten. Zwei mehrere Meter in den Himmel ragende Masten, an denen die Rahen mit den Segeln befestigt waren, thronten auf dem offenen Deck. Die Flaggen und Wimpel in den Wittelsbacherfarben blau und weiß, die an Fahnenstangen, Masten, Heck und Bug flatterten, ließen keinen Zweifel, dass der Bucentaur vom Ruhm des bayerischen Herrscherhauses künden sollte.

Die höfische Flotte

Das Schiff, das nach gut anderthalbjähriger Bauzeit zu Wasser gelassen wurde, war an Prunk und Pracht kaum zu übertreffen. Dazu kam, dass der Bucentaur den See niemals allein befuhr. Er wurde von einer ganzen Flotte begleitet, die aus mehreren Fahrgastschiffen und Gondeln sowie einer Reihe von Nutzfahrzeugen bestand: den Küchenschiffen, auf denen gekocht und gebraten wurde, einem Kellerschiff, auf dem Weine und sonstige Getränke gekühlt wurden, einem Silberschiff, das das Geschirr transportierte, sowie je nach Bedarf weiteren Schiffen – Musikschiffe, auf denen Kapellen spielten, oder Transportschiffe für Waffen, zusätzlich zu den Kanonen an Bord. Schließlich stachen auch ein Toilettenschiff, auf dem den adligen Damen und Herren bei Bedarf Perückenma-

Ignaz Bidermann, »Jagdfest mit dem Bucentaur vor Schloss Berg«, Ölgemälde von etwa 1720.

GER
136

Der Bau des Bucentaur

Zuerst musste eine neue Werkstätte errichtet werden. Dazu wählte man das Areal am Nordufer des Sees, auf dem sich bereits Schiffshütten der bayerischen Herrscher befanden. Mit dem Schiffsbau selbst begannen die Handwerker im Spätherbst des Jahres 1662. Größten Wert legte man von Anfang an auf gute Qualität der Rohstoffe. Bautrupps durchforsteten die Wälder rund um den Starnberger See, um das beste und härteste Holz für den Schiffsrumpf zu besorgen. Auch im Schiffsaufbau verarbeiteten die Handwerker ausschließlich sorgfältig ausgewählte Hölzer.

Im Frühjahr 1663 wurde die Werkstätte nach vorne geöffnet, um den Vordersteven (Schiffsbalken) anzufügen. Das Schiff erreichte nun seine endgültigen Maße: über 30 m lang und fast 7,5 m breit. Die Baustelle musste Tag und Nacht bewacht werden, denn die wertvollen Baumaterialien weckten bei den weniger betuchten Zeitgenossen Begehrlichkeiten. Gleichzeitig begann der Bau der neuen Schiffshütte, des so genannten Bucentaur-Stadels. Hier sollte das Schiff Quartier beziehen, wenn es nicht auf dem See fuhr. Dieser Stadel steht heute noch auf dem Gelände des Bayerischen Yachtclubs in Starnberg. 1803 wurde er für das neue Leibschiff Carolina renoviert und verkleinert.

In der Höhe umfasste der Bucentaur drei Etagen. Bei der prunkvollen Innengestaltung sparten die Schiffbaumeister ebenso wenig wie bei den opulenten Bemalungen und Vergoldungen der Außenwände. Die mittlere Etage bestand aus zwei Kabinetten, bei deren Ausstattung zeitgenössische Münchner Künstler mitwirkten. Zwei mehrere Meter in den Himmel ragende Masten, an denen die Rahen mit den Segeln befestigt waren, thronten auf dem offenen Deck. Die Flaggen und Wimpel in den Wittelsbacherfarben blau und weiß, die an Fahnenstangen, Masten, Heck und Bug flatterten, ließen keinen Zweifel, dass der Bucentaur vom Ruhm des bayerischen Herrscherhauses künden sollte.

Die höfische Flotte

Das Schiff, das nach gut anderthalbjähriger Bauzeit zu Wasser gelassen wurde, war an Prunk und Pracht kaum zu übertreffen. Dazu kam, dass der Bucentaur den See niemals allein befuhr. Er wurde von einer ganzen Flotte begleitet, die aus mehreren Fahrgastschiffen und Gondeln sowie einer Reihe von Nutzfahrzeugen bestand: den Küchenschiffen, auf denen gekocht und gebraten wurde, einem Kellerschiff, auf dem Weine und sonstige Getränke gekühlt wurden, einem Silberschiff, das das Geschirr transportierte, sowie je nach Bedarf weiteren Schiffen – Musikschiffe, auf denen Kapellen spielten, oder Transportschiffe für Waffen, zusätzlich zu den Kanonen an Bord. Schließlich stachen auch ein Toilettenschiff, auf dem den adligen Damen und Herren bei Bedarf Perückenma-

Ignaz Bidermann, »Jagdfest mit dem Bucentaur vor Schloss Berg«, Ölgemälde von etwa 1720.

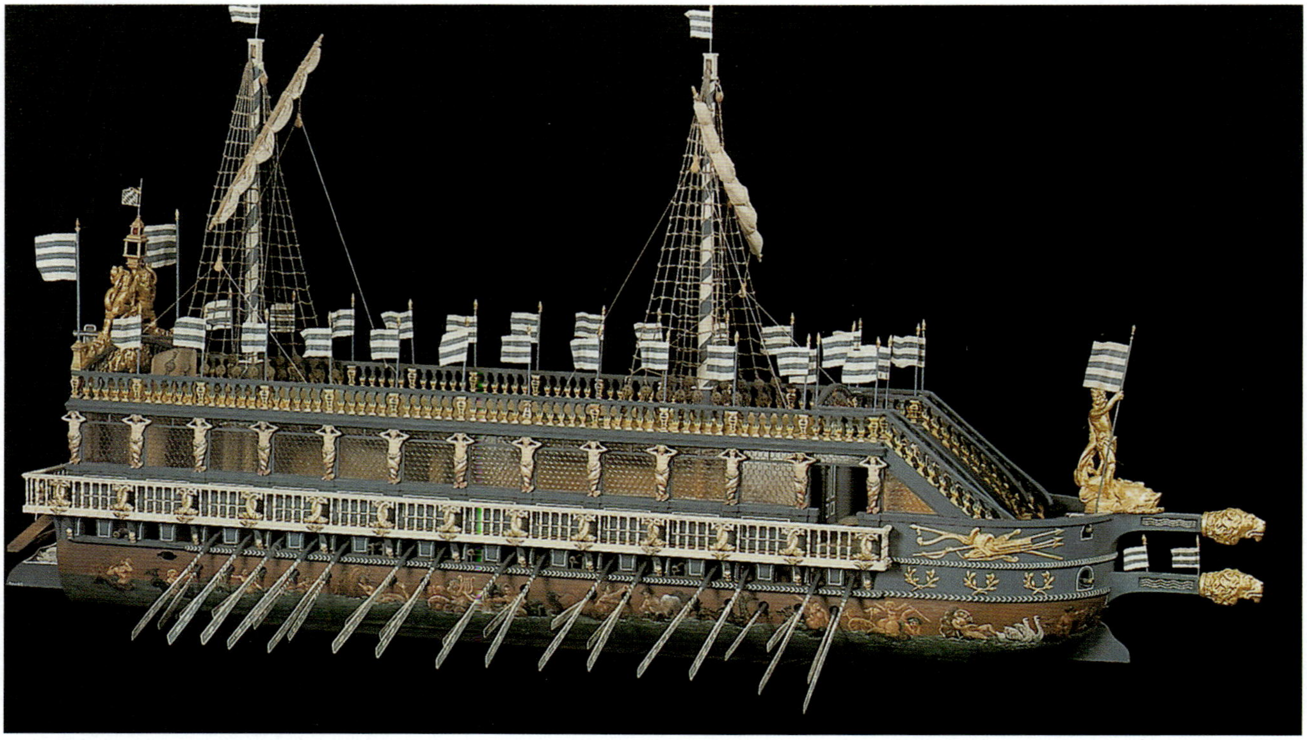

Modell des Bucentaur, Maßstab 1:20, 1909, Leihgabe des Deutschen Museums an das Heimatmuseum Starnberg.

cher und Kosmetiker zur Verfügung standen, sowie eine »Notdurftgondel« mit in den See. Einheimische Fischer mit farblich angepassten Einbäumen gesellten sich meist noch dazu. Schon die Aufzählung der einzelnen Schiffe lässt erahnen, welch eindrucksvolle Szenerie der See bot, wenn sich die aus bis zu 20 oder gar 30 Schiffen bestehende Flotte auf dem Wasser bewegte.

Wurde zu einem Fest geladen, waren mehrere hundert Gäste keine Seltenheit. Die Schlösser rund um den See, die Kurfürst Ferdinand Maria fast alle in seinen Besitz bringen konnte, dienten als Unterkünfte für die aus ganz Europa angereisten Besucher. Tagsüber vergnügte sich die höfische Gesellschaft bei Spielen, Tanz und vor allem der Jagd. Als besondere Ehre galt es, zu einer der legendären Hirschjagden eingeladen zu werden.

Die Hatz auf den Hirsch

Um das Wild für solche Jagdfreuden zu sichern, ließ Kurfürst Max Emanuel Anfang des 18. Jahrhunderts den Forstenrieder Park anlegen. Dieses ausgedehnte Waldgebiet zwischen Schloss Forstenried und dem Starnberger See diente der Aufzucht einer großen Hirschpopulation. Den Wald umgab weiträumig ein Wildzaun, der zum See hin in einen immer enger werdenden Kessel mündete. Hundemeuten und Treiber hetzten die Hirsche aus dem Wald in Richtung See. Auf der Höhe von Schloss Berg blieb den Tieren nichts anderes übrig, als den Weg ins Wasser zu nehmen. Dort aber wartete die kurfürstliche Familie mit ihren Gästen, um die erschöpften Tiere zu erlegen. Unter anhaltendem Beifall holten Fischer dann mit ihren Einbäumen das Wildbret aus dem See.

Barocke Seefeste

Ihren Höhepunkt erreichten die Feierlichkeiten mit Einbruch der Dämmerung, wenn Schlösser und Schlossmauern um den See mit Lichtern illuminiert waren. Auf dem Wasser schwammen neben den von Laternen erhellten Schiffen künstliche Inseln mit Inszenierungen mythologischer Themen, dazu kamen spektakulär beleuchtete Wasserspiele. Zu späterer Stunde folgten an verschiedenen Orten am Ufer Feuerwerke, die die Spannung in der nächtlichen Szenerie erhöhten. Neben der Musik der zahlreichen Kapellen der Musikschiffe sorgten Kanonendonner und Böllerschüsse für eine eindrucksvolle Geräuschkulisse.

Anlässe für eine Feierlichkeit auf dem See gab es viele: Geburtstage, die Geburt eines Kindes in der kurfürstlichen Familie, ein Besuch der über nahezu alle europäischen Fürstenhöfe verbreiteten Verwandtschaft oder eine Vermählung im eigenen Haus. Der Grund des Festes bestimmte das Zeremoniell, die Größe desselben sowie die Anzahl der benötigten Hände. Ein Teil des Münchner Hofstaats – Lakaien, Zofen, Köche und Küchenpersonal samt Utensilien – machte sich dann schon Tage zuvor aus der Residenz auf den Weg an den Starnberger See und bereitete Schlösser und Schiffe auf das bevorstehende Fest vor. Spezialisten für die Gestaltung barocker Feuerwerke begannen mit dem Aufbau ihrer Lichtspielinszenierungen, Jäger und Treiber öffneten die Gatter und trieben das Wild in die Nähe des Wassers. In Zusammenhang mit der Ankunft der Gäste und der kurfürstliche Familie brauchte man darüber hinaus nochmals eine große Anzahl von Hilfspersonal, das aus der einheimischen Bevölkerung rekrutiert wurde. Allein als Ruderer für den Bucentaur und seine Begleitschiffe wurden mehr als 300 kräftige Männer benötigt, meist Fischer, Bauernsöhne und Knechte, die so Scharwerksdienst leisteten. Über 500 Helfer waren keine Seltenheit. Rechnet man die Vielzahl von Gästen hinzu, kamen bei einem Seefest also leicht über 1000 Menschen zusammen.

Nach Abschluss der Jagdsaison im November wurden die Schiffe winterfest gemacht. Wegen seiner Größe konnte der Bucentaur nicht ins Trockene gebracht werden, sondern lag den ganzen Winter über mit seinem Rumpf im Wasser. Infolge der starken Beanspruchung durch Eis und Schlamm kamen so in regelmäßigen Abständen hohe Wartungskosten auf die Staatskasse zu.

Drei Generationen lang – unter den Kurfürsten Ferdinand Maria (reg. 1651–1679), Max Emanuel (1679–1726) und Karl Albrecht (reg. 1726–1745) – fuhr das Flaggschiff der höfischen Flotte auf dem Starnberger See.

Das Ende der Prunkschifffahrt

Der Spanische Erbfolgekrieg brachte das Ende des »schwimmenden Jagdschlosses«. Seit 1741 war der Schiffsrumpf in einem erbärmlichen Zustand, – sämtliche Hölzer waren angefault, und die schwierige finanzielle Lage des Kurfürstentums erlaubte keine Reparaturen mehr. Die Zeit verstrich. Der seit 1745 regierende Kurfürst Max III. Josef zeigte kein Interesse am Bucentaur, und so wurde der einstige Stolz der Wittelsbacher im Winter 1758 abgewrackt. An den Schiffen der Begleitflotte hielt das Kurfürstentum fest und feierte mit dem neuen, wenn auch kleineren Leibschiff Fama weiterhin rauschende Seefeste.

Maximilian von Geer, »Der Bucentaur vor Starnberg« (Aquarell und Tempera auf Pergament), um 1730. Über 20 Schiffe folgen dem Bucentaur bei der Ausfahrt.

Park- und Gartenanlagen

Josef Schwab

Das Zeitalter der Romantik und die Natursehnsucht jener Epoche bewog vor rund 200 Jahren Monarchen, wohlhabende Bürger, Kaufleute, Künstler und höhere Beamte, sich ein naturnahes Refugium auf dem Land zu schaffen. Lorenz von Westenrieder pries 1784 in seiner Beschreibung des Wurm- oder Starenberger Sees »die sanften Berge, welche sich zu beyden Seiten längst dem See hinabziehen ... die größtentheils mit anmuthigen Waldungen, zwischen welche schöne, frische Felder und Wiesen innen liegen, wie mit einer Tapete geziert sind«.

Ab Mitte des 19. Jahrhunderts entstand am See eine Kultur der Villen und Landhäuser mit großzügigen Park- und Gartenanlagen, die bis in unsere Zeit prägend ist. Freilich sind von den vorwiegend im englischen Stil errichteten Landschaftsparks heute nur mehr wenige weitgehend originalgetreu oder im einstigen Umfang erhalten.

Wie eine Perlenschnur ziehen sich weitläufige Landschaftsparks vor allem am Westufer des Sees entlang. Die größten und am besten erhaltenen Anlagen sind frei zugänglich und meist in öffentlicher Hand. Auf Niederpöckinger Flur, im Nordteil des Sees, erinnern prachtvolle Villen daran, dass die heutigen Gartenanlagen einstmals in große Parks eingebettet waren. Vom See aus, bei einer Dampferrundfahrt mit der Weiß-Blauen Flotte etwa, kann man noch heute einen Blick auf so manches Kleinod erhaschen.

Der Feldafinger Park

Vorbild der meisten Parkanlagen war und ist bis heute die unter Maximilian II. geschaffene Garten- und Parklandschaft auf der Roseninsel und im Feldafinger Park. Nach Plänen von Peter Joseph Lenné (1789–1866), königlich-preußischer Hofgartengeneraldirektor und einer der genialsten Gartenkünstler Deutschlands, entstand hier auf einstmals landwirtschaftlich geprägten Moränenhügeln klassische Parkarchitektur des 19. Jahrhunderts. Insel und Park zählen zu den bedeu-

Blick aus einem der Gästezimmer des Hotels Kaiserin Elisabeth auf den Lennépark. Im Vordergrund das alte Clubhaus des Golfclubs Feldafing (heute Tagungshaus des Hotels).

tendsten Beispielen des so genannten Gemischten Stils, der zierende geometrische und naturnahe landschaftliche Gestaltungsformen verbindet.

Für die Ausführung zeichnete neben Gustav Meyer und Effner sen. im Wesentlichen der Lenné-Schüler und spätere bayerische Hofgartendirektor Carl von Effner (1831–1884) verantwortlich. Erst fünf Jahre nach Fertigstellung der Parks – 1863 – wurde mit dem Bau des geplanten Sommerschlosses begonnen. Der frühe Tod Maximilians II. 1864 führte zur Einstellung der Arbeiten. Die Grundmauern wurden abgerissen und für den Bau der Bahnhöfe Feldafing und Possenhofen verwendet. Erhalten sind nur die Gewölbe, über denen eine Golfbahn verläuft – und ein Park ohne Schloss, einzigartig unter den bayerischen Hofgärten!

Sage und schreibe 342 Gehölzarten, darunter 149 Baumarten, waren gepflanzt worden. Heute weist der Altbaumbestand nur noch 32 Baumarten auf; Buche, Eiche, Ahorn, Linde sowie Esche und Erle überwiegen. Die unter König Ludwig II. bereits auf ein Mindestmaß reduzierte Pflege – exotische Gehölze wurden zum Teil in die neu entstandenen Gärten von Linderhof und Herrenchiemsee versetzt – und erhebliche Eingriffe in der ersten Hälfte des 20. Jahrhunderts, darunter die Errichtung eines Golfplatzes 1926, begünstigten den Aufwuchs einer natürlichen Vegetation und führten zur »Verwaldung« der Parkanlage. Die parkartige, durch lockere Bepflanzung, großzügige Wiesenbereiche und zahlreiche Sichtbezüge charakterisierte Struktur ging so fast völlig verloren.

Seit 1995 wird der in den 1950er Jahren an den Freistaat Bayern übergegangene und als Gartenbaudenkmal eingestufte Park nach einem Pflegekonzept so weit wie möglich in den historischen Zustand versetzt und die Raumstruktur der Lennéschen Planungen unter Berücksichtigung der vorhandenen Golfanlagen und ökologisch wertvoller Flächen annähernd wiederhergestellt.

Ein Park für alle Sinne

Durch einen Landschaftspark wie den Feldafinger zu gehen bedeutet nicht nur Bewegung. Vielmehr werden hier alle Sinne – sehen, riechen, hören und fühlen – angesprochen. Wer in eine schattige Gehölzgruppe eintaucht, spürt vielleicht ein leichtes Frösteln auf der Haut, dann wiederum ein angenehmes Wärmegefühl beim Hinausschreiten auf sonnenbeschienene Wege. Das an- und abschwellende Murmeln eines Baches, der über eine Kaskade läuft, der Duft von Sommerblumen oder das

Blick vom südlichen Rondell der Parkanlage Feldafing zur Roseninsel.

Frühling im Bernrieder Stiftungspark. Lindenallee mit Klosterfrauen.

intensive Aroma blühender Bärlauchwiesen im kühlen Wiesengrund, die Fülle der Farben auf den Sommerwiesen und der Gehölzgruppen im Herbst – all das ist Sinnesreizung pur.

Geschwungene Wege lassen offen, wohin der Spaziergang letztlich führen wird, und plötzlich auftauchende Wegekreuzungen verlangen dem müßig Dahinschlendernden eine Entscheidung ab. Der Besucher wird immer wieder mit Blicken in die Tiefen des Parks, auf den See, auf die Alpenkette im Hintergrund und auf das gegenüberliegende Ufer mit seinen Villen und Schlössern belohnt. Park und Umgebung präsentieren sich gleichsam als Kulisse einer Naturbühne.

Schloss Seeseiten und Bernried

Die in Feldafing geleistete Arbeit prädestinierte den späteren Hofgartendirektor Carl von Effner für weitere Aufgaben. Die Dienste des Architekten der Parkanlagen von Linderhof und Herrenchiemsee waren auch am Starnberger See gefragt.

1865 gab der damalige bayerische Ministerpräsident von der Pfordten das heutige Schloss Seeseiten am Südwestende des Sees in Auftrag, dessen große Gartenanlage Carl von Effner gestaltete. Die Umgebung des Schlossgebäudes entspricht noch weitgehend dem seinerzeitigen Entwurf; der übrige Bereich wird als offene Landschaft gepflegt.

Weiter nördlich erstreckt sich im Gebiet der Gemeinde Bernried auf einer Länge von etwa 1200 m der für die Öffentlichkeit zugängliche Bernrieder Stiftungspark. August Freiherr von Wendland erwarb 1852 die ehemaligen Klosterflächen südlich des Ortes und ließ sie von Carl von Effner in einen englischen Landschaftspark umwandeln. Kennzeichnend für diese Anlage sind mächtige und eindrucksvolle Buchen- bzw. Eichengruppen sowie weite Wiesenflächen, die heute als Weidefläche dienen.

Der Weg im Seeuferbereich lädt zum Verweilen an verschiedenen Stellen der mit Schilf bewachsenen Uferzone ein. Verwaltet wird die Parkanlage von der Wilhelmina-Busch-Woods-Stiftung, die im Rahmen eines Pflegekonzepts begonnen hat, ursprünglich vorhandene Sichtachsen in der Parklandschaft und zum See wiederherzustellen.

Zwei weitere von Effner konzipierte bzw. umgestaltete Parkanlagen erstrecken sich am Seeufer der Gemeinde Tutzing. 1865 erwarb Kommerzienrat Max Kustermann große Flächen zwischen dem so genannten Johannishügel und dem Seeufer. Carl von Effner gestaltete die Anlage unter Einbeziehung der natürlichen Gegebenheiten um und ergänzte sie um ein vielfältiges Wegenetz und Rosenbeete. In späteren Jahren kamen noch ein Laubengang sowie ein Alpinum hinzu. Alte Ansichten zeigen das mediterrane Flair der seinerzeit mit viel Aufwand gepflegten Anlage. Inzwischen ist davon nur mehr in Ansätzen etwas zu spüren, wenngleich die Gemeinde als Eigentümerin des Kustermannparks vor kurzem damit begonnen hat, ein Pflegekonzept in die Tat umzusetzen.

Den Park des im klassizistischen Stil errichteten Schlosses Tutzing im Ortszentrum ließ 1869/70 der damalige Eigentümer, der Stuttgarter Verleger Eduard Hallberger, im englischen Landschaftsstil umgestalten. Das seinerzeit zu den schönsten Parkanlagen am See zählende »Kunstwerk« erhielt damals die prägende Seeterrasse sowie die nördlich davon gelegene Pergola. Heute können hier die Gäste und Besucher der Evangelischen Akademie Bayern die Seele baumeln lassen.

Die Villa Knorr in Niederpöcking

Ein Beispiel für Schicksal und Werdegang einstmals großzügiger Parkanlagen ist die Villa Knorr in Niederpöcking. Der Münchner Großkaufmann Angelo Knorr gab 1855 eine Villa in Auftrag, deren Stil auf das nur drei Jahre ältere Casino auf der Roseninsel hindeutet. Auf einem ca. 18 ha großen Grundstück mit über 800 m Uferlänge ließ Knorr vom bayerischen Hofgärtner Bischoff einen Landschaftspark im Gemischten Stil anlegen. Dieser bestand aus einem an die Villa angrenzenden, als Garten gestalteten Teil mit Springbrunnen, Ziervasen und Laubengang sowie einem Landschaftsteil. Letzterer zeichnete sich durch geschwungene Wege, eine große Anzahl nichtheimischer Gehölze wie amerikanische Eichen und Magnolien sowie eine Badehütte und vor allem Blickbeziehungen auf See, Gebirge und die Roseninsel aus. Sogar eine künstliche Insel wurde seinerzeit aufgeschüttet. Leider schmolz das großzügige Ensemble im Laufe der Zeit durch Verkäufe und Erbteilungen

Die Villa Knorr in Niederpöcking heute. Die Villa stand einst in einem 18 ha großen Parkgrundstück. Das Haus selbst ist in seiner ursprünglichen Gestalt erhalten, der Park jedoch gewaltig geschrumpft.

Das Landhaus Himbsel von 1842 orientiert sich weder an den herrschaftlichen Prachtbauten der Fabrikanten und Künstler, noch entspricht es dem zu dieser Zeit bevorzugten Landhausstil des Schweizer Chalets. Mit dem weit auskragenden, flach geneigten Dach, den geschnitzten Giebelbrettern und Balkonen lehnt es sich vielmehr an das oberbayerische Bauernhaus an. Die Fassaden schmückt traditionelle Lüftlmalerei. Das Treppenhaus zieren Bilder berühmter befreundeter Maler wie Moritz von Schwind und Wilhelm von Kaulbach.

auf inzwischen gerade noch 1,3 ha Größe zusammen. Die in den 1980er Jahren originalgetreu restaurierte Villa beherbergt nun ein Seminarhotel.

Schloss Berg und die Villa Himbsel

Unter den vielen anderen Park- und Gartenanlagen rund um den See seien stellvertretend zwei Grundstücke am Ostufer des Starnberger Sees genannt: Schloss Berg und Villa Himbsel.

Maximilian II. veranlasste 1849–1851 den Umbau des Schlosses Berg, in dessen Rahmen auch der Park durch Carl von Effner erweitert und im Stil seiner Zeit neu gestaltet wurde. Heute weist lediglich der für Besucher nicht zugängliche Teil des dem Wittelsbacher Ausgleichsfond gehörenden Schlossparks Berg noch Strukturen eines Landschaftsgartens mit großzügigen Wiesenflächen und Solitärbäumen auf.

1830 hatte der königliche Baurat Ulrich Himbsel, der Begründer der Dampfschifffahrt auf dem Starnberger See, als Umgriff seiner Villa und seines später errichteten südlich gelegenen Landhauses einen Park im englischen Stil anlegen lassen. Staffagebauten, Wasserfall, Weiher, Lauben, Ruhebänke und – ein Muss für ein Ufergrundstück – Boots- und Badehaus bildeten die Ausstattung der Anlage, einer der ältesten im englischen Stil am See. Die Großzügigkeit des Parks, besonders aber sein ländlicher Charakter, hat sich bis heute erhalten.

Freier Zugang zu vielen Oasen der Natur

Ein Großteil der ehemals privaten oder königlichen Refugien wird heute von der öffentlichen Hand gepflegt. Und die Bürger nutzen die in der bayerischen Verfassung garantierte Möglichkeit, sich in freier Natur zu erholen. Zu allen Jahreszeiten ist es ein Genuss, in diese Oasen abseits der Alltagshektik einzutauchen, zu lustwandeln oder sie auf zwei Rädern gemächlich und der Reihe nach im doppelten Sinn des Wortes zu er-fahren.

Hunderttausende strömen alljährlich in die drei großen Freizeitflächen am Starnberger See: das von der Landeshauptstadt betreute »Paradies« bei Possenhofen und die von den Landkreisen Starnberg und Bad Tölz-Wolfratshausen betriebenen Badegelände in Kempfenhausen und Ambach. Die Natur-, Kultur- und Erholungslandschaft am Starnberger See bietet auch heute noch vielfältige Möglichkeiten und Plätze, Geist und Seele zu erfrischen und leere »Akkus« wieder aufzuladen.

Architektur und Wohnen am See

Anne Wachsmann

Seit das Haus Wittelsbach am Starnberger See seine Sommerschlösser baute, ist der See ein Ort, an dem sich Künstler, Verleger und Großbürger niederlassen. Viele der historischen Villen sind noch in ihrer alten Pracht zu bewundern, wenngleich die sich wandelnden Ansprüche ihrer Bewohner vielfach Spuren hinterlassen haben. Dazu sind moderne Bauten entstanden, die den Bautyp der herrschaftlichen Villa neu interpretieren – nicht viele dieser neuen Wohnhäuser besitzen jedoch die Noblesse und Schlichtheit, die etwa den Stammsitz der Wittelsbacher in Berg auszeichnen. Die meisten Häuser zeigen den Architekturstil und die Möglichkeiten der Bautechnik der Zeit, in der sie entstanden, und sind Ausdruck des Selbstbewusstseins von Künstlern und reichen Bauherren: »... Rings um den See bauen die Architekten wie überall, oft auch besser, manchmal nur aufwendiger ...«, schrieb Paulhans Peters, ehemaliger Chefredakteur der Zeitschrift Baumeister.

Bis heute inspirieren die Landschaft um den Starnberger See und ihre architekturhistorisch interessante Vergangenheit Bauherren und Architekten auch zu spannenden neuen öffentlichen Gebäuden. So entstand in den 1980er Jahren am Ortseingang von Starnberg das preisgekrönte Landratsamt, und weiter südlich, in Bernried, entwarf einer der bekanntesten Architekten Deutschlands an einem unvergleichlich schönen Ort ein faszinierendes Museum für eine eigenwillige Kunstsammlung.

Wohnen am See

Zwischen 1897 und 1914 baute die Münchner Kunsthändlerfamilie Böhler in Starnberg mehrere Villen. Zwei davon stehen am Mühlberg hinter dem Schlossberg mit der alten Pfarrkirche St. Josef, einem der ersten Standorte herrschaftlicher Häuser. Eine weitere Villa mit atemberaubendem Blick auf die Alpenkette und den See entstand am Han-

Das Schloss Berg ist auch heute noch Wohnsitz der Nachkommen der bayerischen Könige aus dem Hause Wittelsbach. Unter König Max II. war es um 1850 zum Landsitz des Münchner Hofes ausgebaut worden und ähnelte noch um 1900 mit den heute nicht mehr vorhandenen Ecktürmen stark dem Schloss Possenhofen. Für König Ludwig II. wurde es zum letzten Aufenthaltsort vor seinem Tod.

Oben: Die Villa aus dem Jahr 2000 ist eines der wenigen Gebäude am See, das sich nicht hinter historischer Formensprache versteckt.

Seite 47 von oben nach unten: Das ehemalige »Badehaus« der Villa Böhler von 1919.

Ganz im Stil der klassischen Moderne wurde das Haus Haury I im Jahr 1962 gebaut.

Das Casino des Taucherzentrums in Percha, ein Beispiel zeitgemäßer Baukunst aus dem Jahr 1998.

felder Berg. Für Freizeit- und Sommervergnügen ließ deren Besitzer Julius Böhler jun. sich 1919 von dem Münchner Architekten Hans Noris auf einem Grundstück am südlichen Ortsrand ein großzügiges Seehaus errichten. Blickt man vom Wasser aus auf die Häuser in der Starnberger Bucht, so ist dieses »Badehaus«, das mit seiner Holzarchitektur an ein Boots- oder Fischerhaus erinnert und sich dadurch von der übrigen Bebauung abhebt, eines der auffälligsten Gebäude (Abb. S. 47 oben). Der Grundriss des Erdgeschosses zeigt eine verglaste Veranda und Nebenräume für Bewirtung und Personal, woraus man schließen darf, dass das Anwesen vorwiegend für Feste genutzt wurde. Eine umlaufende, weit ausladende Terrasse umgibt das Haus auf drei Seiten und bietet zu jeder Tageszeit windgeschützte Plätze zum Sonnenbaden. Im hohen Sockelgeschoss ist eine Bootshalle untergebracht – hier reicht der See bis unter das Haus.

Wandel von Stil und Technik in 150 Jahren Baugeschichte

Auf dem südlichen Teil des Grundstücks entstand im Jahr 2000 ein Neubau mit zwei Wohnungen in Form einer modernen Villa (Abb. oben). An diesen beiden qualitätsvollen Häusern lässt sich der Unterschied im Stil und in der Technik von 150 Jahren Baugeschichte deutlich erkennen: So sind die Fensterscheiben im Seehaus Böhler gemäß den Möglichkeiten seiner Entstehungszeit mit kleinformatigen Gläsern und vielen Sprossen ausgeführt, während das neue Haus mit der Trennung von tragenden und getragenen Teilen die Architekturauffassung der klassischen Moderne repräsentiert. Es wurde von der Projektgemeinschaft Stefan Lang und Uwe Binnberg entworfen.

Mit den statischen Möglichkeiten des Baustoffs Stahlbeton und den technischen Mitteln des heutigen Isolierglases werden große, frei in der Fassade angeordnete Fensterflächen möglich, die nur noch eine thermische (keine optische!) Trennung zwischen Innenraum und Landschaft bilden. Das in Holzbauweise aufgesetzte Dachgeschoss wirkt mit seinen raumhohen Glasflächen leicht und schwebend, ist auf der Südseite zurückversetzt und bietet Platz für eine große Dachterrasse. Mit seiner kürzeren Seite zum See ausgerichtet, lässt der schmale und lange Baukörper Raum zwischen dem bestehenden Seehaus und der angrenzenden Segelschule – und Platz für den alten Baumbestand. Auch ist das Haus etwas vom Ufer entfernt in den hinteren Teil des Grundstücks gesetzt, so dass die Inszenierung des See- und Bergblicks für die Wohnräume reserviert bleibt.

Den Gegensatz zwischen exponiertem und zurückgezogenem Wohnen kann man auch an zwei Häusern der Münchner Architekten Walther und Bea Betz entdecken. In Sibichhausen entstand in den 1960er Jahren eine kubische weiße Villa und 18 Jahre später ein mit Zedernschindeln verkleidetes Haus mit polygonalem Grundriss. Beide Häuser wurden für die gleiche Bauherrin geplant. Die weiße Villa ist ein auf Stützen gestellter Bau, der mit seiner strengen geometrischen Form einen starken Kontrast zur Umgebung bildet (Abb. rechts Mitte). Farben, Formen und Materialien heben sich von der Natur ab, die großen Fenster rahmen einen Ausschnitt der Landschaft. Das Ganze erinnert an die Formensprache Le Corbusiers, der in den 1920er Jahren die wesentlichen neuen Merkmale der modernen Architektur prägte.

Das neuere, holzverkleidete Haus wurde in einen zur Bauzeit der ersten Villa gepflanzten Wald gesetzt und verbindet sich durch seine organische Form und das natürliche Baumaterial mit der Landschaft. Wie mit einem Mantel wird es durch die Dach- und Fassadenbekleidung aus Zedernschindeln eingehüllt und vermittelt das Bild des »Geborgenseins in der Natur«. Im Inneren sind die drei Geschosse über eine offene Treppe erschlossen, die den Blick durch das ganze Haus freigibt und es zu einer begehbaren Skulptur macht. Ungewöhnlich ist, dass das Erdgeschoss beinahe völlig von einer Schwimmhalle eingenommen wird; Wohnraum und Küche sind im ersten Stock, die Schlafräume im Geschoss darüber.

Das Landratsamtsgebäude

Neben vielen schönen Häusern in Privatbesitz wurden rund um den See auch sehr gelungene Gebäude für öffentliche Nutzung gebaut. Eines der bekanntesten Beispiele ist das Landratsamt des Architekturbüros Auer und Weber in Starnberg (Abb. S. 48). Ausgewählt bei einem Wettbewerb, wurde es 1985 bis 1987 errichtet und vereint die zuvor auf die ganze Stadt verstreuten Abteilungen der Landkreisverwaltung unter einem Dach. Das Gebäude am nördlichen Stadtrand in unmittelbarer Nähe von Strandbad und Seeufer bleibt mit zwei Geschossen und flach geneigten Dächern unter der Höhe der umgebenden Bäume. Die Teiche und Wassergräben der Freianlagen bringen den See bis an das Haus und reflektieren Tageslicht in die Büroräume. Die Tragkonstruktion des Bauwerks besteht aus Stahlbetonrahmen sowie Stützen und Bindern aus Leimholz. Die Pfosten-Riegelkon-

Einladend, offen und kommunikativ muten die pavillonartigen Bauten des Landratsamts Starnberg an.

struktion der Fassade ist zu großen Teilen verglast, teils auch mit Faserzementplatten ausgefacht und in Grau- und Grüntönen gestrichen. Der Einfall des Lichts kann über außen liegende Lamellen gesteuert werden. Zudem verhindern umlaufende Balkone, die die im Hochsommer hoch stehende Sonne von der Fassade fern halten, eine Überhitzung der verglasten Räume. Im Inneren empfängt den Besucher ein freundlicher und lichtdurchfluteter Raum. Böden und Wände sind aus hellem Holz, die Stahlteile der offenen Dachkonstruktionen, Geländer und Treppen weiß gestrichen, und Spiegelbänder sorgen für eine optische Verringerung der bautechnisch notwendigen Deckenhöhen.

Selbst in die Flure fällt durch schmale Glasflächen neben den Türen und über Oberlichterbänder Tageslicht, und die Flurenden ermöglichen immer einen Ausblick ins Freie. Eigens für das Gebäude entworfene bequeme Bänke und einladende Besprechungstische tragen zur angenehmen Atmosphäre bei. Das Landratsamt ist ein Architekturbeispiel, das von den Menschen, die darin arbeiten, ebenso geschätzt wird wie von Besuchern und Fachleuten.

Zu Gast am See

Großer Beliebtheit erfreut sich, sicher auch wegen ihrer besonders schönen Lage, die im Juli 2002 eröffnete Jugendherberge in Possenhofen. Auf einem Grundstück im so genannten Paradies, nördlich des Schlosses Possenhofen, konnte hier der Wettbewerbssieger, der Münchner Architekt Prof. Rudolf Hierl, einen ungewöhnlichen Entwurf verwirklichen: Alle Räume der Jugendherberge sind in einem Gebäude untergebracht und gruppieren sich um einen großen Innenhof. Die Wohnungen der Herbergseltern und Zivildienstleistenden liegen in einem eigenen Haus, das das Grundstück nach Süden zur anschließenden Wohnbebauung hin abgrenzt. Mit Holzverschalungen aus Lärche und hell eingefärbtem Sichtbeton wurden zeitgemäße Baumaterialien verwendet.

Die Möglichkeit, zumindest für ein paar Tage stilvoll am See zu wohnen, bietet das Hotel Marina in Bernried. Hier hat der Architekt Stefan Lang einen lang gestreckten traditionellen Baukörper mit Satteldach mit vorgehängten Balkonelementen verbunden, die mit Brüstungsfeldern aus farbigen Gläsern versehen sind. Auch im Inneren kontrastiert die kräftige Farbe moderner Materialien mit dem warmen Naturton von Dielenböden und Türen aus Kirschholz. Klare Linien in der Innenausstattung geben den Zimmern ein zeitgemäßes Erscheinungsbild. Nichts Verspieltes oder Dekoratives ist zur Gestaltung eingesetzt; die Atmosphäre des Hauses wird bestimmt von der Reflexion des Lichts auf Boden, Decke, Wänden und Möbeln.

Casino im Wald

Kaum sichtbar in einem lichten Laubwald steht in Percha auf dem Gelände eines militärischen Taucherausbildungszentrums ein interessantes kleines Kantinengebäude. Entworfen vom Architekturbüro Fink und Jocher aus München, ist das eigentliche Haus ringsum mit einer zweiten Hülle aus horizontalen Holzlamellen umgeben. Diese Schicht aus Lamellen wirkt umso dichter, je weiter sich der Betrachter vom Gebäude entfernt; sitzt man im Casino, ist der Abstand groß genug, den Blick nach draußen freizugeben (Abb. S. 47 u.). Ein weiterer positiver Effekt der zweiten Hülle ist die Verschattung der verglasten Fassaden. Durch die verschwimmenden Konturen der Holzlamellen erhält das Gebäude beinahe immateriellen Charakter. Dazu kommt ein verfremdendes Element im Innenraum: Zwei Wände sind mit einer vergrößerten Kopie des Bundeswehrtarnmusters bemalt, in einer fröhlichen Auswahl an Farben. Wenn der Bundeswehrstandort Percha aufgelöst wird, könnte das Gebäude als Café der Öffentlichkeit zugänglich gemacht werden, was die Architekten von Anfang an gewünscht hatten. Dann würden nur noch die »Tarnwände« an die ursprüngliche Nutzung des Ortes erinnern.

Die Architektur prägt den Ort und der Ort die Architektur

Jede Epoche hat wieder neue Bauformen hervorgebracht. Unabhängig vom Baustil kommt den Elementen der Architektur oft mehr als nur eine gestalterische Aufgabe zu. So erfüllen viele Bauteile wichtige Funktionen am Gebäude – Abtragen der Lasten, Belichtung, Wärmeschutz, Sonnen- und Sichtschutz. Diese Funktionen sind über viele Jahrhunderte die gleichen geblieben. Zudem prägt Architektur den Ort, an dem sie steht, für lange Zeit. Dies ist eine verantwortungsvolle Aufgabe für Planer, Architekten, Bauherren und Behörden. Ziel unserer Bauten sollte sein, dem Ort eine Identität zu geben und ihn interessanter und spannungsreicher zu gestalten – vor allem dann, wenn es ein so schöner ist wie die Landschaft am Starnberger See.

Die denkmalgeschützte Villa Mayer am Mühlberg (Architekt Emanuel Seidl) zählt zu den ganz wenigen alten Villen Starnbergs, die bis heute in Familienbesitz geblieben sind (5. Generation) und sich obendrein einen parkähnlichen Garten leisten. Der Mühlberg gilt zwar nach wie vor als bevorzugte repräsentative Wohnlage, doch die Grundstücke werden immer kleiner, die Bebauung wird dichter, und der Charakter eines Villenviertels geht zunehmend verloren.

GER
136

Die Anfänge des Segelsports

Erwin Söllner-Fleischmann

Um 1850 waren Münchner, die sich am West- und Ostufer, in Niederpöcking, Kempfenhausen und Berg, Leoni und Ammerland niedergelassen hatten, noch selten. Für den Geist der Zeit war bezeichnend, dass es vor allem Kunstmaler Münchens waren, die sich vom See angezogen fühlten. Mit der Eisenbahn, die 1854 in Betrieb genommen wurde, fuhren sie heraus, um am See zu malen und sich ab etwa 1860 auch anzusiedeln.

Der Villen-Stil hielt Einzug, und mit ihm der lokale Segelsport, denn was vor 1860 den See befuhr, waren überwiegend Fracht-Plätten, die Torf oder Bier über den See führten und eine Besegelung hatten, die nur Vor-Wind-Fahrten erlaubte. Der Rest der Starnberger Flotte waren schwerfällige gezimmerte Fischerkähne, die so schwierig zu manövrieren waren wie die durch sie gerade erst abgelösten Einbäume.

Erste deutsche Regatten

Mit dem Aufkeimen des Segelsports in Deutschland seit der 1850 auf der Alster gestarteten ersten deutschen Segelregatta und der ersten Ozeanregatta, die im Dezember 1856 von Sandy Hook nach Needles führte, wurde das Interesse am Segeln geweckt. Am 7. Juli 1869 führte der Norddeutsche Regattaverein seine erste Wettfahrt auf der Kieler Förde durch, was auch in bayerischen Zeitungen ein großes Echo fand. Der Segelsport breitete sich in den folgenden Jahren rasch aus, interessanterweise aber nur außerhalb Bayerns.

Am Starnberger See war die Jugend durch die Publikationen in den Gazetten für die Segelei begeistert worden. Ängstliche Elternpaare, deren Kinder segeln wollten, holten Rat bei dem vom Niederrhein stammenden Kapitän Franz Buchloh ein. Kapitän Buchloh, der Schiffsführer des Dampfschiffes Maximilian, galt am See in allen maritimen und nautischen Fragen als Autorität. Da er Unterfangen wie Segeln für äußerst gefährlich hielt, wurden alle Segelversuche, die die Jugend mit von ihr oft sehr sinnreich segelbar gemachten Flachbooten unternahm, dann auch postwendend verboten.

Der Tegernsee war dem Starnberger See und Ammersee in der segeltechnischen Entwicklung weit voraus. Schon um 1870 war dort eine regelrechte kleine Werft, die Schreinerei Pöttinger, damit beschäftigt, einen ganz besonderen Typ von Kielruderbooten zu bauen, die auch segelbar waren. Pöttinger war mit diesen beplankten Booten, die sich durch einen runden Steven und ein sehr volles Vorschiff von den englischen und norddeutschen Typen unterschieden, so erfolgreich, dass er um 1875 seinen Schreinereibetrieb vergrößerte, einen Teilhaber aufnahm und die Firma nun »Pöttinger und Kellerer« nannte.

Pöttinger-Muster und England-Modelle

Die wenigen Boote, die um 1870/1875 auf dem Starnberger See gesegelt wurden, waren so genannte Pöttinger-Muster und gehörten den Landhausbesitzern um den See, damals überwiegend

Kunstmaler aus München. Die Gründung des Segler-Vereins Würmsee (heute Bayerischer Yachtclub) am 18. August 1888 im Pavillon von Hofrat Edgar Hanfstaengl ging nicht zufällig auf die Initiative von Kunstmalern zurück. Ferdinand Keller, Gustav van Hees, Ernst Gebhardt, Max Braun, Fritz Stattler und der Bildhauer August Vogel, Theodor Rikoff und Alfred J. Franke sind hier zu nennen. Sie alle fuhren, genauso wie die Kunstmaler-Brüder Fleischmann (Rudolf, George, Samuel und Louis) aus Starnberg neben Bootstypen aus England ausnahmslos »Pöttinger-Muster«.

Kunstmaler also waren es, die am Starnberger See zum Wegbereiter des Segelsports und des

Bayerischen Yachtclubs wurden. Dies lag wohl daran, dass die Kunst der Münchner Maler bei der Bevölkerung in hoher Gunst stand und ländliche Motive und Seeansichten in Mode waren. Die Künstler verdienten gut und konnten sich außergewöhnliche Wünsche erfüllen. Der bekannteste deutsche Vertreter der realistischen Historienmalerei, Karl von Piloty, besaß ein schön gebautes »England-Modell«. Sein Schüler Wilhelm Leibl konnte sich die hervorragend verarbeitete Yacht Holbein leisten, und Gustav van Hees segelte mit der Yacht Delphin, die überall Aufsehen erregte.

Mit dem anhaltenden Zuzug der Künstlerschaft und der Ansiedlung Münchner Unternehmer, die den Sommer in ihrem »Landhaus am See« verbringen wollten, mehrte sich auch der Bootsbestand. Was nicht vom Tegernsee kam, wurde aus England oder aus Hamburg bezogen, wo die Heidtmann-Werft auch auf dem Binnenmarkt eine große Anzahl von Yachten, Kuttern und so genannten Grönländern absetzen konnte. Der Starnberger Schreiner Lachner, der seinen Betrieb im Rückgebäude des früheren Gasthauses Pellet-Mayer hatte, baute ebenfalls englische Bootstypen nach.

Korbinian Bach, der Vater des Königlichen Schiffmeisters, der den in der heutigen Jollen-Halle vertäuten Tristan von Ludwig II. zu beaufsichtigen hatte und der im jetzt zum Yachtclub gehörenden so genannten Bach-Häusl wohnte, »zimmerte« ursprünglich nur Fischerboote, wandelte dann aber einen englischen Jollentyp etwas ab und fertigte eine eigene Klasse, die sehr einem segelbaren Beiboot glich. Die Ringmaier-Werft in Dießen am Ammersee schuf für Starnberg einige »Grönländer« und war für diesen Yacht-Typ damals sehr bekannt. Alle Boote, woher sie auch kamen, waren mit Lateinersegeln getakelt.

Der Segelsport-Pionier Du Pré

Das älteste Segelboot jedoch, das damit als Erstes den See befuhr, brachte 1850 der in München als Privatier lebende Engländer Charles Du Pré nach Niederpöcking, wo er am so genannten Seegarten auch eine der ersten Villen erbaute. Du Pré, in dessen Heimat der Segelsport ja bereits seit 1720 ausgeübt wurde, begann schon mit seiner Übersiedlung für die Segelei zu werben, war aber seiner Zeit zu weit voraus. Fest steht, dass das von dem

Gustav van Hees, Mitbegründer des Bayerischen Yachtclubs, hat 1875 Wilhelm Leibls Yacht Holbein gemalt.

Engländer importierte Boot, ein gekupferter Schoner, ausgesprochen rank war. Es ist überliefert, dass »der Engländer«, wie man ihn in Starnberg nannte, mit diesem Schiff mehr im Wasser lag, als dass er gefahren wäre. 1869 lag das Schiff als Wrack schließlich an der Seepromenade, wo sich heute am Seespitz der Aussichtspavillon befindet.

Dennoch war Du Pré ein Segelsport-Pionier, und es mag sein, dass sein Engagement am See mit zum auslösenden Moment wurde. Seine späteren Nachbarn in Niederpöcking, die Münchner Großkaufleute Angelo Knorr, August Ferdinand Zenetti und Karl Riederer sowie der Erzgießerei-Inspektor Ferdinand von Miller, die zwischen 1853 und 1864 in Niederpöcking ihre Villen bauten, sollen die ersten »Nautiker« gewesen sein, die unter Du Prés »Wettfahrtleitung« eine Art Regatta segelten.

Die Gründung der Rambeck-Werft

Dass das Bootsmaterial zur Zeit der Entdeckung des Segelsports und in den frühen Clubjahren um 1888 bautechnisch sehr unterschiedlich war, liegt auf der Hand. Jeder beschaffte sich, was ihm gefiel und was gerade zu erhalten war. System bekam der lokale Bootsbau erst mit der Gründung der Rambeck-Werft durch Anton Rambeck 1883. Dieses Datum gilt als die Geburtsstunde des lokalen Segelsports und die Basis, aus der sich fünf Jahre später der Segler-Verein Würmsee entwickelte.

Der »Gründerkreis« der Kunstmaler um Hofrat Edgar Hanfstaengl, ein segelbegeisterter Zirkel, ermutigte Anton Rambeck; seine Mitglieder erteilten ihm vor der eigentlichen Clubgründung Aufträge. Die leichten, schnittigen und als Huari getakelten Kielboote der Rambeck-Werft fanden so enormen Beifall, dass man schon in den Jahren 1885–1887 von einer Art »Werftklasse« sprechen konnte. Neben den oben genannten Kunstmalern um Gustav van Hees bestellten einen Huari: Leopold van Hees, Otto van Hees, Erich Schilling, Eduard und Ludwig Deiglmayr, August, Georg und Josef Pschorr und auch die erste am Starnberger See allein segelnde Dame, Irene Freiin von Asch.

Der Segelsport erfuhr nun eine Art gesellschaftlicher Umschichtung. Die als abenteuerlich geltende Segelei der Entdeckungszeit durch die Kunstmaler glitt nahtlos in die Hände seriöser Herren, die den Segelsport in der englischen Art betrieben, sportlich fair und nach einer bestimmten Etikette. Eine wichtige Rolle spielte dabei ein am See etablierter Wassersportverein, der Münchner Ruderclub von 1880.

Die Rambeck-Werft um 1910. Von der Haupthalle abgesetzt (ganz rechts im Bild) die werfteigene Beschläge-Schmiede, heute Werftbüro und Reparaturannahme.

Salon-Dampfer Bavaria
Gruss vom Starnberger See.

Benediktenwand
Karwendel-Gebirge
Rabenkopf
Jocheralm
Herzogstand
Heimgarten
Krottenkopf
Wettersteingebirge

Starnberger See - Roseninsel.

Schloss Berg am Starnberger See.

Seeshaupt am Starnberger See.

Ammerland am Starnbergersee.

Herzogstand
Heimgarten
Krottenkopf
Wetterstein-Gebirge
Zugspitze

mit Drahtseil

Garatshausen am Starnberger See
Original-Aufnahme

Herzogliches Schloss
POSSENHOFEN
am Starnbergersee.

erger See: Bernried gegen Seeshaupt.
Alpspitze
Zugspitze 2976 m.
Ettaler Mand.

Starnberg. Landungsplatz.

Glaswand
Rabenkopf
Herzogstand
Heimgarten
Krottenkopf
Teufelsgrat
Zugspitze
Karwändel-Gebirge
Wettersteingebirge

Die Lauterbacher Mühle an den Osterseen gegen die Benediktenwand

Vom Fürstensee zum Volksbad –
die Entdeckung des Sees für den Fremdenverkehr

Wolfgang Pusch

Carl August Lebschée, »Morgendliche Überfahrt der Pilger nach Aufkirchen« (1842). Links im Boot der Maler bei der Arbeit. Im Bild zwischen den Booten rechts die Villa Himbsel, links mit rauchenden Kaminen die Pension von Giuseppe Leoni.

Nicht viele Landschaften im südlichen Bayern wurden so früh von »den Städtern« entdeckt wie die Gegend rund um den Starnberger See. Nicht nur ihre Schönheit und malerische Vielfalt, sondern auch die große Nähe zur Haupt- und Residenzstadt München prädestinierte sie als Ausflugsziel und Sommersitz. Die Erschließung durch die Eisenbahn und die Dampfschifffahrt machten das nördliche Seeende um Starnberg zur bevorzugten Wohnadresse und zum Prototyp eines Naherholungsgebiets.

Die Schilderung eines »Touristen« von 1883 liest sich wie eine Vision der heutigen Verhältnisse: »Vor allem aber ans Herz gewachsen ist dem Münchner die Krone seiner Heimat, sein berechtigtster Stolz, sein Starnberger See! ... Zug auf Zug, menschengefüllt, entrollt an beiden Pfingsttagen der weiten Halle des Münchner Bahnhofs. Rasselnd und stöhnend führt die Locomotive die schwere Last durch prächtige Wälder und blühendes Land, an dem lieblichen Mühlthal vorbei, nach kaum einstündiger Fahrt dicht vor die grünen Wogen des in duftiger Ferne sich verlierenden Sees. Was jetzt den endlos langen Zügen entsteigt, eine Völkerwanderung scheint es zu sein, eine Invasion luft- und naturbedürftiger, aber auch hungeriger und durstiger Kinder der Stadt, dass selbst dem Fischlein drunten in der kühlen Tiefe um eine fernere ungestörte Existenz bange werden könnte ...«

Die Maler entdecken den See

Ende des 18. Jahrhunderts verlor der Starnberger See seine Funktion als Haus-See der Wittelsbacher; diese hatten sich den stadtnahen Schlössern Nymphenburg und Schleißheim mit ihren Parkanlagen und Kanalsystemen zugewandt. Nun entdeckten Wissenschaftler, Literaten und Maler zu Fuß oder zu Wasser den Würmsee. Lorenz von Westenrieders Eindrücke einer mehrwöchigen Bootsfahrt rund um den See mit zahlreichen Aufenthalten, 1784 veröffentlicht, verbreitete das Bild vom schönen See in der Haupt- und Residenzstadt.

Künstler wie die Brüder Johann Georg von Dillis und Cantius Dillis, Max Joseph Wagenbauer, Simon Warnberger, Johann Jakob Dorner d. J. und andere entdeckten die Landschaft mit ihren ständigen Veränderungen durch Nebel, Wind, Sonne, Regen, die sie um ihrer selbst willen darstellten und nicht mehr nur als Hintergrund, etwa für das Starnberger Schloss. Für Mitglieder der »Münchner Schule« der Landschaftsmalerei war der Starnberger See leicht erreichbar. Und mit der Landschaft wurden auch das Volk mit seinen Trachten, die Bauernhäuser und die Volksmusik entdeckt.

Viele Maler ließen sich am See nieder, Moritz von Schwind 1856 in Niederpöcking, Karl von Piloty 1877 in Ambach. Franz Graf von Pocci wohnte seit 1842 in Schloss Ammerland, später kamen Gabriel Max an das Ostufer, Franz von Lenbach nach Söcking, Fritz von Uhde nach Starnberg. In einer Zusammenschau ihrer Werke ließe sich ein Spaziergang rund um den See mit seinen beliebtesten Aussichtspunkten nachvollziehen. Die Spannbreite reicht vom Kupferstich Michael Wenings um 1701, auf dem das Starnberger Schloss und der Bucentaur mit geblähten Segeln Wittelsbacher Besitz demonstrieren, bis zur naiv detaillierten Darstellung des »Banzenstechens« durch den Starnberger Josef Wörsching 1874 (s. Abb. S. 31).

Ausflügler und frühe Villenbesitzer

Im Gefolge der Künstler kamen vereinzelt reiche Bürger und Adlige, die sich in der Nachbarschaft der Schlösser und Hofmarksitze niederließen. Um 1810 entstanden die ersten Villen, deren Bewohner am sommerlichen Naturerlebnis standesgemäß teilhaben wollten. Die Villen dienten wie die Schlösser als Sommersitz; im Winter waren sie unbewohnt. Beispielhaft seien genannt: Staatsrat Krenner mit seiner Villa in Assenbuch (Leoni) um 1810, Staatskassier von Ertl 1825 mit seinem Landhaus in Starnberg, das 1832 von Prinz Karl durch das heutige »Almeida-Palais« ersetzt wurde, und 1827, wiederum in Assenbuch, Baurat Himbsel mit seinem ersten Sommerhaus.

Den Neubürgern am Seeufer folgten in Kutschen, Stellwagen und zu Fuß Ausflügler, die der Großstadt München für kurze Zeit entfliehen wollten. Vor der Zeit der Eisenbahn und der motorisierten Fahrzeuge gab es von München aus zwei Möglichkeiten, sich dem See zu Fuß, zu Pferde oder in der Kutsche zu nähern: auf dem schnelleren, landschaftlich wenig attraktiven »Fürstenweg« durch den Forstenrieder Park und, weit reizvoller, durch das Würmtal, das in seinem oberen Abschnitt, dem so genannten Mühltal, eine malerisch-romantische Kulisse bot und mit historischen Bezügen (Reismühle, untere und obere Mühle, Königswiesen, Karlsburg und Leutstetten) Neugier weckte. Beide Wege gewährten ihrem Ende zu – oberhalb von Percha bzw. Leutstetten – bei gutem Wetter ein grandioses Panorama.

So begegnet uns das Würmtal in Bildquellen und Beschreibungen nicht nur als Weg zum Starn-

Bad Petersbrunn, kolorierte Lithographie um 1817. Links hinter der Kapelle steht das Wirtshaus, rechts das Badehaus. Im Hintergrund ist Schloss Leutstetten erkennbar.

berger See, sondern selbst als Ziel von Wanderungen und Ausflügen, z. B. den »Mai-Ausflügen« der Münchner Künstler. Beliebter Schlusspunkt war hier das Bad Petersbrunn, geschätzt nicht nur seines Wannen- und Flussbades, sondern auch und vor allem des dortigen Wirtshauses wegen.

Auch Örtlichkeiten am See selbst erfreuten sich bei den Wanderern, vor allem aber bei geselligen Ausflügen, wachsender Beliebtheit, auch wenn die Annäherung noch recht beschwerlich und zeitaufwändig war. Ausflugsziele waren neben Starnberg selbst vor allem die nahe gelegenen Uferorte Possenhofen und Leoni mit der Rottmannshöhe.

Leoni erlangte einen fast legendären Ruf. Staatsrat Krenner hatte seine Villa in Assenbuch dem Königlichen Hofopern- und Kammersänger Giuseppe Leoni hinterlassen, der 1825 mit seiner Frau das schöne Haus in eine Pension mit Speiselokal verwandelte, dessen Ruf über Starnberg bis nach München eilte. »Fahr ma zum Leoni!« wurde zur Formel für eine besondere Landpartie, und aus dem kleinen Assenbuch wurde bald »Leonihausen« und schließlich einfach »Leoni«.

Blick auf Bahnhof und Dampfersteg, Ansichtskarte, verschickt am 12. Juli 1914: »Liebe Eltern! … sehr nett so. Habe soeben bischen gerudert. … Euer Bruno.«

Eisenbahn und Dampfschifffahrt

Die Entwicklung der Landschaft um den Starnberger See wurde nun wesentlich von neuen Transportmitteln bestimmt, der öffentlichen Dampfschifffahrt und der Eisenbahn.

Das erste Dampfschiff Maximilian, gebaut bei J. A. Maffei in der Hirschau bei München, verkehrte ab 1851 nach Fahrplan. Es bot 300 Passagieren Platz. Ebenso wichtig wie dieses vor allem sonntägliche Freizeitangebot auf dem See war die Eisenbahn, die schnell und preiswert viele Menschen aus München zum See bringen konnte. Die Bahnstrecke München–Starnberg war 1854 fertig gestellt. Die städtebaulich ungünstige Lage des Schienenstrangs, der Starnberg vom See abschneidet, geht auf Himbsels Absicht zurück, die Sommerfrischler mit der Bahn direkt zu seinem Dampfschiff zu bringen. Bahn wie Schiff waren Privatunternehmen des Ingenieurs. Immense Besucherzahlen bezeugen den Bedarf: Nach dem Krieg 1870/71 beförderte der Dampfer Maximilian in drei Jahren eine halbe Million Fahrgäste. 1872 konnte das Dampfschiff Ludwig in Betrieb gestellt werden. Ihm folgten die Salondampfer Bavaria, Wittelsbach und Luitpold.

Neben den Hotels und Gaststätten in Starnberg profitierten von der Entwicklung auch ortsfernere Wirtshäuser mit Biergarten, vor allem wenn sie an Wanderwegen zwischen Bahnhöfen oder nahe der Anlegestellen der Schiffe lagen, etwa der Garibaldi in Niederpöcking oder, etwas später, das Wirtshaus an der Brauerei in Starnberg. Besonders beliebt bei Tagesausflüglern und Sommerfrischlern waren beispielsweise Leoni und der Fischmeister in Ambach.

Prominenz und mondänes Flair

Mit dem Begriff »Sommer am Starnberger See« verband sich neben einem ständig erweiterten Freizeitangebot an Flanierwegen, Badeplätzen, Paddelbooten, Dampfschifffahrten mit Gastronomie, Rudervereinen und exklusiven Yachtclubs auch das Gefühl von der beobachtenden Teilhabe am Hofleben: Die häufige Präsenz von Mitgliedern des bayerischen Königshauses am See spielte eine wichtige Rolle für seine Bekanntheit. Das Starnberger Schloss war zwar seit 1808 nur mehr Verwaltungsgebäude, doch die Schlösser und Edelsitze Possenhofen, Garatshausen, Tutzing, Ammerland, Allmannshausen, Berg, Kempfenhausen, Leutstetten und schließlich das Prinz-Carl-Palais oberhalb Starnbergs verbreiteten bei Anwesenheit ihrer Bewohner und deren Gästen höfisches Flair. Mit dem Gotha oder dem Adelskalender bewaffnet, versicherte man sich des Ranges seiner Nachbarn und spekulierte über mögliche neue Verwandtschaftskonstellationen.

Seit Mitte des 19. Jahrhunderts lagen gedruckte Reiseführer als Informationsquelle vor. Anhand des in mehreren Auflagen erschienenen Führers von Link und seiner detaillierten Vignetten konnte der Dampfschiffpassagier die am See gelegenen Schlösser und Villen identifizieren und sich über ihre Besitzer informieren. Bis ins 20. Jahrhundert hinein berichteten gedruckte Gästelisten über Heimatadresse, Rang und Beruf, Familienverhältnisse, Zahl der Dienerschaft und beabsichtigte Aufenthaltsdauer von Urlaubern in Hotels und Privatquartieren sowie von Gästen in Schlössern und Edelsitzen. Der Starnberger See war eine prestigeträchtige Urlaubsadresse geworden, wozu eine Reihe von Sehenswürdigkeiten an den Ufern des Sees und in seiner Nähe beitrugen: die Roseninsel bei Feldafing mit ihren Bezügen zu Ludwig II. und Kaiserin Elisabeth sowie die Votivkapelle zwischen Berg und Leoni, zur Erinnerung an den Tod Ludwigs II. in Ufernähe errichtet.

Eine geniale Idee war es, das Hotelrestaurant in Leoni 1897 mittels einer Standseilbahn mit dem Restaurationsbetrieb auf der Rottmannshöhe zu verbinden und so auch die Anhöhe über dem See zu erschließen. Dieser Attraktion war jedoch nur eine kurze Lebensdauer (bis 1920) beschieden.

Brauchtümliche Darbietungen wie Banzenstechen, Fischerstechen, Fischertanz oder Fischerhochzeit, sportliche Wettkämpfe wie Segel- und Ruderregatten unterhielten Besucher und Gäste und veranlassten Ausflügler und Sommerfrischler, anderen Menschen das Erlebte mitzuteilen. Am Starnberger See entwickelte sich eine regelrechte »Ansichtskartenkultur«, die in Zahl und Vielfalt erstaunliche Formen annahm.

Früher Bauboom

Mit dem Bau der Eisenbahn nach Starnberg 1854 und ihrer Weiterführung über Possenhofen, Feldafing und Tutzing 1865 stieg nicht nur schlagartig die Zahl der Besucher am See, es wuchs auch die Zahl derer, die sich meist für den Sommer dauerhaft hier niederließen. Nicht nur in Starnberg, auch in den anderen Uferorten wurde gebaut, vor allem in Feldafing und Tutzing, aber auch am oberen See in Bernried und Seeshaupt sowie am Ostufer in Percha, Kempfenhausen, Berg, Leoni, Ammerland und Ambach. Mancherorts war man bald gezwungen, sich wie im Theater (Bau-)Plätze »in den hinteren Reihen« zu suchen.

Der Preis der Schönheit

Am Anfang war das Leben am See noch ruhig und gemütlich. Man kannte sich untereinander, besuchte sich per Chaise oder Boot, veranstaltete gemeinsame Sommerfeste. Da gab es Maskeraden und Umzüge im Stil der berühmten Münchner Künstlerfeste, Kahnpartien, Illuminationen und fröhliche Abende im Freien. Mit den Jahren freilich wurden die Uferorte überlaufen. Den überschwänglichen Beschreibungen des Liebreizes der Gegend um den Starnberger See folgten schon früh kritische Stimmen, die wie Adolph von Schaden bereits 1832 das Verhalten der Besucher mit deutlichen Worten kritisierten: »Für jene seelenlose, spießbürgerliche Geschöpfe habe ich nicht geschrieben, die am Johannes-, am Peter und Paul-,

L. Bechstein, »Humoresken vom Starnberger See«, kolorierte Xylographie, um 1880.

am Maria Himmelsfahrts- oder einem anderen hohen Festtage zum Hofgärtner nach Berg fahren, sich nach nichts als Enten, Gänsen und einer Schüssel mit Bratwürsten sehnen, sich die Mägen vollpfropfen, dann nach Leonihausen hinübertaumeln, Kaffee und Chokolade zu sich nehmen, und sich zur Überfahrt (= im Ruderboot) nach Possenhofen anschicken. Auf dem See haben solche Herren für nichts Sinn, als ihre alten, verrosteten Pistolen, die sie unaufhörlich laden und abschießen, und nebenbei, in Anfällen galanter Laune, ihre Damen mit Seewasser bespritzen. In Possenhofen beim Fischmeister angelangt, ersteht eine neue heiße Sehnsucht – nach Bodenrenken, Lachsforellen, Karpfen, Hechten und Krebsen: Der Fisch will schwimmen heißt es dann, und bald schwimmt der Herren Besinnung dahin, und schnarchend fahren sie am späten Abend in die Stadt zurück ... Solche unpoetischen Besuche erhält der poetische See jedes Jahr in erklecklicher Zahl.«

Immenser Verkehrsdruck für die Ufergemeinden

Die Unterschiede in der verkehrstechnischen Erschließung zwischen dem ruhigen Ost- und dem eher hektischen Westufer traten nach dem Bau der Eisenbahn zunehmend hervor, was Ernst Heimeran, der selbst in Starnberg lebte, noch 1947 zu der ironischen Feststellung veranlasste: »Das Ostufer ist berühmt für seine schlechte Verkehrslage. Wer sich dort ansiedelt, muß sich bewußt sein, daß er mit der Außenwelt abgeschlossen hat. Darauf sind die Ostuferer aber besonders stolz. Sie sagen, daß sie sich rein erhalten wollen, während die Westuferbewohner der Zivilisation und damit dem sicheren Untergang anheimfallen würden.« Dieser Aspekt dürfte angesichts der immer weiter zunehmenden individuellen Mobilität (Auto, Motorrad, Roller) in der heutigen Realität freilich nur noch »gefühlsmäßig« eine Rolle spielen.

Die Ergebnisse älterer Fahrgastzählungen sind beeindruckend – Sommerfrischler und Ausflügler strömten in hellen Scharen an den See. 1876 wurden an 181 Tagen 133 604 Fahrgäste auf dem See befördert. Allein am Johannistag 1904 etwa kamen 7000 Menschen mit der Bahn nach Starnberg, von denen 5750 mit dem Dampfer fuhren.

Heute mag man mit solchen Erhebungen gar nicht mehr operieren, der Augenschein macht klar: Die Blechlawine aus München rollt heran – trotz 20-Minuten-S-Bahn-Takt, zweitem Starnberger Bahnhof »Nord«, trotz schöner Radwege – und bereitet den münchennahen Uferorten und an den Badegeländen der »Badewanne der Münchner« größte Probleme.

Bade»vergnügen« am Starnberger See an einem heißen Sommerwochenende.

Die Weiß-Blaue Flotte Josef Schwab

Nach hartnäckigem Kampf mit der Bürokratie erhielt Johann Ulrich Himbsel, Königlicher Baurat, 1849 von Maximilian II. von Bayern die Genehmigung, auf dem Starnberger See eine Personenschifffahrt zu betreiben. Am 11. Mai 1851 wurde im Beisein des Monarchen der Schaufelraddampfer »Maximilian« in Dienst gestellt. Mit dem ebenfalls von Himbsel finanzierten Bau einer Eisenbahnlinie von München nach Starnberg entwickelte sich ab 1854 ein reger Ausflugsverkehr. Die Verlängerung der Strecke über Tutzing und Seeshaupt hinaus führte dann jedoch dazu, dass sich die beiden Unternehmen Konkurrenz machten: Die Wirtschaftlichkeit der Schifffahrt nahm ab, es drohte gar der Konkurs! Retter in der Not waren Münchner Geschäftsleute, darunter Reichsrat von Maffei und Ferdinand von Miller. Sie gründeten eine Aktiengesellschaft, erwarben die Schifffahrt von Himbsel jun. und erhielten vom Staat eine Konzession für fünfzig Jahre. Nach einigen Anlaufschwierigkeiten kam nach der Reichsgründung der wirtschaftliche Aufschwung, und zwischen 1872 und 1890 liefen die vier »Salondampfer« Ludwig, Bavaria, Wittelsbach und Luitpold vom Stapel. Städter und Sommerfrischler strömten nun in Massen, um in der vornehmen 1. oder gediegenen 2. Klasse einen vergnüglichen Tag auf dem Wasser zu erleben. Weit über 400 000 Besucher jährlich wurden damals befördert – Zahlen, die heute bei weitem nicht mehr erreicht werden. Selbst schlechtes Wetter hielt die Leute nicht ab, obwohl, wie Karl Valentin feststellte: »... wenn es regnet, ist meistens während der Fahrt die Aussicht auf das bayerische Gebirge wegen schlechter Aussicht nicht zu sehen.«

Nach Ablauf der Lizenz ging das Unternehmen 1915 auf den Staat über und wurde von der Reichsbahn – nach 1945 von der Deutschen Bundesbahn – betrieben. In diese Zeit fielen etliche Neubauten, darunter 1955 das derzeit größte Schiff auf den bayerischen Seen, das MS Seeshaupt. Damit endete auch die Ära der Salondampfer – sie wurden dem Fortschritt geopfert und abgewrackt. 1960 übernahm der Freistaat Bayern die Schifffahrt auf dem Starnberger See als staatlichen Wirtschaftsbetrieb, und 1997 folgte die Umwandlung in eine GmbH mit dem Staat als (bislang) einzigem Gesellschafter.

Auf dem Starnberger See laufen sechs Schiffe für 100 bis 900 Personen, die jährlich rund 250 000 Gäste befördern. Die Bayerische Seenschifffahrts GmbH stellt damit einen bedeutenden Wirtschaftsfaktor dar. Dies hat auch der staatliche Gesellschafter erkannt und kräftig investiert: 2004 wurde die Flotte um ein großräumiges Katamaran-Galerie-Schiff erweitert.

Von der alten Herrlichkeit der Salondampfer ist freilich nichts mehr vorhanden. Die Heckfigur der Bavaria, ein stolzer Löwe, hält auf der südlichen Promenade in Starnberg allein noch die Stellung. Außerdem ist das 1937 gebaute Motorschiff Tutzing verblieben. Engagierte Bürger verhinderten, dass es nach seiner Außerdienststellung 1995 unter den Schneidbrenner kam. Als Museumsschiff mit einem kleinen Café hat es seinen ständigen Liegeplatz vor Tutzing gefunden.

Gustav van Hees, Plakat (Fahrplan für 1901) mit dem Salondampfer »Luitpold«. Das Schiff wurde 1918 in »München« umbenannt und 1955 abgewrackt.

Bei aller nostalgischen Wehmut ist es auch heute noch ein schönes Erlebnis, an einem frühen Sommermorgen eine Rundfahrt anzutreten – der See mit dem Panorama seiner grünen Uferlandschaft und der Schlösser und Villen lädt ein zum Träumen und zum Sichverlieren in einer Welt der Muße; Naturgenuss mit Kulturgenuss zu verbinden ermöglicht die Fahrt mit der MS Phantasie von Starnberg zum Buchheim Museum in Bernried.

Streuwiesen, Moore und viele Vögel
Naturbilder vom See

Stefan Just

Man muss es gesagt bekommen und dann auch noch glauben: Über Schotterhalden wäre man hier geklettert, Geröllwüsten, zusammengeschoben von einer riesigen Planierraupe aus Eis. Graugrün milchige Bäche dazwischen, verästelt wie Flussdeltas – und das zu einer Zeit, als Menschen schon schnitzen, nähen, malen konnten, und mit Sicherheit: miteinander reden. Sie taten es woanders. Erst viel später würden sie einen Grund finden, hierher zu kommen, denn auch Hirsch, Pferd oder Wisent brauchten ja mehr als die spärliche Pioniervegetation aus Silberwurz (*Dryas,* die der ganzen Zeit botanisch den Namen gegeben hat), Gemsheide und Zwergweide, die auf den Moränen wuchs.

Wenig Erinnerungen an diese Zeit drängt einem die Natur rund um den Starnberger See heute auf, aber wo es geschieht, kann sich ein fast bestürzender Fensterblick in die Vergangenheit auftun. Im Weidfilz, dem verlandeten Südteil des Seebeckens, gibt es Stellen, an denen man, mitten in einer weiten Fläche, überhaupt nichts Anthropogenes, sprich Menschengemachtes, am Horizont ausmachen kann. Urlandschaft. Wenn es dann auch noch ein Vorfrühlingstag ist, föhnig, und der Alpenschnee fast im Zusehen in die höheren Kare zurückweicht, fällt einem die Vorstellung leicht, es wäre erst in diesem Winter gewesen, dass sich noch etwas ganz anderes hier zurückgezogen hätte.

Das Weidfilz im Landschaftsschutzgebiet Osterseen ist Teil des verlandeteten Seebeckens im Süden des Starnberger Sees. Links der Bildmitte die Benediktenwand.

Landschaft in stetem Wandel

Das Weidfilz mit seiner niedrigen Vegetation aus Besenheide, Moosen und einzelnen, klein bleibenden Kiefern ist ein Übergangsmoor im Zwischenstadium zwischen Flachmoor, in dem die Pflanzen mit ihren Wurzeln noch Kontakt zum Grundwasser und seinen Mineralien haben, und Hochmoor, in dem dieser Kontakt durch die immer höhere Auftorfung abgeschnitten ist und die Oberflächenpflanzen extremen Nährstoffmangel ertragen müssen – kein Wunder, dass Sonnentau und Fettkraut, die sich ein Nährstoff»zubrot« aus der Insektenwelt verschaffen können, vor allem Hochmoorbewohner sind. Im Herbst – der Baumpieper, der im Sommer auf den Kiefernspitzen gesungen hat, ist schon wieder weg, ebenso Braunkehlchen, Rohrammer, und sonst hat es hier nicht viele Vögel gegeben –, da ist der Föhnblick über das braune Moor auf die blaugrauen Berge im Süden noch ernster, und man stellt sich einen Winter vor, in dem die Gletscher langsam wieder ihre alten Täler füllen, das weite Loisachtcr und das Kochelseebecken.

Das große Weidfilz – ein Verlandungsmoor

Das große Weidfilz, das die Verbindung vom Starnberger See zur verschachtelten Osterseenlandschaft herstellt, ist das klar wildere der beiden Verlandungsmoore des Sees. Das andere, das kleinere Leutstettener Moor im Norden, wirkt mit seinen Gehölzinseln lieblicher. Im Frühjahr kann man hier den Kuckuck nicht nur hören, sondern in einer Birke oder Espe auch sehen; der Gedanke liegt nicht fern, dass Kuckucke, die sich hier paaren, auf Teichrohrsänger als Wirtsvögel spezialisiert sind und jetzt das Terrain sondieren.

Der Wanderweg, der früher am Ostrand des Moores entlangführte und ein paar Planken an nassen Stellen und eine Bank am besten Aussichtspunkt bot, besteht nicht mehr. Man hat da einen Wald mit Wildnisinseln von Bergahorn und Eiche im Rücken, abgestorbenen Bäumen auch mit Spechtlöchern und Baumpilzen, darunter leuchtend orange gefärbte und kakaobraun staubende. Im Winter nomadisieren hier die Erlenzeisige in Schwärmen. Große Kiefern, teilweise gut erkletterbar: Ein ganzes Rehrudel ist dort draußen zwischen Ried, Schilf und kleinen Espen zugange. Auch von oben ist die Würm, mitten im Moor, kaum zu sehen; sie fließt dort durch zwei kleine Seen – der dritte, etwas seitab, ist der (hoffentlich effektive!) Klärteich der Starnberger Kläranlage.

Die Würm kommt erst wieder in Leutstetten zum Vorschein, wo sie die Endmoränen des Seegletschers in einem tiefen, waldigen Taleinschnitt, dem Mühltal, durchbricht. Man darf sich die Würmmoräne nicht als einheitlichen Halbmondwall vorstellen, wie ihn manche Alpengletscher zurückklassen. Hier ist es eine komplizierte, von Vor und Zurück und langsamem Abschmelzen geprägte Landschaft, die auch Kegelformen hat entstehen lassen wie den 70 m hohen Schönberg.

In ihrem Durchbruchstal bildet die Würm weite Schlingen; in den Kehren und auf den Inseln wachsen im Frühjahr die Anemonen in Teppichen. Wo die Mühltalwälder Licht auf den Boden fallen lassen, ist die Krautschicht üppig: Bärlauch, Waldmeister, Einbeeren gehören dazu und, als Besonderheit, der Gefleckte Aronstab, *Arum maculatum,* dessen Blütenkerze von ihrem einzelnen Hüllblatt wie von einer schwungvoll gewickelten Papiertüte eingefasst wird. Die Hänge und die in den Flussschlingen stehenden Wälder stehen teilweise unter Schutz, ebenso das einen halben

Frühlingsknotenblumen.

Quadratkilometer große Weiherbuchet am Westufer: Totholz bleibt hier stehen oder liegen und bildet die Grundlage für ganze Sukzessionen von Asseln, Käfern und ihren Larven, Holz- und Schlupfwespen, Kleibern und Spechten.

In die Maisinger Schlucht hinunter

Zurück in unser eigentliches Thema könnten wir uns, von der Endmoräne auf die Seitenmoränen, an der Agglomeration Starnberg fast vorbeistehlen – nicht ganz, zumindest in die Maisinger Schlucht müssen wir hinunter. Wozu es eine sehr interessante Wegvariante gibt: südlich Söcking über die ziemlich steilen Hänge, als »Berg- und Talbahn« und »Wilder Kaiser« unter Schutz gestellt. Fünfeinhalb Hektar Halbtrockenrasen mit Fuchsschwanzklee, Fransenenzian und Küchenschelle – und im Frühsommer voller Schmetterlinge. Dann wären wir aber doch in den Hangwäldern des Sees und damit nicht unbedingt in der Natur.

Stellenweise sieht es aus, als bestünden die Seewälder aus Fichtenforsten homogenen Alters. An jedem dritten Stamm windet sich eine traurige Strieme Efeu hoch, die einzigen Vögel, die man hört, sind Buchfink und Kohlmeise, und der Boden trägt außer Flecken aus dreierlei Moos, von denen eines die Farbe von Kunstrasen hat, nichts. Die Flucht nach oben führt in Intensivlandwirtschaft, die nach unten an Zäune mit Gärten dahinter.

Wie anders gleich die Stimmung, wenn Buchen oder Lärchen Licht schaffen. Dann trägt der Boden im Frühjahr Anemonen und Leberblümchen, später im Jahr Geißbart, Weißwurz, Storchschnabel, Waldmeister, Knoblauchrauke ...

Zum See hinunter öffnen sich die Westuferwälder an ein paar Stellen auch in großzügige offene Landschaften: in Possenhofen, Feldafing, in Höhenried und Bernried. Schöne Parks mit starken Buchen, Eschen, Eichen – die aber wenig Zeugnis ablegen von der räumlichen Nähe der Alpen und der zeitlichen der glazialen Vorgänge, die das Alpenvorland so speziell machen.

Durchzieher und Dableiber – die Vögel des Sees

Eine Winterwanderung ist hier immerhin schön: Eichelhäher und Baumläufer sind aus den dichten Wäldern heruntergekommen, man kann alle sechs hiesigen Meisenarten sehen, manchmal drei in einem Baum: Kohl-, Tannen-, Weiden-, Schwanz-, Blau-, Haubenmeise. Auch Dompfaffen turnen durch die hohen Äste des Waldrandes, der unten mit Geißblatt oder Ackerwinde verhangen ist.

Auf dem See selbst, der selten weiter als einen Steinwurf breit zugefroren ist, ist das Ufer entlang ein ständiges Hin und Her von Schwimmvögeln, Wintergäste und Dauerbewohner bunt vermischt. Gründelenten, also z.B. Stock- oder Schnatterenten, gehören kaum dazu, denn der Seeboden bietet nicht viel Bewuchs. Die Höckerschwäne scheinen immerhin etwas zu finden, vielleicht aufgeweichte Semmeln, und auch die Blässhühner tauchen nicht sehr appetitlich aussehendes grünschleimiges Gemüse herauf.

Sie, die Reiherenten und die Lachmöwen machen das Gros der Schwimmvögel aus, und erst mit dem Fernglas und dem Bestimmungsbuch wird die Liste länger: Ein paar aus dem Wasser stehende Pfosten draußen sind von einem Trupp halbstarker Sturmmöwen besetzt, noch nicht ganz in den Möwen-Idealfarben Weiß-Gelb-Rot-Schwarz ausgefärbt, wahrscheinlich eineinhalb Jahre alt. Zwei Schellenten-Großfamilien, die hier im Februar vielleicht noch balzen werden, aber schon nicht mehr brüten. Tafelenten (sie scheinen immer fünf Stunden Mittagssiesta zu benötigen) und weit draußen dann die eleganten Taucher.

Hier genügt das Fernglas nicht mehr; das Spektiv muss her: am besten aufgestellt am Badeplatz in St. Heinrich am Südostufer oder in Seeseiten gegenüber. Haubentaucher, wie erwartet, aber beileibe nicht nur: Da, tief im Wasser liegend, ein großer Prachttaucher im Schlichtkleid; seine Zebrastreifen wird er erst wieder im skandinavischen Frühling tragen. Im Augenwinkel ein paar nervöse Flugkapriolen, zu waghalsig für eine Lachmöwe, und eine Flussseeschwalbe kann es um diese Jahreszeit nicht sein: Es ist eine Zwergmöwe, eine einzelne. Laut Vogelbuch sollte sie eigentlich auf dem offenen Meer sein. Rothalstaucher, Sterntaucher, heute nicht, aber ein andermal ... Die Taucher, und auch die Gänsesäger und Kormorane, mögen den Starnberger See wegen seiner kiesigen Flachwasserufer. Sie folgen den langsam patrouillierenden Jungfischschwärmen, und wo man sie sieht, darf man auch Fische vermuten.

Die Schilfgebiete des Starnberger Sees sind nicht besonders ausgedehnt; substanziell sind eigentlich nur die Bereiche im Karpfenwinkel südlich Tutzing und entlang des Uferstreifens zwischen St. Heinrich und Seeshaupt dazuzurechnen. Wenn man sich nun fragt, wo zur Brutzeit die Unmengen von Blässhühnern ihre knallrot bedaunten und also gar nicht tarnfarbenen Jungen verstecken wollen, muss man sich gleich belehren lassen: Die Winterblässhühner werden hier überhaupt nicht brüten, sie sind durchziehende Gäste aus dem Norden. Und die »Einheimischen«, viel weniger an der Zahl, sind zurzeit gar nicht da, sondern in südlichen Gefilden. Blässhühner – auch die Lachmöwen und Bussarde der Gegend – sind so genannte Teilzieher; ihre Populationen »schwappen« mit den Jahreszeiten. Beringungen müsste man lesen können!

Bilder S. 66:
Oben: Ochsenauge und Schachbrett gemeinsam auf einer Flockenblume.
Mitte: Leberblümchen.
Unten: Der auffallend schwarz-weiß gefärbte Reiherentenerpel mit Federbusch folgt einem unscheinbar braunen Weibchen.

Das Schilfgebiet zwischen St. Heinrich und Seeshaupt.

Düngen kein Mal, mähen einmal: Blumenoasen im Kulturland

Wir sind immer noch am Nordwestufer des Sees, im Fichten-, mit Glück Fichten-Buchen-Wald; Golfplatz links unten (Feldafing), Golfplatz rechts vorne (Traubing) ... aber wo sind jetzt die »Fenster«, zeitlich und räumlich, in Alpen- und Glazialnatur? Nicht weit; zwei Golfschläge nur vom Traubinger Platz. Golfplätze, ein Starnberger Thema, sind vielleicht naturnäher als Maisäcker, aber sie sind nicht naturnah, was immer die Prospekte auch verkünden. In die Gehölzinseln verirrt sich einmal eine Mönchs-, aber schon keine Garten- oder Klappergrasmücke mehr, und ein bis tief in

den Frühling brauner und danach struppiger Trockenrasen würde einen Golfer wohl die Augenbrauen heben lassen. Zwei Abschläge weit von hier also liegt, mitten zwischen Garatshauser und Tutzinger Straße, die Märchenwiese, eine Streuwiese, eingerahmt von Wald. Sie sinkt von Halbtrockenrasen im oberen Bereich in ein Kalkflachmoor ab und zeigt so ein ganzes Spektrum Voralpenflora: von den Stängellosen Enzianen im oberen Bereich über Mehlprimeln, Alpenhelm, Goldgelben Hahnenfuß und die Orchideen trockenerer Böden (hier die seltenen Bienen- und Fliegenragwurzarten), auch Brandknabenkraut, hinunter zu den feuchtigkeitsliebenden Orchideen der Senken, etwa Mücken- oder Wohlriechender Händelwurz.

Jeder Nutzung entzogene kleine Flächen

Sofort sind auch die Schmetterlinge da, und zwar nicht nur die allgegenwärtigen Kleinen Füchse, Zitronenfalter und Kohlweißlinge, sondern auch Schachbrett-, Mohren- und Dickkopffalter, Scheckenfalter und Schwalbenschwanz.

Fünf Hektar, das ist in Bayern schon viel für eine jeder Nutzung entzogene Fläche. Die meisten Schutzflächen um den See sind kleiner, aber es sind eben Gott sei Dank nicht wenige, was nicht zuletzt der örtlichen Kreisgruppe des Bund Naturschutz und ihrem langjährigen Vorsitzenden Friedrich Schutz, nomen est omen, zu verdanken ist, der Landratsamt und Forstamt zäh mit seinen Listen von *Dactylorhiza incarnata* und *Orchis ustulata* belagerte. Und wenn es auch noch kein Naturschutzgebiet wurde, vielleicht wenigstens ein »geschützter Landschaftsbestandteil« oder ein kleiner Sperrankauf durch die Gemeinde?

Wir sind jetzt am Rand der Moränenhochfläche zwischen Starnberger und Ammersee angekommen. Die Geländeformen wiederholen sich und damit die verinselten Naturreste. »Drumlins« heißen die wie aufgeschüttet wirkenden Grundmoränenhügel, länglich und die Fließrichtung des Gletschers anzeigend. Sind sie rundgeschliffen, wie etwa östlich von Erling, nennt man sie auch »Tumuli«.

Wenn der Wald sie nicht erobert hat und kein Bauer sie düngt, tragen sie Halbtrockenrasen voller Küchenschellen und Enzian (wie am Bäckerbichl westlich Rothenfeld) oder das noch seltenere, im Mai und Juni blühende weiße Berghähnlein, *Anemone narcissiflora,* ein zierliches Windröschen auf hohem Stängel mit Röckchen aus gefiederten Blättern unter den weißrosa Blüten.

Immer wieder zeigen die Moränen Halbtrockenrasen, manchmal nur einseitig, manchmal nur auf einer Fläche wie ein Einfamilienhausgarten, und trotzdem ist dann gleich Wiesenbocksbart oder Karthäusernelke, Klappertopf oder Graslilie da, und an den Blüten saugen Widderchen, Blutströpfchen oder Perlmuttfalter. Am leichtesten zu finden und (auch mit dem Auto) zu erreichen ist diese Trockenrasenflora vielleicht am Hirschberg, an der Straße zwischen Tutzing und Weilheim. Dass sich manche selten gewordenen Arten im Starnberger Umland gar nicht lange bitten lassen, sieht man auch an einigen Privatgärten der Gegend – wenn sie nur von eingeschwemmtem Nitrat- und Phosphatdünger frei bleiben, etwa durch Kuppenlage, und wenn sie »streuwiesenhaft« gemäht werden: einmal im Herbst.

Mitten in Feldafing blühen dann am Sonnenhang Küchenschelle, Silberdistel, Schusternagerl und Graslilien, im Waldrand dahinter Christrose und Waldvögelein.

Trockenrasen und Schwingrasen – Landschaftsmosaike der Hochfläche

Wo sich zwischen den eiszeitlichen Moränen die Nässe staut, etwa auf den Blautonen der Zwischeneiszeiten, entstehen Moore; zunächst Flachmoore, später Hochmoore. Das Zusammenspiel zwischen trockenen und vernässten Flächen ist im Voralpenland oft kleinräumig. An den Hardtwiesen westlich von Bauerbach kann man von den Halbtrockenrasen mit Wiesenbocksbart, Arnika und Kuckucksblume direkt hinuntersehen zum Weißen Germer, zu Händelwurz und Knabenkräutern des sumpfigen Teils. Vom Mesnerbichl westlich Machtlfing steigt man nur fünf Minuten ab und steht zwischen Sumpfgladiolen.

Vom Kalkrasenhügel St. Colomann (jetzt sind wir ans Ostufer des Sees gesprungen) geht es geradewegs nördlich hinunter zum Schwarzweiher, südlich Allmannshausen, einem in naturnahem Wald versteckten Moorsee, an dem der Zwergtaucher brütet und im Frühsommer seine hellen Trompetenschreie ausstößt, immer eine ganze Reihe in enger Folge – und meistens unmittelbar vor dem Wegtauchen, so dass man, mit dem Fernglas in der Hand, an seinem Verstand zu zweifeln beginnt, weil man ihn nicht zu sehen bekommt.

Mit großen Mooren umgibt sich auch der Maisinger See, in diesem Buch eigens gewürdigt, und eine Privatseite verdient hat sich auch das Bernrieder Filz, eines der ältesten Naturschutzgebiete

Bilder S. 68 von oben nach unten: Gänsesäger, Paarungsrad der Gebänderten Prachtlibelle, Trollblume und Mehlprimel

Unten links: Schwarzspecht, rechts: Berghähnlein.

Bayerns. Das größte und artenreichste Hochmoor des Ostufers ist das Allmannshauser Filz, in dem der Torfabbau schon vor Jahrzehnten zum Stillstand gekommen ist – heute, wo das Moor durch Abdämmen der Drainagekanäle wieder vernässt ist, wächst sogar wieder Torf an. Das Scheidige Wollgras (statt des häufigeren Breitblättrigen) zeigt die sauren Bedingungen des Standorts an. Libellen wie Mosaikjungfer, Plattbauch, Königslibelle und Gebänderte Prachtlibelle sind zurückgekehrt.

Wiesen und Wälder – der Südosten

Eine Ostufer-Natur-Fahrt folgt notgedrungen erst einmal der Hauptstraße über Berg und Allmannshausen – mit dem Abstecher zum Bismarckturm hinüber vielleicht, den zurzeit eine Dohlenbande besetzt hält, die mit der »Krieg« betitelten Schauseite zum See hin erfrischend respektlos umgeht. Ein schöner alter Park umgibt den Turm; im Gebüschrand hört man schon im Frühjahr Mönchsgrasmücke, Zilpzalp und Stieglitz. Die Ostuferfahrt sollte vielleicht in Münsing abknicken, Richtung Degerndorf. Entgangen ist einem so – der genaue Standort wird nicht hinausposaunt – die größte botanische Sensation des ganzen Starnberger Sees: An einem einzigen Abschnitt des grobkiesigen Ufers zwischen Allmannshausen und Ammerland, an einer Stelle, wo es periodisch überschwemmt wird, wächst zwischen den Steinen des Bodens das Bodenseevergissmeinnicht, *Myosotis rehsteineri,* eine der seltensten Pflanzen der Welt; eine Spezialistin für wochenlanges Unterwasserleben, die trotzdem mit den Wurzeln tief im Grundwasser stehen muss, ein eigenartiger Spagat.

Entgehen wird einem auch der schöne Holzhauser Kirchberg mit der inzwischen umgestürzten alten Linde, auch der Weidenkamer Wald, wo man den Schwarzspecht mit seinem tiefen »Tiu« hören kann – aber dafür bekommt man schönes altes Bauernland, wochentags von einer Ruhe, wie man sie in Oberbayern schon gar nicht mehr kennt, und man hat das Gefühl, auf dem hohen Moränenrücken zwischen Isartal und Starnberger See dem Himmel etwas näher zu sein. Von Degerndorf weiter Richtung Berg (dem Eurasburger Berg) stellt sich heraus, dass der südliche Degerndorfer Dorfteich, der dort zwischen Bäumen verschwunden war, an seinem anderen Ende ein wilder Moorsee ist, eingebettet zwischen Streuwiesen. An den Feldrainen kann man eiszeitliche Findlinge sehen, Gneis zumeist, parallel geädertes Urgestein aus den Zentralalpen.

Der zottige Fruchtstand der gewöhnlichen Küchenschelle.

Eurasburger Forst und Nonnenwald

Von der kleinen Kapelle westlich Sonderham hat man einen weiten Blick über das Seebecken und seine Terrassen – die Entsprechung zum Blick von der gleich hohen Ilkahöhe schräg gegenüber, die auch noch mit schönen, wetterzerzausten alten Weißdornen am Gipfelkamm aufwarten kann. Die linke der beiden Linden hier oben sieht ein bisschen tausendjährig aus, ist aber erst 120.

Vom ebenfalls über 700 m hoch gelegenen Dorf Berg mit seiner schönen Gartenwirtschaft sieht man die Alpen – dazwischen noch, Waldkuppe hinter Waldkuppe, den großen Eurasburger Forst. In diesem Wald kann man sich vollkommen verlieren; vorhandene Forstwege sind von labyrinthischer Anlage oder enden blind. Versuche in Weglosigkeit führen zu unangenehmen und angenehmen Überraschungen im Wechsel: Fichtendickicht auf staunassen Böden, das Haupthaar sammelt Spinnen und Raupen ein – und dann auf einmal eine Lichtung mit Bach und kleinem Moor und Orchideen, die kaum vier Mal im Jahr von einem Menschen betreten wird. Die Bachschluchten von Buchschorn-, Kreuz- und Straßgraben würden natürlich irgendwann zum See hinunterleiten, aber vielleicht hat man es gar nicht mehr so eilig.

Selten begegnet man im Eurasburger Forst jenseits Schallenkam überhaupt einem Menschen. Gäbe es die Garmischer Autobahn nicht, die den Wald entzweischneidet, würden hier markierte Wanderwege von Beuerberg nach Ambach, von St. Heinrich nach Eurasburg führen. So wie es ist, kommt einem das ganze Gebiet und man sich selber darin vergessen vor, und an einem alten Holzstoß, auch der verlassen, nie abgeholt, kann man im Hochsommer die große Schlupfwespe *Rhyssa persuasoria* bei der Suche nach versteckten Larven beobachten.

Nach Süden geht der Eurasburger Moränenwald allmählich in den Nonnenwald am alten Seegrund über. Das Gefühl, sich in einer ein bisschen »abgeschriebenen« Natur zu bewegen, verlässt einen auch hier noch nicht, in den Wäldern und Torfstichen zwischen den Weilern Schechen und Sanimoor. Sanimoor, vor allem an einem trüben Wintertag, ist ein Zeitfenster, nicht nur in Glaziales und Alluviales, sondern auch in eine Menschenzeit, als man in den Städten noch frieren musste und Torfbriketts als Heizmaterial gebraucht wurden. Jetzt sind es nur noch ein paar schüttere Waldstreifen bis ins Weidfilz – wo wir schon waren.

Seachtn, ein periodischer Weiher östlich von Andechs.

Die Fische im Starnberger See

Manfred Klein

Im Starnberger See kommen rund 25 Fischarten vor. Die meisten besiedeln die flachen Uferbereiche des Sees, die aufgrund der seespezifischen Morphologie vergleichsweise schmal sind. Lediglich der Nord- und Südteil sowie die Bereiche der Roseninsel und des Karpfenwinkels weisen etwas stärker ausgeprägte Flachwasserzonen auf. Insbesondere das Ostufer fällt sehr steil ab, so dass der Lebensraum für typische Uferfischarten wie Hecht, Flussbarsch, Brachse oder Rotauge sehr eingeschränkt ist. Den größten Lebensraum im Starnberger See bildet das Freiwasser, das von nur wenigen Fischarten besiedelt wird. Die weitaus am häufigsten vertretene Fischart ist hier die Renke, die mit Seesaiblingen, Seeforellen, Mairenken und Zandern vergesellschaftet ist.

Renke, Seesaibling & Co.

Fische stellen unterschiedliche Ansprüche an ihre Umwelt. Renke, Seesaibling, Seeforelle und Rutte gehören zu den anspruchsvollen Arten. Sie bevorzugen kühles, sauerstoffreiches Wasser. Auch hinsichtlich der Fortpflanzungsbiologie setzen sie sich deutlich von den übrigen Fischarten im See ab.

Die Renke, die wichtigste Fischart der Berufsfischerei, laicht Ende November bzw. Anfang Dezember bei Wassertemperaturen von rund 7° C. Die nur 2–3 mm großen Eier sinken nach dem Ablaichen auf den Seegrund und entwickeln sich hier über einen Zeitraum von fast drei Monaten. Die Renke ernährt sich fast ausschließlich von Zooplankton (Kleinkrebsen des Freiwassers).

Der Seesaibling gehört mit zu den farbenprächtigsten heimischen Fischarten. Während der Laichzeit, die sich von Anfang bis Mitte November erstreckt, tragen die Männchen ein besonders intensiv gefärbtes Hochzeitskleid. Seesaiblinge laichen bevorzugt am Ostufer des Sees in Tiefen zwischen 20 und 60 Metern. Die mit 4–5 mm Durchmesser relativ großen Eier werden auf sauberem kiesigen Grund abgelegt. Auch die Eientwicklung dauert mit rund zweieinhalb Monaten relativ lang. Der Seesaibling ernährt sich bis zu einer Größe von etwa 30 cm vorwiegend von Zooplankton und stellt sich später auf räuberische Lebensweise um.

Als typischer Raubfisch gehört die Seeforelle zu den größten lachsartigen Fischen in den Voralpenseen. Am Starnberger See sind Fische mit bis zu 15 kg keine Seltenheit. Das größte gefangene Exemplar hatte angeblich ein Gewicht von 19 kg. Zum Ablaichen benötigt die Seeforelle Fließgewässer, in die sie auf- oder absteigt, um ihre Eier in Laichgruben im kiesigen Grund abzulegen. Da der Starnberger See über keine geeigneten größeren Zuflüsse verfügt, dürfte die Seeforellenpopulation auf Besatzmaßnahmen zurückzuführen sein.

Weniger anspruchsvolle Seebewohner

Hecht, Zander, Waller, Flussbarsch und die Vertreter der so genannten Weißfische (karpfenartige Fische) wie Rotauge, Brachse, Güster, Nerfling, Rotfeder, Mairenke, Hasel, Aitel, Rußnase oder Laube sind weniger anspruchsvoll gegenüber ihrer Umwelt. Sie bevorzugen die wärmeren Wasserschichten, und ihre Fortpflanzung findet ausschließlich in den Frühjahrsmonaten in geringen Wassertiefen der Uferzone statt. Die Entwicklungszeit der Fischeier ist mit ein bis zwei Wochen nur kurz. Zwischen Unterwasserpflanzen oder Schilf wächst die Fischbrut dieser Art auf; auch die erwachsenen Tiere finden hier ihre Nahrung.

Zum aktuellen Arteninventar gehören einige Vertreter, deren Existenz nur durch Besatzmaßnahmen gesichert werden kann. Hierzu zählt der Aal, eine für das Donaueinzugsgebiet standortfremde Fischart. Er muss zum Laichen aus dem Süßwasser über mehrere tausend Kilometer bis in den westlichen Atlantik zu ihren Laichplätzen abwandern. Für die Rückkehr des Nachwuchses in den Starnberger See ist die Entfernung zu groß. Auch der Zander kam im See ursprünglich nicht vor, ist aber seit über 100 Jahren eingebürgert. Noch länger zurückliegen dürfte das Aussetzen der ersten Karpfen. Da sich diese Fischart in natürlichen Gewässern nur selten fortpflanzt, ist ihre Existenz auch im Starnberger See vorwiegend auf Besatzmaßnahmen zurückzuführen. Bei den anderen Fischarten kann man von einer mehr oder weniger erfolgreichen natürlichen Vermehrung im See oder in dessen Zuflüssen ausgehen.

Wasserwelt im Wandel

Zum Überwintern ziehen sich die meisten Fische in große Wassertiefen des Sees zurück. So konnten z. B. bei einem Tauchgang mit einem Mini-U-Boot Flussbarsche und Rußnasen bis in einer Tiefe von 110 m am Grund beobachtet werden.

In den letzten Jahrzehnten unterlagen die Fische des Sees vielen negativen Einflüssen, u.a. den Auswirkungen der Eutrophierung (Nährstoffanreicherung) der 1950er bis 1980er Jahre sowie der zunehmenden Freizeitnutzung des Sees mit einer Beunruhigung der Uferzonen. Dazu kommen in jüngster Zeit Beeinträchtigungen durch Fisch fressende Vögel. Obwohl diese Einflüsse zu quantitativen Veränderungen bei einzelnen Arten führten, ist die Vielfalt weitgehend konstant geblieben.

Linke Seite: Flussbarsch (oben), Renke (Mitte), Rutte (unten). Unten: Rotauge (oben), Hecht (Mitte), Seesaibling (unten).

Das Institut für Fischerei

Mathias v. Lukowicz

Um die Fischerei in Bayern zu fördern, unterhält der bayerische Staat in Starnberg ein Institut für Fischerei, das zur Bayerischen Landesanstalt für Landwirtschaft gehört. Dieses Institut steht auf fischereilich historischem Boden: 1881 stiftete König Ludwig II. das Grundstück »Bei den Sieben Quellen« dem damaligen Bayerischen Landesfischereiverein, der dort eine Fischzucht mit Brutanstalt aufbaute. In dieser wegweisenden Einrichtung wurden Besatzfische aufgezogen sowie Versuche und Untersuchungen durchgeführt, deren Erkenntnisse an Erwerbsfischer, Teichwirte und andere interessierte Personen

Die Forellenteichanlage »Zu den Sieben Quellen« des Instituts für Fischerei.

weitergegegeben wurden. Aus dieser Fischzucht entstand 1910 die erste Fischereischule im Reichsgebiet.

Forschung und Lehre

Nach dem Zweiten Weltkrieg wurde, nunmehr von staatlicher Seite, ein neues Versuchs- und Ausbildungszentrum aufgebaut, zu dessen wichtigsten Aufgaben die Forschung, die Aus- und Weiterbildung in der Binnenfischerei sowie die Anwendung dieses Wissens im Rahmen der Gewässernutzung und -bewirtschaftung gehören. Im Vordergrund stehen die ökologische und wirtschaftlich nachhaltige Bewirtschaftung der Fischgewässer sowie die umweltverträgliche Erzeugung gesunder Fische für den Besatz und als qualitativ hochwertiges Nahrungsmittel. Das Institut betreibt grundsätzlich angewandte Forschung; viele Anregungen und Anstöße entspringen der fischereilichen Praxis.

Um seine Aufgaben erfüllen zu können, hat das Institut mit dem Neubau von Verwaltungs-, Labor- und Lehrgebäuden vor kurzem auch die fast 100 Jahre alte Forellenzucht völlig umgestaltet. Es entstand eine moderne Anlage, die mehrere Gruppen jeweils gleichartiger Beton- und Kiesteiche, großer Rundstrom-, Langstrom- und Hälterbecken umfasst. Daneben gibt es ein Fischbruthaus für die Fischvermehrung, Eierbrütung und Brutaufzucht sowie ein Gebäude für die Fischbe- und -verarbeitung.

Naturnah und umweltgerecht

Damit eine gleich bleibend hohe Wasserqualität verbürgt ist, lassen sich Temperatur, Sauerstoff und pH-Wert der einzelnen Teiche automatisch erfassen und online im Datenverarbeitungssystem des Instituts abspeichern. Das Abflusswasser aus der Fischhaltung wird mittels geeigneter Vorrichtungen wie Absetzbecken und Mikrofilter gereinigt. So ist sichergestellt, dass der Starnberger See nicht unzuträglich belastet wird.

Beim Ausbau der Teichanlage nach den technischen Erfordernissen eines modernen Versuchsbetriebes konnte man dem idyllischen Charakter des gewundenen Sieben-Quellen-Tales weitgehend Rechnung tragen. Die Kette der Teiche wird von einem naturnah ausgeformten Bachlauf begleitet.

Neben der Versuchsarbeit in der Fischzuchtanlage Starnberg ist auch der Starnberger See selbst Objekt fischereibiologischer Untersuchungen. Ferner widmet sich das Institut der Aus- und Fortbildung und ist zuständig für den Ausbildungsberuf Fischwirt und die Fortbildung zum Fischwirtschaftsmeister. Außerdem findet hier eine Weiterbildung in allen Bereichen der Gewässerbewirtschaftung und der Gewässeraufsicht statt. Jährlich besuchen 700 bis 1000 Teilnehmer die Lehrgänge des Instituts und unterziehen sich den einschlägigen Prüfungen. Auch die Staatliche Fischerprüfung, zu der etwa 10 000 Personen im Jahr antreten, liegt in Händen des Instituts.

Hans Albers und die Renke … **Helmut Reuter**

Das Wasser des Starnberger Sees könne man bedenkenlos trinken, sagt das Wasserwirtschaftsamt München. Badegäste und andere Wassersportler dürfen also auch mal einen Schluck aus dem See nehmen, ohne gleich »König Ludwigs Rache« fürchten zu müssen. Und die Renke danach schmeckt auch gleich viel besser. Weil das Wasser so sauber ist, fehlen allerdings auch die Nährstoffe am Anfang der Nahrungskette. Nur durch den Einsatz von Renkenlarven kann die Fischerei im gegenwärtigen Umfang beibehalten werden. Trotzdem könnten wohl nur fünf bis zehn der drei Dutzend Berufsfischer vom Fischfang allein leben.

Hier betritt nun mitten im Binnenland ein Schauspieler die Szene, den viele vor allem als blonden »Seebär« in Erinnerung haben: Hans Albers. Dieser hatte 1934 ein herrschaftliches Anwesen in Garatshausen erworben, das die Erbin, seine Lebensgefährtin Hansi Blydt-Burg, später an den Freistaat Bayern verkaufte. Seit 1978 betreibt dort das Institut für Fischerei eine Versuchs- und Ausbildungsstation für die Seefischerei. Wenn bayerische Binnenfischer weiterhin ihre Renken räuchern können – mit Buchenholz, wie es sich gehört –, so hat daran auch der Hamburger Seebär seinen Anteil. Dem Normalverbraucher sei hier aber ein Renkenrezept empfehlen, das man in jeder Küche realisieren kann.

Estragon-Renke im Päckchen

Zutaten:

- Pro Person ein Fisch von etwa 300–500 Gramm
- Backpapier oder Alufolie von der Rolle
- Die angegebenen Mengen der Zutaten gelten jeweils für einen Fisch
- 1–2 Teelöffel Olivenöl
- 1 Lauchzwiebel, einmal quer durchgeschnitten
- 1 Zweig frischer Estragon (die würzkräftige, vegetativ vermehrte Sorte, nicht die aus Samen gezogene, die nur nach Gras schmeckt)
- 1 Scheibe einer kleinen Zwiebel
- 2 Scheiben einer großen Tomate
- 2 EL trockener Weißwein, 1 TL Zitronensaft
- Salz und Pfeffer

Zubereitung:

Die Renke wird durch die folgende Zubereitung schonend gegart, was den feinen Eigengeschmack des Fisches in den Vordergrund stellt. In Frankreich kennt man es unter der Bezeichnung *en papillote* (in der Papierhülle).

1. Die ausgenommenen Fische etwa fünf Minuten kalt wässern, auf Papierhandtüchern abtrocknen.
2. Backrohr auf 220°C vorheizen (bei Umluftherden nicht erforderlich).
3. Renke auf die nicht zu knapp zugeschnittene Folie legen, Wein und Zitronensaft über und in den Fisch träufeln, Olivenöl darüber geben. Mit Salz und Pfeffer würzen. Mit Lauchzwiebel, Estragon, Zwiebel- und Tomatenscheiben belegen.
4. Folie über dem Fisch und den übrigen Zutaten falten. Ränder umknicken und so falzen, dass ein dichtes Paket entsteht (falls erforderlich, mit Büroklammern aus Metall fixieren). Die Pakete auf einem Backblech ins Rohr schieben und (je nach Größe) 15–20 Minuten lang garen.
5. Jedes Paket auf einen großen Teller legen, die Unterseite mit einem Messer oder einer Schere aufschlitzen und den Inhalt mitsamt der Flüssigkeit auf den Teller gleiten lassen. Die gegarten Gemüsezutaten entfernen.
6. Mit Petersilie und einer Zitronenscheibe garnieren. In Butter geschwenkte Petersilienkartoffeln eignen sich besonders gut als Beilage.

Literaten am Starnberger See

Herbert Schmied

Vorherige Seiten: Tutzinger Fischerhochzeit.

»Warum machen unsere Künstler viel lieber Ideale von Landschaften, mit alten verfallenen Gebäuden, da ihnen die Natur viel bezauberndere Bilder darbeut, die sie kopieren sollten ...« Franz von Paula Schrank, um 1785.

Literaten, Verfasser von Büchern, Autoren lebten am Starnberger See, bevor das Wort Literat im 16. Jahrhundert auftauchte: Paul von Bernrieds Lebensbeschreibungen des Papstes Gregor VII. oder der seligen Herluka, in Bernried begraben und selber Verfasserin eines – verschollenen – Werkes, führen uns bis ins 12. Jahrhundert und in den Investiturstreit zurück, in dem ihre Schriften Partei ergriffen.

Reisende Gelehrte, meist Geistliche, stöberten in den folgenden Jahrhunderten in Klosterarchiven und anderen Quellen, auch an unserem See, und veröffentlichten und verwendeten gefundene Dokumente in dicken Folianten. Nicht selten fielen dabei aufschlussreiche Bemerkungen zum See und seiner Umgebung ab, etwa beim Historiker Aventin, beim Kartographen Apian und bei den Brüdern Pez aus Kloster Melk.

Die prunkvollen Flotten der Wittelsbacher auf dem See haben nicht nur viele Maler angeregt, sondern auch faszinierte Beschreiber gefunden. Der französische Weltreisende Chapuzeau etwa rühmte 1673 das unvergleichliche Prunkschiff Bucentaur, es war damals zehn Jahre alt: »Alle die Herrlichkeiten und kuriosen Dinge, die man in Bayern sehen kann, übertrifft der Buzentaurus, der auf dem Starnberger See ist – er muß für ein Wunderwerk der Zeit gelten.«

Ein »Baedeker« für den Starnberger See

Gegen Ende des 18. Jahrhunderts werden die Beschreibungen der Seelandschaft ausführlicher. Das Aufklärungszeitalter sieht die Landschaft schärfer, detailreicher, möchte an ihr auch manches verbessern. Ein heimatkundliches Kleinod hat dabei Lorenz Westenrieder mit seiner *Beschreibung des Wurm- oder Starenbergersees* von 1784 hinterlassen. Er charakterisiert darin See und Uferorte, aber auch Bräuche, Waldzustand, Landwirtschaft usw. Etwa um die gleiche Zeit empfiehlt Franz von Paula Schrank die »herrliche Szene« des Starnberger Sees als Gegenstand der Kunst:

»... gerade ehe man den Abhang hinunter fährt, wo man den größten Teil des majestätischen Würmsees mit allen Schlössern und Dörfern übersieht, die längs an seinem Ufer hier sind. Das ist eine herrliche Scene, die sich hier jedem Reisenden eröffnet, und noch hat sie keines Tenniers Pinsel beschäftigt! Warum machen unsere Künstler viel lieber Ideale von Landschaften, mit alten verfallenen Gebäuden, da ihnen die Natur viel bezauberndere Bilder darbeut, die sie kopieren sollten ...« (*Baierische Reise*, 1785)

Beschreibung
des
Wurm-
oder
Starenbergersees,
und der
umherliegenden Schlößer rc.
samt einer Landkarte.
von
Prof. Westenrieder.

München, 1784.
bey Johann Baptist Strobel.

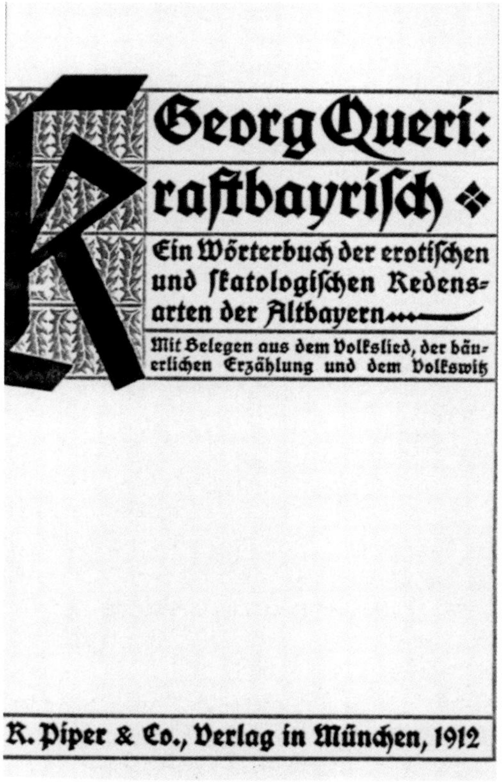
Georg Queri:
Kraftbayrisch
Ein Wörterbuch der erotischen und skatologischen Redensarten der Altbayern
Mit Belegen aus dem Volkslied, der bäuerlichen Erzählung und dem Volkswitz

R. Piper & Co., Verlag in München, 1912

Im 19. Jahrhundert folgten viele Reisehandbüchlein für den See, u. a. Link, von Schaden, Noé; manche schrieben auch ungeniert von Westenrieder ab. Heinrich Zimmermann, weltmeererfahrener Matrose und für den Starnberger See dann beamteter

Leibschiffmeister, war Verfasser eines noch 2001 wieder aufgelegten Reiseberichts mit dem Entdecker Cook. Er hat sich kurz vor seinem Tod 1805 ein Haus in Starnberg gebaut (die erste Villa!) und trug sich mit neuen schriftstellerischen Plänen. Für Buch und Verfasser interessierten sich im Lichte von Ideen des Aufklärungszeitalters namhafte Zeitgenossen (Georg Christoph Lichtenberg, Friedrich Nicolai, Georg Forster).

Schreibende Sommergäste ...

Nur wenige Literaten, die am oder über den Starnberger See schrieben, hatten an seinen Ufern auch ihren Lebensmittelpunkt. Sie kamen meist nur zeitweise als Sommerfrischler oder besuchshalber hierher, wenn sie sich nicht überhaupt, wie etwa Bettina von Arnim in einer reizenden Schilderung einer Kahnpartie auf dem Starnberger See, nur hierher träumten:

»Neulich fuhr ich [...] nach dem Staremberger See. Wir aßen zu Mittag in einem angenehmen Garten, alles war mit Blumen und blühenden Sträuchern übersät, und da ich zur Unterhaltung der gelehrten Gesellschaft nichts beitragen konnte, so sammelte ich deren so viel, als mein Strohhut faßte. Im Schiff, auf dem wir bei herannahendem Abend wohl anderthalb Stunden fahren mußten, um das jenseitige Ufer wieder zu erreichen, machte ich einen Kranz. Die untergehende Sonne rötete die weißen Spitzen der Alpenkette ...«

(Bettine von Arnim, *Goethes Briefwechsel mit einem Kinde,* 1835)

Sogar Franz Graf von Pocci, als Maler und Poet in der Vorstellung fest mit dem See verbunden, verbrachte doch immer nur einen Teil des Jahres in Schloss Ammerland; sein Hofamt unter drei Königen band ihn an München und die dortige Familienadresse.

Der bayerische Sprachforscher Johann Andreas Schmeller hat in seinen Tagebüchern rund zwei Dutzend (meist Erholungs-, »Sommerfrische«-) Aufenthalte bei Freunden am See notiert. Seine Notizen zeugen davon, dass zu seiner Zeit der Ausflugs- und Fremdenverkehr immer mehr zunahm. Einer seiner letzten Einträge beschreibt eine Fahrt auf dem kurz zuvor in Dienst gestellten Maximilian, dem ersten Dampfschiff auf dem See: »Die Fahrt auf dem Würmsee-Dampfschiff ganz vergnüglich, die auf des Seeshaupter Wirthes Vogel federlosem Wagen aber über Stock und Stein bis Sindelsdorf wenig erbaulich.« (*Tagebücher,* Eintrag vom 28. September 1851).

In das Bordbuch des Maximilian hat sich viel gekrönte und ungekrönte Prominenz eingetragen, darunter Literaten mit artigen Zeilen wie Marie von Ebner-Eschenbach und Hoffmann von Fallersleben.

Auch in Schriften Ludwig Steubs, langjähriger Feriengast in Tutzing, spiegelt sich die touristische Entwicklung – und ein wenig die vaterländische Unruhe vor der Reichsgründung 1871, etwa in seiner ironischen Beschreibung *Das landwirtschaftliche Fest zu Starenberg von 1860.* Regelmäßiger Sommergast in Leutstetten war in seiner Münchner Professorenzeit Wilhelm Heinrich Riehl, ein Wegbereiter bayerischer Volkskunde und Erzähler; manche seiner Schriften schloss er hier ab. Auf seinen Spuren wandelte im selben Ort Paul Ernst Rattelmüller mit Abhandlungen zu bayerischen Themen.

Zum Schreiben seiner Romane zog sich Michael Georg Conrad aus München manchmal an den See zurück: In Percha verfasste der Gründer der politisch-kulturell seinerzeit sehr einflussreichen Zeitschrift *Die Gesellschaft,* einen Zukunftsroman mit rassistischer Grundstruktur (*In purpurner Finsternis,* 1895), und in Starnberg entstanden Teile seines Münchner Schlüsselromans *Was die Isar rauscht.*

»Hinter dem Spiegel des Sees erhoben sich zuerst grüne Vorberge, wechselnd mit sonnigen Matten und dunklem Nadelholz, wellenförmig ansteigend und so einen lebendigen Vordergrund bildend für die grauen Bergkolosse mit ihren verwitterten, kahlen Hörnern und Steinkämmen, an denen übrig gebliebener Schnee feine weiße Linien zeichnete und die gen Westen mit einer jäh abfallenden Felsenmauer abschlossen, deren wildes Geschröffe gebieterisch die langen Ketten der ragenden Kuppen und Zinken beherrschte.« (Aus: Friedrich Hackländer, »Der Sturmvogel«, 1872).

... und am See Ansässige

Mehr im Verborgenen agierte am See die zu okkulten Geheimlehren neigende Tendenz. 1911 nahm in Starnberg einer ihrer literarisch Großen, Gustav Meyrink, seinen Wohnsitz bis zum Tode 1932; sein efeuverhangenes Grab liegt auf einem Starnberger Friedhof. Es hatte ihn, den begeisterten Ruderer und Segler, der See angelockt, zunächst als Liegeplatz eines Bootes. In Starnberg schrieb er einen Großteil seiner magisch-esoterischen Werke und trat in Kontakt zu einer kaum überschaubaren Zahl Gleichgesinnter oder Interessierter. (Seinen bekanntesten Roman, *Der Golem,* brachte er allerdings noch unveröffentlicht im Gepäck nach Starnberg.) Hier erreichten ihn aber auch Anfeindungen, die ihm während des Ersten Weltkriegs Wehrkraftzersetzung durch seine frühen oft antimilitaristischen Satiren vorwarfen. Später setzte er sich sogar gerichtlich mit den »Hakenkreuzlern«, so sein Ausdruck, auseinander.

Einer der populärsten »Literaten« des Bayerischen ist gewiss Georg Queri mit seinen Stücken, Schnurren, zugleich ein unermüdlicher Sammler und Herausgeber von volkstümlichen Texten, Redensarten, Liederversen, gern aus damals sonst eher gemiedenen Sprachwinkeln. Daneben ist er als scharfzüngiger Journalist bekannt, so am Starnberger Lokalblatt. Im Ersten Weltkrieg verfasste er »Kriegsbüchel« mit Aufheiterungs- und Durchhalteabsichten.

Illustre Namen in kontroversen Zeiten

Das Kriegserleben derselben Zeit hat Arnold Zweig in vier Starnberger Jahren (1919–1923) zu verarbeiten begonnen. Später, zum Teil erst im Exil in Palästina, gestaltete er daraus einen sozial- und militarismus-kritischen Romanzyklus (Sammeltitel *Der große Krieg der weißen Männer*). Eine Art Gegenstück dazu sind die 1947 erschienenen Erinnerungen des Starnbergers Hermann Uhde-Bernays, der sein Werk bewusst und programmatisch 1914 enden lässt: *Im Lichte der Freiheit,* so der Titel; danach habe sich Dunkel ausgebreitet.

Ein kleines Museum erinnert inzwischen in Feldafing an Thomas Mann, der hier in den 1920er Jahren Haus(mit)besitzer war und diese Zeit und manche hier entstandenen Teile seiner literarischen Produktion in seinen Tagebüchern erwähnt. Wie die mit ihm befreundeten Schriftstellerkollegen mit langjährigem Wohnsitz Feldafing – Bruno Frank, Wilhelm Speyer – ging er 1933 ins Exil. Für Feldafing nicht unerwähnt bleiben darf auch der ungarische Philosoph Vilmos Szilasi, der in den rund zehn Jahren, in denen er hier ein Haus besaß,

ungarische Schriftsteller über Monate und Jahre gastlich aufnahm. In deren Werken, z.B. bei Tibor Déry und Mihály Babits, finden sich Spuren davon.

In Ammerland hat Kadidja Wedekind 1928/29 das recht real gespielte Kinderkaiserreich »Kalumina« errichtet (Mitspieler waren Jean Giraudoux, Stora Max und die Kinder des Dorfes, unter ihnen der spätere Generalsekretär des Europarats Georg Kahn-Ackermann). Ihr gleichnamiger Roman hat Kalumina vor dem Vergessen bewahrt.

Von 1918 bis kurz vor seinem Tod 1978 bewohnte Hanns Johst eine Villa in Oberallmannshausen. Als Literat empfand er sich wohl nicht, seine »literarische« Entwicklung hatte den Verfasser zunächst expressionistischer Dramen immer mehr dem Nationalsozialismus angenähert. Obwohl später »dienstlich«, als Präsident der Reichsschrifttumskammer usw. im Dritten Reich viel unterwegs, behielt er am See einen Drehpunkt seines Lebens, wo ihn so unterschiedliche Autoren wie Bert Brecht oder Gottfried Benn aufgesucht haben. Eine Wohnadresse am See (in Feldafing) besaß Alfons von Czibulka, Verfasser viel gelesener historischer Unterhaltungsromane und Biographien.

Der »Starnberger Kreis«

In seinem gastlichen Starnberger Haus hatte Rudolf G. Binding einen Jour fixe für Schriftstellerkollegen eingerichtet. Um diesen »Samstagmittagtisch« sammelten sich viele denkverwandte Autoren.

1934 bezog die Schriftstellerfamilie Heinrich Wolfgang und Ina Seidel mit Kindern ein Haus in Starnberg. Die in ihrer Zeit hoch angesehene Autorin wurde 1970 Ehrenbürgerin dieser Stadt. Nähere und weitere Verwandtschaft fand sich immer wieder besuchshalber, in Kriegsnotzeiten auch länger, bei den Seidels ein, darunter viele Literaten: Bruder Willy Seidel, Schwester Annemarie und Schwager Peter Suhrkamp, Schwiegersohn Ernst Schulte-Strathaus, Sohn Georg (Christian Ferber) und Mutter Emmy. Diese hatte Tochter Ina schon als Kind an den Starnberger See gebracht, wo Stiefvater Georg Ebers, wie Ina einst ein Bestsellerautor, das Tutzinger Midgardhaus besaß. Auf ihren Tutzinger Grabsteinen sind die Namenszüge der Seidels inzwischen unleserlich verwittert.

Nicht leicht fällt es heute, Leser für neu aufgelegte Schriften von Friedrich Alfred Schmid Noerr aus Percha zu finden; nur scheinbar entsprachen seine mythenreichen Stoffe einem vergangenen Zeitgeist.

Kein Zweifel: Auf ganz unterschiedlichen Lebenswegen bewegten sich Literaten vom See durch die »Tausend Jahre«, durch den Zweiten Weltkrieg und die Nachkriegszeit. Oskar Maria Graf verließ den Geburtsort Berg schon 1911 und emigrierte 1933; sein wohl eindringlichstes, genauestes Buch zur Heimatlandschaft und ihren Menschen, *Das Leben meiner Mutter,* entstand jedoch im Exil. Der Ostpreuße Ernst Wiechert, der einige Jahre in Ambach wohnte und auch später Kontakte zum nicht fernen See hielt, beschrieb seinen als Einschüchterung gedachten KZ-Aufenthalt in einem zunächst vergrabenen Manuskript.

W. E. Süskind (Ambach) konnte 1940 erstmals seinen Sprachratgeber *Vom Abc zum Sprachkunstwerk* veröffentlichen, und nach dem Krieg brauchte das Buch nur geringfügig geändert zu werden. Er war nicht der einzige Autor vom See, der in diesen Jahren die unverfängliche Lücke der Sprachbücher entdeckte. (Der gleichfalls am See aufgewachsene Sohn Patrick übertrumpfte den Vater freilich später mit anderen Bestsellererfolgen.) Ernst Heimeran, der in Starnberg ein *Grundstück gesucht* und daraus auch gleich einen Buchtitel im eigenen Verlag gemacht hatte, überstand mit vielen amüsanten und politikfernen Titeln und eigenen Büchern die gefahrvolle Zeit. Manuskripte für die Schublade verfasste Wilhelm Hausenstein in Tutzing in der Zeit seines Publikationsverbots, darunter das für die emigrierte Tochter geschriebene Tagebuch, veröffentlicht unter dem Titel *Licht unter dem Horizont,* ein bewegendes Dokument aus dieser Zeit (und für die Starnberger Seelandschaft). In den Blickpunkt literaturwissenschaftlicher Forschung sind Wolfgang Koeppens Feldafinger Jahre am Kriegsende geraten.

Evakuierung aus dem zerbombten München, Kriegsende, Flucht und Vertreibung verschlugen viele Literaten in Orte um unseren See: Eugen Roth, Josef Magnus Wehner, Walter Bauer, Gustav René Hocke, Ernst Kreuder. Länger blieb der völkische Schriftsteller Wilhelm Pleyer: Er klopfte beim ähnlich denkenden Heinrich Zillich an, der schon länger in Söcking ansässig war. Weit verstreuten sich einige spätere Buchautoren, die an ihre Nachkriegszeit im DP (Displaced Persons)-Lager Feldafing erinnerten.

Bestseller der Nachkriegszeit

Wenngleich ein bisschen fiktiv, beschrieb Wolfgang Hildesheimer minutiös den Moment, in dem er am 18. Februar 1950 in Ambach vom Maler zum Schriftsteller wurde – weil es am Fenster zu kalt und am Ofen zu dunkel zum Malen gewesen sei. Jedenfalls entstanden hier einige seiner lockeren *Lieblosen Legenden.* Spuren vorangegangener lastender Zeiten – Emigration, Dolmetscher bei den Nürnberger Prozessen – finden sich darin kaum.

In einem Häuschen am Starnberger Ludwig-Thoma-Weg begann wohl seine literarische Karriere, jedoch beim Ambacher Gasthaus Bierbichler richtete sich später Herbert Achternbusch eine Weile in seinem *Ambacher Exil* ein. Ganz in der Nachbarschaft erproben die Literaten Tilman Spengler, Tankred Dorst und Michael Krüger eine Hausgemeinschaft. Wenige Steinwürfe entfernt davon das Grab Waldemar Bonsels'. Von seinem vielseitigen Werk hat am nachhaltigsten die Figur der Biene Maja überlebt.

An Bestsellerautoren der Nachkriegszeit ist in der für das Schreiben offenbar so günstigen Seelandschaft kein Mangel: Hans Helmut Kirst (08/15 – in Berg geschrieben) und Lothar-Günther Buchheim *(Das Boot, Die Festung)* in Feldafing, Johannes Mario Simmel mit Starnberger Adresse. Ihre Werke umschreiben auf ihre Weise viel Zeitgeschehen. Die oft geschichtlichen Themen der Bücher Siegfried Fischer-Fabians (Berg) wie Petra Morsbachs (Pöcking) Romane finden ein breites Publikum. Nicht weniger erfolgreich, sogar preisgekrönt in der besonderen, eher zeittypischen Textgattung Krimi: Herbert Reineckers Fernsehdrehbücher aus Percha; ferner Annette Döbrich, die im Starnberger Pfarrhaus, und Friedrich Ani, einer der bekanntesten jungen Krimi-Autoren, der in den Lokalredaktionen zu schreiben begann. Den Finger auf wunde Punkte der Gesellschaft legt von seinem Ammerlander Sofa aus Loriot (Vicco von Bülow) in Cartoons und satirischen dramatischen Werken.

In dieser ruhigen, eher etwas abgelegenen See-Umgebung haben sich auch immer wieder Dichter zu Tagungen getroffen: zum halbkonspirativen Starnberger Gespräch mit Ost- und Westautoren 1951; zu zwei Tagungen der Gruppe 47 in Niederpöcking; mehrmals zu Dichtertreffen der Evangelischen Akademie Tutzing. Dass auf einem von diesen Marie Luise Kaschnitz ihre Tutzinger Gedichte erstmals vorlas, gab mit den Anstoß, dass die Evangelische Akademie seit 1984 einen Marie-Luise-Kaschnitz-Preis vergibt. Nicht vergessen sei auch Andreas Neumeister, der in seinem Erstling *Äpfel vom Baum im Kies* seine Geburtsheimat eigenwillig porträtierte.

Viel Theater um Kasperl Larifari – die Starnberger Marionettenbühne

Egon Blädel

Angefangen hat es im Dezember des Jahres 1986 mit der Premiere des Stückes *Das tapfere Schneiderlein,* dargeboten von einer kleinen Gruppe von Idealisten, den Teilnehmern eines Marionettenspielkurses der Starnberger Volkshochschule. Die Stadt hatte damit ihr eigenes Marionettentheater aus der Taufe gehoben, dessen Aufführungen von der ersten Spielsaison an beim Publikum erfreulichen Anklang fanden.

300 Marionetten für das Heimatmuseum

Als »Taufpate« der kleinen Bühne trat ein passionierter Liebhaber des Marionettenspiels auf: Dr. Arnulf Gnam, der dem Heimatmuseum der Stadt einen Fundus von über 300 Marionetten überließ – mit der Auflage, dass mit ihnen auch gespielt würde. Die Figuren, in seinem Auftrag von namhaften Künstlern geschaffen, sind überwiegend für die von Franz Graf von Pocci verfassten Theaterstücke gestaltet, denn Gnam wollte mit seiner Stiftung die vom Ammerlander »Kasperlgrafen« begründete Tradition eines volkstümlichen, aber anspruchsvoll verfeinerten Marionettenspiels fortgesetzt sehen – hier am Starnberger See, der »Sommerfrische« des Kasperl Larifari, dessen Charakter Pocci bewusst von dem des arg grobianischen, oft vulgären Dulttheater-Kasperls seiner Zeit abhob.
Das Starnberger Marionettentheater weiß sich dieser Überlieferung verpflichtet und lässt den Pocci-Kasperl munter durch die gräflichen Komödien geistern, stellt sich aber auch der Herausforderung, dieser Überlieferung durch behutsame Textbearbeitung einen sprachlich zeitgemäßen Rahmen zu geben, würde doch mancher Ausdruck als antiquiert empfunden oder vom heutigen Publikum gar nicht mehr verstanden werden.
Da die ausschließliche Festlegung auf die tradierten Pocci-Komödien den programmatischen Rahmen und den Spielplan stark einengen würde, bringt das Starnberger Marionettentheater alternativ auch Eigenschöpfungen auf die Bühne – immer bestrebt, diese »im Stil und Geiste Poccis« zu gestalten.
In der winterlichen Spielsaison (Mitte Dezember bis Ende Januar) ist der lebhafte Zuschauerandrang der beste Beweis, dass diese Mischung aus Traditionspflege und Aktualität dem Publikumsgeschmack entspricht.

Kasperl Larifari. Sein Kostüm ist der Salzburger Bauerntracht angenähert.

Von der eigenen Art der Menschen

Brauchtum, Tracht und Volksmusik

Willi Großer

Die bodenständige Tracht um den Starnberger See wird auch heute noch als »Festtags-Gwand« getragen – zu offiziellen Anlässen genauso wie zu persönlichen Festtagen, unter anderem auf dem Weg zum Traualtar.

Will man den Reichtum einer Landschaft ergründen, sollte man Land und Leute als Einheit sehen, denn so wie die Natur den Menschen formt, drückt der Mensch wiederum durch seine Lebensart, seine Kultur dem von ihm bewohnten Land seinen Stempel auf.

Wenn hier von Brauchtum, Tracht und Volksmusik, kurz: von der hier gewachsenen »eigenen Art«, die Rede sein soll, dann in der Absicht, dem Eingesessenen die Heimat dadurch noch liebenswerter, dem aufgeschlossenen Gast aber das Land um den Starnberger See noch interessanter erscheinen zu lassen.

Die Tracht der Seeanwohner

Wer nach Starnberg kommt, wird den weiß-blauen Maibaum am Tutzinger-Hof-Platz, einem von Hektik und Aufgeregtheit erfüllten Verkehrsknotenpunkt der Kreisstadt, als freundlichen Gruß aus vergangenen Tagen empfinden. Es muss ein würdevoller, festlicher Anblick gewesen sein, wenn die Starnberger Bürger- und Bauersleut Ende des 18. Jahrhunderts zum sonntäglichen Gottesdienst zu der ebenfalls am Maibaum abgebildeten – damals neu erbauten – Pfarrkirche St. Josef auf den Schlossberg pilgerten. »Er« unterm breitkrempigen Schlapphut, im blauen, grünen, roten oder schwarzen »Bratenrock«, darunter die zweireihige, dicht mit Silberknöpfen besetzte Brokat- oder Samtweste; dazu die lange, schmucklose Lederhose, die in »gestandenen« Faltenstiefeln endete, oder, eine Weiterentwicklung der späteren Jahre, die weiß ausgenähte lederne Bundhose, zu der kunstvoll gestrickte weiße Schafwollstrümpfe und mit Silberschnallen verschlossene Knöchelschuhe getragen wurden.

»Sie« war nicht weniger schön anzusehen, wie auch die früheste Darstellung der heute noch gültigen Frauentracht beweist. Der »Königliche wirkliche Centralrath und Archivar des Königreichs

Bayern«, Felix Freiherr von Lipowsky, hat sie uns in seinem Werk *National-Costüme des Königreichs Bayern* aus dem Jahr 1825 überliefert und schreibt dazu: »Da für Feld und Ackerbau eben nicht die günstigste Lage und das fruchtbarste Erdreich des Landgerichts Gezirk umschließt, da Wälder mit Holzfällen, dann das Fischen auf dem See die meisten Menschen beschäftigt und ernährt, so ist des Landmannes Wohlstand im Durchschnitte nicht der beßte. Dieses zeigt selbst der Anzug dieser Leute. Eine Bäuerin trägt eine den ganzen Hintertheil des Kopfes, und selbst die beiden Ohren umfassende Pelzhaube, die in ihrer Mitte einen färbigen Seidenzeug enthält. Das einzige Silber, das sie am Leibe hat, ist eine Schließe, welche den um ihren Hals gewundenen schwarzen Flor zusammenhält, die Joppe über das Mieder, mit Bändchen zusammengeschnürt, ist von blauer Leinwand oder wollenem Zeuge ganz kurz verfertigt, und mit seidnen Atlas-Bändern eingefasst, auch Rock und Schürze sind leinen oder wollen und manchmal auch von buntem Zits.

Übrigens ist der Charakter dieser Leute sittlich gut, aufrichtig, und ohne Falsch, sie sind unermüdet in der Arbeit und genügsam, dann dienstfertig, und froh, wenn ihnen Verdienst zugeht, um sich mit den Ihrigen zu ernähren ...«

So geschrieben vor rund 180 Jahren. Inzwischen ist, wie man sieht, doch einiges anders geworden. Vom Charakter einmal abgesehen, hat sich die Tracht der Seeanwohner, soweit sie überhaupt noch getragen wird, weiterentwickelt und den Bedürfnissen des heutigen Menschen angepasst.

Im Leiblrock und der Bundledernen

Mit dem Aufblühen der Heimat- und Volkstrachtenvereine Anfang des vergangenen Jahrhunderts hat man zur historischen Festtracht, dem so genannten Kirchagwand noch eine bequeme Tanztracht für Mädchen und Burschen geschaffen, die einerseits traditionelle Formen und Farben bewahrt, andererseits aber auch den Vorstellungen der Jugend entgegenkommt: Die Mädchen tragen einen Leiblrock mit dazugehörigem Spenzer aus meist blauem, gemustertem Woll- oder Baumwollstoff und passender Schürze, darunter eine weiße Bluse, weiße Baumwollstrümpfe und – wer's genau wissen will – auch weiße Unterwäsche. Als charakteristisches Merkmal dieser Tracht gilt das Kranl, ein reizvolles Filigrankrönlein, das den aufgesteckten Haarschopf umschließt und von einem Silberpfeil gehalten wird, der neben einer entsprechenden Halskette und den Silberschließen auf

Links: Trachtenpuppen aus Starnberg, um 1900. Die Darstellung entspricht dem Münchner Bilderbogen. Rechts: Starnberger Bäuerin mit ihrer Tochter – kolorierte Lithographie von Felix Joseph von Lipowsky, um 1868/69.

den schwarzen Schuhen auch hier den einzigen Schmuck darstellt. Die Burschen tragen eine naturdunkle, weiß ausgenähte »Kurze« oder Bundlederhose, dazu einen braunen, blauen oder grünen Janker mit zweireihigen Silberknöpfen, am Rückenansatz mit Schoßerl oder eingestepptem Lebensbaum verziert. Dazu ein weißes Leinenhemd, weiße Schafwollstrümpfe und schwarze flache Lederschuhe mit Silberschnallen. Schwarze lederne Hosenträger mit gesticktem Steg und ein hellblaues Krawattl bringen Farbe in die sonst sehr schlichte Tracht. Der schwarze, mit Goldquasten und Spielhahnfeder verzierte Stopselhut nach dem Vorbild von Herzog Max in Bayern vervollständigt das »Gwandl« eines schneidigen Burschen.

Dieses »Feiertagsgwand« war einst um den ganzen Starnberger See daheim. Heute wird es nur mehr am Westufer, vor allem in Starnberg, Tutzing und Bernried, gepflegt und getragen. Andernorts, vor allem am Ostufer, hat sich, gefördert durch die Gebirgstrachten-Erhaltungsvereine, die Miesbacher und Werdenfelser Tracht eingebürgert.

Im Jahreslauf finden viele Festzüge, Flurprozessionen und Wallfahrten statt.

Feste im Jahreslauf

Heute sind es meist nur noch die Feste, denen wir mit unserem äußeren Erscheinungsbild ein besonderes Gepräge geben, und Feste versteht man bei uns nach wie vor zu feiern, allerdings so, wie sie fallen, und nicht, wie sie besonders viele Leute anziehen. Ein Großteil des heute oft falsch verstandenen Brauchtums findet daher unter Ausschluss der breiten Öffentlichkeit statt; andererseits hat sich so manches liebenswerte alte Herkommen unverfälscht erhalten können.

Der Winter ist im Seenland eine verhältnismäßig stille Zeit. Die paar Langlaufloipen, die harmlosen Ski- und Schlittenbergl und die versteckten Weiher, auf denen »Moarschaften« ihre Eisstock-Wettkämpfe austragen, sind halt keine echte Attraktion, und so kommen im Winter recht wenige Gäste, die die verschneiten Wälder und raureif-verzauberten Mooslandschaften genießen. Dadurch entgeht den meisten aber auch die heimelige Atmosphäre eines rechten, oft musikantisch gestalteten »Hoagarts« in einer der bäuerlichen Wirtsstuben, der Reiz ländlicher Christkindl-Märkte, die traute Stimmung eines Adventsingens in der barocken Dorfkirche, das sinnbildhafte Frauentragen, das urtümliche Klöpfelgehen, der Stephaniritt, das Neujahr-Anblasen, die Sternsinger und das »Kripperlschaun« – all die lieben Einrichtungen, die seit Menschengedenken die Zeit der langen Nächte mit Licht und Freude erfüllen.

Auch der Fasching hat bei uns noch sein besonderes Gepräge, angefangen beim »Weiberkranzl« am Unsinnigen Donnerstag, gefolgt vom »Ruaßign Freitag«, der seinem Namen die gleiche Ehre macht wie der »Schmalzige Samstag«. Auch manche dörfliche Maschkeragaudi mit Haberfeldtreiben und Altweibermühl könnte gut bestehen neben dem organisierten städtischen Karneval.

Am Lichtmesstag, dem 2. Februar, trägt man den Kerzenbedarf des Jahres zur traditionellen »Weih«, wobei die kunstvoll gewundenen Wachsstöckl nicht fehlen dürfen. Ehemals hat sie der Knecht der Magd fürs »Aufbetten« – halt dafür, dass sie ihm den Strohsack immer gut aufgeschüttelt hat – geschenkt, jetzt freut sich immer noch die Hausfrau darüber, wenn sie von ihrem Ehemann so eine kleine Kostbarkeit verehrt bekommt.

Christliches Brauchtum und alte Riten

Was könnte man nicht alles über österliches Brauchtum in Kirche und Haus erzählen, angefangen von den mit bunten Bändern verzierten Palmbuschen, die von den Kindern auf langen Stangen bei der Palmsonntags-Prozession mitgetragen werden, von den Karfreitagsratschen und der Scheitlweih bis zu den Ostereiern, die von ihrer Beliebtheit nichts eingebüßt haben, weder bei den Kindern, die sich damit bei den herkömmlichen Eierspielen vergnügen, noch bei der reiferen Jugend, wo das »Madl« dem »Buam« durch ein geschenktes »rots Oar« ihre Zuneigung gesteht.

Ungebrochener Beliebtheit erfreut sich der Brauch des Maibaumaufstellens und des damit verbundenen Maitanzes unter freiem Himmel. Weithin sichtbar, oftmals höher als der Kirchturm, kündet der mit Zunfttafeln und Fahnen geschmückte weiß-blau geringelte Stamm vom Zusammenhalt der Gemeinde und dem Stolz aufs »Hoamatl«.

In der »Bittwoch«, der Woche um Christi Himmelfahrt, ziehen die Flurprozessionen und Wallfahrten übers Land zu den altbekannten Gnadenstätten, wobei der »Heilige Berg« Andechs zwischen Starnberger und Ammersee besonders beliebt ist, seiner jahrhundertealten Tradition, aber natürlich auch des guten Bieres wegen. Essen und Trinken halt' Leib und Seel z'samm, heißt es bei uns, und so findet man das größte Wirtshaus am Ort auch allemal gleich neben der Kirche.

Nicht zu Unrecht wird im Altbairischen das Fronleichnamsfest als Prangertag bezeichnet – die Natur prangt in ihrem schönsten Blütenkleid, und alles was sonst noch zur Ehre Gottes beitragen kann, wird bei der festlichen Prozession zu den vier rundum in der Gemeinde errichteten Altären aufgeboten. Auch die bereits beschriebenen wertvollen Trachten werden aus diesem Anlass bevorzugt aus Kästen und Truhen geholt.

Ansichtskarte mit der ehemals weitum bekannten Portiuncula-Prozession von Holzhausen, die bis 1934 jeweils am ersten Augustwochenende stattfand.

Wenn auch weniger spektakulär als die Feuerwerke, die bei Seefesten immer wieder fürstlichen Glanz verbreiten und damit an die große Vergangenheit des »höfischen Würmsees« erinnern, sind die Johannifeuer, die alljährlich um den 24. Juni auf den Höhenzügen um den See bis hinein ins Gebirg aufleuchten, immer noch ein besonderes Erlebnis. Man muss einmal dabeigestanden sein, um den lodernden Holzstoß, um die Kraft zu spüren, die von

Stephaniritt in Tutzing.

buschen, die von den Kindern auf langen Stangen bei der Palmsonntags-Prozession mitgetragen werden, von den Karfreitagsratschen und der Scheitlweih bis zu den Ostereiern, die von ihrer Beliebtheit nichts eingebüßt haben, weder bei den Kindern, die sich damit bei den herkömmlichen Eierspielen vergnügen, noch bei der reiferen Jugend, wo das »Madl« dem »Buam« durch ein geschenktes »rots Oar« ihre Zuneigung gesteht.

Ungebrochener Beliebtheit erfreut sich der Brauch des Maibaumaufstellens und des damit verbundenen Maitanzes unter freiem Himmel. Weithin sichtbar, oftmals höher als der Kirchturm, kündet der mit Zunfttafeln und Fahnen geschmückte weiß-blau geringelte Stamm vom Zusammenhalt der Gemeinde und dem Stolz aufs »Hoamatl«.

In der »Bittwoch«, der Woche um Christi Himmelfahrt, ziehen die Flurprozessionen und Wallfahrten übers Land zu den altbekannten Gnadenstätten, wobei der »Heilige Berg« Andechs zwischen Starnberger und Ammersee besonders beliebt ist, seiner jahrhundertealten Tradition, aber natürlich auch des guten Bieres wegen. Essen und Trinken halt' Leib und Seel z'samm, heißt es bei uns, und so findet man das größte Wirtshaus am Ort auch allemal gleich neben der Kirche.

Nicht zu Unrecht wird im Altbairischen das Fronleichnamsfest als Prangertag bezeichnet – die Natur prangt in ihrem schönsten Blütenkleid, und alles was sonst noch zur Ehre Gottes beitragen kann, wird bei der festlichen Prozession zu den vier rundum in der Gemeinde errichteten Altären aufgeboten. Auch die bereits beschriebenen wertvollen Trachten werden aus diesem Anlass bevorzugt aus Kästen und Truhen geholt.

Wenn auch weniger spektakulär als die Feuerwerke, die bei Seefesten immer wieder fürstlichen Glanz verbreiten und damit an die große Vergangenheit des »höfischen Würmsees« erinnern, sind die Johannifeuer, die alljährlich um den 24. Juni auf den Höhenzügen um den See bis hinein ins Gebirg aufleuchten, immer noch ein besonderes Erlebnis. Man muss einmal dabeigestanden sein, um den lodernden Holzstoß, um die Kraft zu spüren, die von

Ansichtskarte mit der ehemals weitum bekannten Portiuncula-Prozession von Holzhausen, die bis 1934 jeweils am ersten Augustwochenende stattfand.

Stephaniritt in Tutzing.

solch urzeitlichen Riten ausgehen kann. Der gemeinsame Sprung von »Bua und Madl« übers Feuer gilt als öffentliches Liebesbekenntnis.

Besondere Bedeutung kommt dem »großen Frauentag« Mariä Himmelfahrt am 15. August zu, bedingt durch die mit abendlichen Lichterprozessionen verbundenen Marienwallfahrten nach Aufkirchen und Bernried. Am Vormittag schon werden die »Kräuterbuschen«, zusammengestellt aus neunerlei Kräutern, die nach altem Glauben der Abwehr von Krankheit und Unheil bei Mensch und Tier dienen, zur Weihe getragen. Wieder neu entdeckte medizinische Erkenntnisse haben diesem Brauch in den letzten Jahren kräftigen Aufschwung gebracht.

Das größte bäuerlich-kirchliche Hochfest steht am dritten Oktobersonntag im Kalender: der »Kirta«. Wie seit Urväters Zeiten rüstet man dazu in den Dörfern zu einem Festessen mit Geflügel, »Schweinernem und Rindernem«, und natürlich darf auch die nötige Feuchtigkeit zum »Abischwoabn« nicht fehlen, gilt es doch neben dem Tag der Kirchenweihe auch den Abschluss des bäuerlichen Arbeitsjahres mit dem Erntedank zu feiern. Weil aber das alles an einem Tag fast nicht »zum dermacha« ist, heißt es seit jeher: »A richtige Kirta dauert Sunnta, Mada und Irta, es ko se aber aa glei schicka, dass er dauert bis zum Migga!«

Mancherorts hat sich auch noch die »Kirtahutschn« zur Belustigung der Kinder und sogar der montägliche »Betteltanz« als gute Gelegenheit zum »Obandeln« für die heiratslustige Jugend erhalten.

Der letzte große Festtag im Jahreskreis ist der Leonharditag am 6. November. Wie drei Tage vorher bei der Hubertusjagd die »herrischen Reiter« durch die herbstbunten Wälder sprengen, ziehen die bäuerlichen Gespanne am »Rosstag« zum »Leonhardi«, um den Segen für Ross und Reiter zu empfangen. Neben den weitum bekannten Leonhardifahrten des Oberlands gibt es auch in unserer engeren Heimat etliche Gnadenstätten, die von der bäuerlichen Bevölkerung hoch in Ehren gehalten werden.

Tutzinger Fischerhochzeit.

Alle fünf Jahre wieder

Mit dem Kathreintanz am 25. November, der das letzte Mal vor der tanzfreien Adventzeit die Burschen und Dirndln zur »Musi« führt, wäre die Aufzählung der brauchtumsmäßigen Festlichkeiten unserer Gegend eigentlich vollständig, wenn es nicht – turnusmäßig alle fünf Jahre – ein paar Besonderheiten gäbe, die aufs Engste mit dem See verbunden sind: die Tutzinger Fischerhochzeit, die ein Stück Zeitgeschichte um 1810 lebendig werden lässt und die an anderer Stelle beschrieben ist, und das Starnbergersee-Prinzregent-Luitpold-Fischerstechen, ein

Zunftspiel, das die Berufsfischer rund um den See zum sportlichen Wettkampf fordert. Der Reiseschriftsteller Ludwig Steub schrieb 1860 anlässlich des »Landwirtschaftlichen Festes zu Starnberg«:

»Das von männiglich mit banger Freude erwartete Fischerstechen besteht in folgender Unterhaltung: Zwei Nachen, die langsam gegeneinander rudern, tragen auf dem äußersten Brettchen des rückwärtigen Teils je einen Fischer, der eine lange Stange führt und damit sein Gegenüber herabzustechen sucht. Das Ganze ist für Schwimmer ohne Gefahr, zumal da auch die Spitzen der Stangen durch weiche Knöpfe unschädlich gemacht sind. Es gehört eigentlich zum Gspiel', dass wenigstens einer der beiden Fechter ins Wasser plumst, ein Vorgang, den Stadtleute wie Bauern mit freudigem Gelächter begrüßen. Die mit dem buntesten Flitter aufgeputzten Kämpfer kamen indessen den geheimen Wünschen des Publikums nicht alle entgegen, vielmehr hielten es die Mehreren für anständiger, – wenn sie beim Anprall aus dem Gleichgewicht kamen – in den trockenen Nachen und nicht ins nasse Wasser zu springen.«

Vielleicht war wirklich was dran an der üblen Nachrede aus einem Bericht des Jahres 1832, wo es heißt, dass »das Fischerstechen am Starnberger See zwar noch bekannt ist, aber nicht mehr ausgeführt wird, weil die Fischer meist nicht mehr schwimmen können».

Die hohe Zeit der Fischer-Zunftspiele war Mitte bis Ende des 17. Jahrhunderts, damals, als auch Kurfürst Ferdinand Maria auf dem Prunkschiff Bucentaur seine großen höfischen Feste abhielt. Im wittelsbachischen Jubiläumsjahr 1907 hat dann Prinzregent Luitpold den Anstoß dazu gegeben, das seit dem frühen Mittelalter belegte Zunftspiel neu aufleben zu lassen. Der Heimat- und Volkstrachtenverein Starnberg im Zusammenwirken mit der Fischereigenossenschaft Würmsee hat sich dieses Auftrags angenommen und seitdem, mit Ausnahme der Kriegsjahre, das Fischerstechen alle fünf Jahre durchgeführt. Wenn sich dabei die Trachtenpaare beim menuettartigen »Starnberger Fischertanz« drehen, dessen Vorbild man wohl in den Tänzen der ehemals fürstlichen Gäste an unserm See vermuten darf, wird die Erinnerung an die Vergangenheit zur Freude in der Gegenwart.

Volksmusik zwischen Fürstenhof und Bauernhaus

Die Verbundenheit des Hauses Wittelsbach zum Starnberger See, sichtbar geworden durch die An-

Das Starnberger Fischerstechen, das die Fischer bereits zu kurfürstlichen Zeiten zum Vergnügen der »hohen Herrschaften« aufführten, dient seit 1907 alle fünf Jahre wieder der Unterhaltung von Gästen und Einheimischen.

sitze Schloss Berg, Leutstetten und Possenhofen, hat die Volkskultur mit geprägt. Herzog Maximilian in Bayern, Vater der nachmaligen Kaiserin Elisabeth von Österreich, der 1834 das Schloss Possenhofen erwarb, ist bekannt für seine Liebe zur heimischen Musik, insbesondere die Begeisterung für das Zitherspiel, die dazu beigetragen hat, dass er bei seinen Landsleuten als der »Zithermaxl von Possenhofen« unvergessen ist. Ihm verdanken wir eine der ersten Sammlungen oberbayerischer Volkslieder, erschienen 1846, die sein Freund Franz von Kobell 1860 im so genannten Königsbüchl, herausgegeben im Auftrag S. M. König Max II., mit übernommen hat. So manches Musikstückl, das erstmals auf der herzoglichen Zither erklang, gehört heute noch zum Repertoire einheimischer Volksmusikanten.

Bei Zither und Hackbrett trifft man sich zum »grüabigen Hoagartn«.

Mit Zither und Hackbrett

Wenn hier von Volksmusik die Rede ist, handelt es sich um die aus dem Volk herausgewachsene und vom Volk praktizierte Musik, aus Freude an der Sache, nicht des geschäftlichen Erfolgs wegen, wie das bei der »volkstümlichen Musik« offenkundig der Fall ist. So wird auch der Gast, der sich um den Starnberger See eine allzeit parate Unterhaltung durch eine vordergründige Selbstdarstellung der »Eingeborenen« erhofft, weitgehend enttäuscht. Man hält hier nicht viel von den allwöchentlichen so genannten Heimatabenden, die dem unbedarften Besucher ein oftmals recht verlogenes Bild unserer Lebensart vorgaukeln. Wer sich aber aus ehrlichem Interesse auf die Suche begibt, kann noch manch erfreuliche Entdeckung machen und dabei Land und Leuten näher kommen. Es gibt immer noch oder sogar wieder neu die gemütlichen »Hoagarten«, Zusammenkünfte von Nachbarn oder Freunden, bei denen musiziert und gesungen wird, und die kleinen, bescheidenen Dorfwirtshäuser, in denen Zither, Hackbrett, Harfe, Geige und Ziach eine gute Heimstatt haben, werden unter den Freunden echter Volksmusik als Geheimtipp gehandelt. Mehr soll auch hier nicht verraten sein, denn eine Perle, die erst nach mühsamen Tauchgängen gefunden wird, ist doch ungleich wertvoller als eine jener, die, dem Sprichwort nach, vor die Säue geworfen werden.

Etwas anders liegt der Fall bei der Blasmusik. Sie ist nicht so leicht zu überhören, und rund um den See gibt es namhafte Kapellen, die in herkömmlicher Weise das dörfliche und kleinstädtische Leben von der Wiege bis zur Bahre und vom Neujahr-Anblasen bis zum Kathreintanz begleiten. Die Starnberger, Pöckinger, Münsinger, Holzhauser und Bachhauser sind durch ihre Teilnahme am Oktoberfest-Trachten- und Schützenzug und durch Auslandsfahrten zu den jeweiligen Partnergemeinden inzwischen fast weltweit bekannt.

Man könnte noch lange erzählen vom Menschenschlag am Starnberger See, dem Zusammenwirken von Hoch und Nieder, von der bäuerlichen Bevölkerung und den Künstlern, Gelehrten und Philosophen, die daraus hervorgegangen sind, aber das letzte Wort soll Lorenz von Westenrieder haben, der in seiner *Beschreibung des Wurm- und Starenbergersees* von 1784 schwärmte: »Ich habe wieder ein paar Tage unter Menschen gelebt, denen ich unbesorgt ins Angesicht sehen, und bey deren Reden und Antworten ich nie aus Vorsicht mich fragen durfte: Wie meynen sies? Sie meynen es gut und redlich, wie mit ihrem Feld, und ihrem Baum, und geben Antworten, wie ihr Hain, der treu und willig jede Silbe zurückgiebt.«

Aus dem Kuriositätenkabinett: das Unterwassergeschütz

Otto Krätz

Wer vom Bahnhof Possenhofen kommend durch den Wald bergab zum »Paradies« wandert, vorbei an den in milchigen Nebel und Rauch gehüllten Koch- und Bratstellen türkischer Großfamilien mit ihren köstlichen Düften nach überhitztem Fleisch und vorderorientalischen Gewürzen, um am Strand mehr oder weniger heimlich den mehr oder weniger bekleideten jungen Damen beim Bade zuzusehen, und, vorbei an den Türmen der einstigen Umfassungsmauer des Schlossparks, zum Dampfersteg weiterspaziert, der wähnt sich in einer oberbayerischen Idylle. Wer ahnt schon, dass an dieser Stelle der Schrecken der modernen Seekriegsführung begann?

Ende 1866 schlug der selbst ernannte »Submarine-Ingenieur« und »Hyponaut« Wilhelm Bauer (1822–1875) König Ludwig II. die Erprobung eines Unterwassergeschützes vor. Bekannt ich war der König trotz seines exzentrisch-romantischen Lebensstils ein ausgesprochener Technikfreak, der mit seiner berühmten Grotte bei Schloss Linderhof ein technisches Wunderwerk schaffen ließ: Eine raffinierte Stahlkonstruktion trägt eine reichlich gipserne Tropfsteinhöhle, erhellt von zwölf elektrischen Bogenlampen und gespeist von zwölf aus Frankreich beschafften Dynamomaschinen – das erste E-Werk Bayerns! Bauer hatte daher offenbar keine Mühe, den Regenten von seinem Unterwassergeschütz zu überzeugen. Seine Majestät geruhten, die Königlich Bayerische Armee anzuweisen, Bauer ein Geschütz nach seinen Plänen zu bauen und 100 Schuss Munition bereitzustellen. Die Armee verhielt sich zögerlich, weil ihr, wohl nicht ganz zu Unrecht, der Bedarf des Königreichs Bayern, eines reinen Binnenlandes, an Unterwasserwaffen nicht gerade groß erschien. Die für den Starnberger See zuständigen nachgeordneten Behörden versuchten gar, die Schießexperimente zu verhindern, zu »torpedieren«, um im Bild zu bleiben. So forderte man, dass die Versuche mit Rücksicht auf die Laichzeit der Fische nur zwischen dem 1. März und dem 15. April stattfinden dürften. Der Lagerplatz der Munition musste mindestens 2000 Schritt vom nächsten Gebäude entfernt sein, und zur Deckung etwaiger Schäden hatte Bauer die enorme Kaution von 45 000 Gulden zu hinterlegen. Trotzdem erhielt er zunächst keine Schießerlaubnis.

Davon unbeeindruckt feuerte er am 18. März 1866 vor dem Schlosspark Possenhofen aus einem in zwölf Fuß Wassertiefe an getauchten Pontons schwebenden Mörser eine 24-pfündige Kugel ab. Wie man zwei Stahlstichen im Besitz der Buchhandlung Greiner in Starnberg entnehmen kann, wurde das Pulver von einem Ponton aus elektrisch gezündet. Die Behörden nahmen das übel und verdonnerten Bauer zu zehn Gulden Bußgeld. Am 30. April durfte er sein Unterwassergeschütz dann aber doch noch einer Artillerie-Beratungskommission vor-

Wilhelm Bauer's unterseeischer Schießversuch auf dem Starnberger See.
Nach einer Originalzeichnung des Erfinders.

führen, wobei es ihm gelang, eine anderthalb Zoll dicke Panzerplatte zu durchschießen. Dass einer der Schüsse reichlich unkontrolliert den Vorplatz des Bahnhofs Feldafing getroffen habe, wird wohl nur eine schöne Legende sein.

Da einer Pulverexplosion unter Wasser ein enormer Wasserdruck entgegenwirkt, deformierte sich das Geschützrohr. Der Eindruck der Experimente Bauers war jedenfalls negativ, und so schrieb er am 12. Juli 1866 enttäuscht an seinen Bruder: »Die Erfolge mit meinem unterseeischen Geschütz erzeugten nicht allein im Ministerium, sondern sogar beim König eine unangenehme Berührung anstelle fernerer Förderung, die ich hoffte.« Damit war die Sache denn auch erledigt.

Ein Herz aus Papier – der Land- und Seebote

Claus-Peter Lieckfeld

Am Ende des Land- und Seeboten stand eine dramatöse Metapher des Abschieds: »Das traditionsreiche Zeitungs-Dampfschifferl aus dem letzten Jahrhundert kann neben den schweren Kreuzern der Großstadtpresse seinen Kurs nicht mehr halten. Es kann nur noch auf seine letzte Fahrt gehen und weit draußen auf dem Starnberger See die Schotten öffnen. Und in Ehre, beflaggt mit Abschiedsgrüßen, untergehen.«

So leitartikelten (oder sollte man leid-artikeln sagen?) Bernd Knill und Christopher Fritz am 29. September 1990 in der letzten Ausgabe der 115 Jahre alten »Heimatzeitung des Landkreises Starnberg und des Fünf-Seen-Gebietes«. Die »schweren Kreuzer« waren die Süddeutsche Zeitung und der Münchner Merkur mit Torpedos der Marke »Lokalausgabe«, die dem Traditionsblatt Anzeigen und Redakteure wegzuschießen drohten.

1975 konnte der Seebote sein 100-jähriges Bestehen feiern. Die Auflage betrug damals rund 3000 Exemplare.

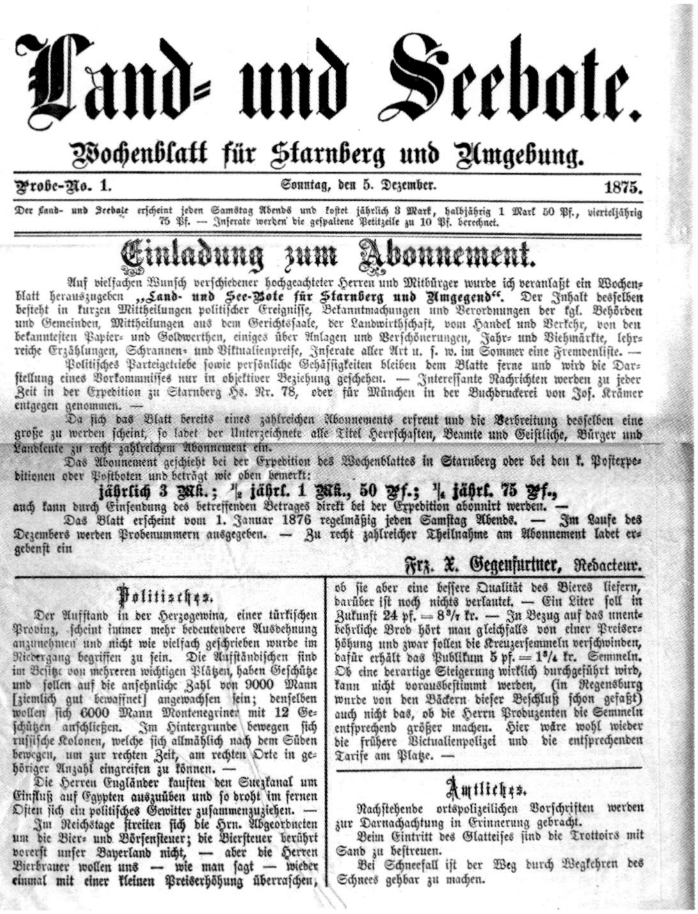

Land- und Seebote.

Wochenblatt für Starnberg und Umgebung.

Probe-No. 1. Sonntag, den 5. Dezember. 1875.

Der Land- und Seebote erscheint jeden Samstag Abends und kostet jährlich 3 Mark, halbjährig 1 Mark 50 Pf., vierteljährig 75 Pf. — Inserate werden die gespaltene Petitzeile zu 10 Pf. berechnet.

Einladung zum Abonnement.

Auf vielfachen Wunsch verschiedener hochgeachteter Herren und Mitbürger wurde ich veranlaßt ein Wochenblatt herauszugeben **„Land- und See-Bote für Starnberg und Umgegend“**. Der Inhalt desselben besteht in kurzen Mittheilungen politischer Ereignisse, Bekanntmachungen und Verordnungen der kgl. Behörden und Gemeinden, Mittheilungen aus dem Gerichtssaale, der Landwirthschaft, vom Handel und Verkehr, von den bekanntesten Papier- und Goldwerthen, einiges über Anlagen und Verschönerungen, Jahr- und Viehmärkte, lehrreiche Erzählungen, Schrannen- und Viktualienpreise, Inserate aller Art u. s. w. im Sommer eine Fremdenliste. —

Politisches Parteigetriebe sowie persönliche Gehässigkeiten bleiben dem Blatte ferne und wird die Darstellung eines Vorkommnisses nur in objektiver Beziehung geschehen. — Interessante Nachrichten werden zu jeder Zeit in der Expedition zu Starnberg Hs. Nr. 78, oder für München in der Buchdruckerei von Jos. Krämer entgegen genommen. —

Da sich das Blatt bereits eines zahlreichen Abonnements erfreut und die Verbreitung desselben eine große zu werden scheint, so ladet der Unterzeichnete alle Titel Herrschaften, Beamte und Geistliche, Bürger und Landleute zu recht zahlreichem Abonnement ein.

Das Abonnement geschieht bei der Expedition des Wochenblattes in Starnberg oder bei den k. Postexpeditionen oder Postboten und beträgt wie oben bemerkt:

jährlich 3 Mk.; 1/2 jährl. 1 Mk., 50 Pf.; 1/4 jährl. 75 Pf.,

auch kann durch Einsendung des betreffenden Betrages direkt bei der Expedition abonnirt werden. —

Das Blatt erscheint vom 1. Januar 1876 regelmäßig jeden Samstag Abends. — Im Laufe des Dezembers werden Probenummern ausgegeben. — Zu recht zahlreicher Theilnahme am Abonnement ladet ergebenst ein

Frz. X. Gegenfurtner, Redacteur.

Politisches.

Der Aufstand in der Herzogewina, einer türkischen Provinz, scheint immer mehr bedeutendere Ausdehnung anzunehmen und nicht wie vielfach geschrieben wurde im Niedergang begriffen zu sein. Die Aufständischen sind im Besitze von mehreren wichtigen Plätzen, haben Geschütze und sollen auf die ansehnliche Zahl von 9000 Mann [ziemlich gut bewaffnet] angewachsen sein; denselben wollen sich 6000 Mann Montenegriner mit 12 Geschützen anschließen. Im Hintergrunde bewegen sich russische Kolonen, welche sich allmählich nach dem Süden bewegen, um zur rechten Zeit, am rechten Orte in gehöriger Anzahl eingreifen zu können. —

Die Herren Engländer kauften den Suezkanal um Einfluß auf Egypten auszuüben und so droht im fernen Osten sich ein politisches Gewitter zusammenzuziehen. —

Im Reichstage streiten sich die Hrn. Abgeordneten um die Bier- und Börsensteuer; die Biersteuer berührt vorerst unser Bayerland nicht, — aber die Herren Bierbrauer wollen uns — wie man sagt — wieder einmal mit einer kleinen Preiserhöhung überraschen, ob sie aber eine bessere Qualität des Bieres liefern, darüber ist noch nichts verlautet. — Ein Liter soll in Zukunft 24 pf. = $8\,^{3}/_{7}$ kr. — In Bezug auf das unentbehrliche Brod hört man gleichfalls von einer Preiserhöhung und zwar sollen die Kreuzersemmeln verschwinden, dafür erhält das Publikum 5 pf. = $1\,^{3}/_{4}$ kr. Semmeln. Ob eine derartige Steigerung wirklich durchgeführt wird, kann nicht vorausbestimmt werden, (in Regensburg wurde von den Bäckern dieser Beschluß schon gefaßt) auch nicht das, ob die Herrn Produzenten die Semmeln entsprechend größer machen. Hier wäre wohl wieder die frühere Victualienpolizei und die entsprechenden Tarife am Platze. —

Amtliches.

Nachstehende ortspolizeilichen Vorschriften werden zur Darnachachtung in Erinnerung gebracht.

Beim Eintritt des Glatteises sind die Trottoirs mit Sand zu bestreuen.

Bei Schneefall ist der Weg durch Wegkehren des Schnees gehbar zu machen.

Gutes Gefühl für das, was vor Ort interessierte

Wer heute mehr über die vielgeliebte Regional-Titanic herausbekommen will, muss nicht auf den Grund des Starnberger Sees tauchen. Angenehm und aus kompetentem Mund erfährt man das eine oder andere von Walther Habersetzer, Jahrgang 1912, der in den Jahren 1949/1950 leitender Offizier (pardon: Redakteur) und weitere 40 Jahre Mitarbeiter des Land- und Seeboten war: »Interessant war immer das, was vor Ort interessierte, da hatten wir ein gutes Gefühl ...«

»Einmal, als wir total daneben lagen, war es noch nicht mal direkt unsere Schuld ...« Der studierte Meteorologe, Oberstudiendirektor und Journalist erinnert sich: In seiner Zeit als Chef, 1950, ergab sich einmal die Situation, sich redaktionell von einem Kollegen des benachbarten Würmtalboten (Sitz in Pasing) vertreten lassen zu müssen. Der freundliche Helfer hob prompt einen Fall von Abtreibung ins Blatt, was vielleicht noch gerade im Rahmen des Erträglichen gewesen wäre, hätte er nicht, um einen volksnahen Vergleich bemüht, »vom größten Sittlichkeitsskandal seit Graf Eulenburg« gehechelt. Über die seinerzeit skandalöse Enthüllung der gräflich homophilen Neigungen war zu diesem Zeitpunkt schon etliche Jahrzehnte (!) Gras gewachsen. Dass dieses nun wieder abgeweidet wurde, empörte insbesondere die Nachfahren in seiner Villa, die Eulenburg-Töchter. Starnberg kochte ... ein ganz klein wenig.

(Anm. d. Red.: Der Diplomat Fürst Philipp zu Eulenburg-Hertefeld, Freund und Ratgeber Wilhelms II., wurde nach einem Homosexualitätsvorwurf von diesem fallen gelassen. Georg Queri äußerte sich dazu im Land- und Seeboten vom März 1908.)

Die Anfänge des Wochenblatts

Ansonsten lebte das Blatt freilich nicht vom Boulevard, sondern von engagierter, unabhängiger, solider journalistischer Basisarbeit. Die hatte 1875 mit dem »zugereisten« Franz Xaver Gegenfurtner begonnen, der erkannte, dass die (damals) 1447-Einwohner-Gemeinde ein Mitteilungsblatt tragen konnte. Schon im dritten Jahr seiner Existenz bekam das Schiffchen vergleichsweise moderne Beiboote wie »Sonderbeilage Fremdenzeitung« und

»Wohnungsanzeiger«. Eine eigene Druckerei (ab 1910 unter Leitung der Familie Jägerhuber) erleichterte die Expansion peu à peu bis weit über die Grenzen des Starnberger Bezirks hinaus.

Der Seebote, wie er in liebevoller Kürze bei seinen Lesern hieß, bekam Gewicht. Wer im lokalen Rahmen ein gutes Bild abgeben wollte, kam an ihm nicht vorbei – wobei sich von selbst verstand, dass Parteilichkeit und Gefälligkeitsschreibe verpönt waren.

Standhaft gegen den braunen Zeitgeist

Einer, der diesen Grundsatz auch gegen die Übergröße des braunen Zeitgeistes aufrechterhalten wollte und als leitender Redakteur versuchte, das »Presseschiffchen« so gut es ging vor überkommendem braunem Spritzwasser zu schützen, hieß Otto Knab. Die Nazis drängten ihn bereits 1934 in die Emigration.

Im Jahr 1945 war man, was den Umfang anbelangte, wieder auf die Anfänge zurückgeworfen: Der Land- und Seebote erschien im Kleinstformat unregelmäßig als Mitteilungsblatt der US-Militärregierung und der provisorischen Behörden. Josef Jägerhuber, damals gerade 22 Jahre jung und somit offiziell noch gar nicht herausgebungsberechtigt, bekam die Lizenz Nr. 25. Ab dem 2. Februar 1949 lag die Heimatzeitung wieder vier Mal pro Woche in Starnberger Wohnstuben und durfte ab dem 23. August desselben Jahres auch wieder unter dem traditionsreichen Namen Land- und Seebote erscheinen.

Etwas davon klingt durch und nach im Abschieds-Artikel von Redakteur Feter Zimmermann (»Kein Schwanengesang«), ein Ton, mit dem auch wir die Hebeversuche am »Zeitungs-Dampfschifferl« beschließen wollen:

»Der Bote hat in diesen 115 Jahren seiner Existenz sicher etwas bewirkt, manches befördert, manches verhindert. Er lieferte die Grundlage für Urteile und Entscheidungen. Er spiegelte den Landkreis und seine Menschen wider und hat sie durch dieses Spiegelbild andererseits geprägt und verändert. Anstöße gehen – rein physikalisch betrachtet – ja nicht verloren. Sie werden weitergegeben, verteilen sich, veschwimmen irgendwo ins nicht mehr Feststellbare, Diffuse. Insofern sind auch Zeitungen unsterblich.«

Ein gutes Wort, in einer Zeit, in der auch die schweren feindlichen Kreuzer von 1990, Süddeutsche Zeitung und Münchner Merkur, in brutal rauer See ums Überleben stampfen.

Drei altgediente »Kapitäne« des Zeitungs-Dampfschifferls (von links): Walther Habersetzer (geb. 1912), Chefredakteur 1949/50, Josef Jägerhuber (geb. 1926), Druckereiinhaber, und Helmuth Mader (geb. 1914), Chefredakteur 1950–1956. Der Altbayer Habersetzer legte größten Wert auf die Bodenständigkeit des Blattes, während Mader, gebürtiger Berliner, das äußere Erscheinungsbild gestaltete und sich mit großer Liebe des Lokalsports annahm, der schon allein wegen des Ruderns und Segelns immer allgemeine Bedeutung hatte.

Starnberg

Wolfgang Pusch

Starnberg ist eine moderne Kreisstadt, die neben Landratsamt und Stadtverwaltung eine breite Palette an Einrichtungen der Verwaltung, Bildung und Kultur, ein lebendiges Vereinsleben und am Ort und in der nahen Umgebung eine Vielzahl an Attraktionen und Sehenswürdigkeiten bietet. Viele haben jedoch eher den See im Sinn, wenn sie von Starnberg sprechen – und den Verkehr, wenn sie Starnberg selber meinen. Wie sehr See, Stadt und Verkehr miteinander verknüpft sind, soll ein Blick in die Vergangenheit zeigen.

Burg und Dorf

Die erste namentliche Erwähnung Starnbergs findet sich in einer Urkunde von 1226, in der ein »Wernher Miles [Ritter] de Starnbergk« als Zeuge erscheint. 1244 wird die Burg Starnberg als *Starnberch castrum* in Zusammenhang mit den Auseinandersetzungen zwischen den Andechser Grafen und den Wittelsbacher Herzögen erwähnt. Sie bildete die Andechser Gegenposition zur Wittelsbacher Karlsburg über dem Mühltal und wurde von letzteren 1246 erobert. Im 14. Jahrhundert wurde Starnberg mit der Einrichtung des Landgerichtssitzes auf der Burg zum Verwaltungsmittelpunkt.

Der Ort selbst setzte sich aus zwei separaten Siedlungen zusammen, von denen nur eine, das heutige Achheim-Viertel beim Heimatmuseum, mit ihren Bauern- und Fischeranwesen an den See heranreichte. Hier stand auch Starnbergs erste Pfarrkirche St. Benedikt. Die andere Siedlung, um den heutigen Tutzinger-Hof-Platz herum entlang der Haupt- und Josef-Jägerhuber-Straße, hatte keinen direkten Bezug zum See. Die um 1500 errichteten Schiffshütten an der Mündung des Georgenbachs in den See lagen außerhalb des Ortes.

Um 1500 umfasste der Ort Starnberg 15 Anwesen. Von 1600 bis 1800 wuchs er von 31 auf 76 Familien an, war aber dennoch hinter Erling, Inning und Gilching nur der viertgrößte Ort im Landgericht. Trotz seiner Stellung als Gerichts- und Verwaltungsmittelpunkt blieb Starnberg ein

Vorherige Seiten: Starnberg aus großer Höhe. Seeshaupt mit Schilfgürtel und Alpenkette.

Links und unten: Starnbergs Wahrzeichen, die Kirche St. Josef und das Schloss, bekrönen den Schlossberg. Die alte Pfarrkirche entstand 1765/66 an der Stelle eines Sommerschlösschens, von den Wittelsbachern Mitte des 16. Jhs. als wohnliche Ergänzung zum Hauptbau errichtet. Der Schlossgarten wurde 1979 als Renaissance-Garten neu angelegt.

Dorf und war selbst für seine nächste Umgebung ohne wirtschaftliche Bedeutung, da es kein Marktrecht hatte. Der Ort war aber – mit Burg und Schiffspark ausgestattet – bereits damals eine Art Schnittstelle zwischen München und dem See, was sich Ende des 18. Jahrhunderts in der allmählichen Verschiebung des Namensgebrauchs von »Würmsee« zu »Starnberger See« niederschlug.

Die Starnberger Burg war von München aus mit Pferden und Wagen gut erreichbar und wurde für den Münchner Hof Ausgangspunkt sommerlicher Vergnügungen am See wie Bootfahren, Entenjagd oder Fischen. Standesgemäße Räumlichkeiten für eine Vielzahl von Gästen des Herrscherhauses wurden durch den Ausbau der Burg zum Schloss geschaffen.

1396 schenkte Herzog Ernst die renovierte Burg seiner Gemahlin Elisabeth, 1446 machte sie Albrecht III. zu seinem Sommersitz. Albrecht V. ließ um 1565 südlich der alten Anlage ein Sommerschloss errichten, das 1763 dem Bau der zweiten Pfarrkirche St. Josef mit dem Hochaltar von Ignaz Günther weichen musste.

Als das Interesse des Münchner Hofes am See nachließ und mit Beginn des 19. Jahrhunderts der Ausflugsverkehr der Städter und die Besiedlung der Seeufer einsetzten, blieb Starnberg als erster Hauptort am See an der Straße von München davon nicht unberührt: 1840 war es hinter Gilching der zweitgrößte Ort im Landgericht.

Die Dampfschifffahrt und der Bau der Bahn

Den entscheidenden Anstoß für Starnbergs explosionsartige Bevölkerungszunahme in der zweiten Hälfte des 19. Jahrhunderts gab ein Privatunternehmer: 1849 erhielt der Baurat Johann Ulrich Himbsel (1787–1860) die Genehmigungen zum Bau und Betrieb einer Bahnstrecke München–Starnberg und zur Dampfschifffahrt auf dem Würmsee. Die Schifffahrt wurde 1851 aufgenommen, die Bahnstrecke München–Starnberg 1854 fertig gestellt.

Mehr und mehr Gäste blieben nicht nur einen Tag, sondern verbrachten ihren Urlaub, damals Sommerfrische genannt, in Starnberg. Sie fanden in Privatquartieren, Gasthöfen, kleinen Pensionen und den großen Hotels Unterkunft, die bis etwa 1900 entstanden: in Starnberg die Hotels Bayerischer Hof, Bellevue, Seehof, das Hotel Brunner, der Pellet-Mayer und andere, die dem Ort durch ihr Erscheinungsbild und das Publikum für einige Jahre das Flair eines noblen Seebades verliehen.

Hotel Bellevue, Ansichtskarte, verschickt am 10. September 1901. Das mondäne Hotel stand schräg gegenüber vom Bayerischen Hof am Brunnenrondell. Der Gebäudekörper lässt sich bei genauem Hinschauen noch im heutigen Hansa-Haus erkennen.

Doch die Blütezeit dieser teilweise sehr luxuriösen Hotels währte meist nicht lange. Ruhe und Erholung suchende Sommerurlauber bevorzugten bald Seeorte, die vom Tagesausflugsverkehr weiter entfernt waren, etwa Feldafing oder Tutzing. Durch den Abriss, Umbauten und Umnutzungen dieser Hotelgebäude verändert Starnberg bis heute sein Gesicht. Nur noch einzelne Bild- und Sachzeugnisse lassen etwas von der Atmosphäre Starnbergs in der Zeit um 1900 erahnen.

So wurde zwischen Bahndamm und See durch wiederholte Aufschüttungen die Uferpromenade geschaffen. Am südlichen Ende der Promenade war bereits 1837 eine einfache Badeanstalt eingerichtet worden, die über Holzstege zu erreichen war. Bretterbuden dienten als Umkleidekabinen, in einem abgeteilten Becken lernten Unerschrockene an der Angel schwimmen. Aus dieser Badeanstalt ging 1905 als besondere Attraktion das legendäre Undosa hervor, das erste Wellenbad Deutschlands.

Undosa – »Die Wellenreiche«

Die künstlichen Wellen wurden in einem zum See hin offenen Becken durch große Walzen erzeugt, die unsichtbar in einer Hütte mit Dampfkraft hochgezogen und dann ausgeklinkt wurden. Um den Badespaß wie am Meeresstrand zu erhöhen, wurde mit der Eisenbahn weißer Sand vom Main herangefahren; sogar Strandkörbe zierten die Liegeflächen. Auch Sportveranstaltungen gab es, mit Sprüngen vom zehn Meter hohen Holzturm, Tauchvorführungen und Schwimmwettbewerben.

Das 1691–1693 erbaute Lochmann-Haus beherbergt seit 1914 das Starnberger Heimatmuseum.

Die Eintrittspreise waren enorm hoch: Ein »Seebad mit Wäsche« kostete 40 Pfennig, ein Wellenbad 60 Pfennig, der Besuch der Zuschauertribüne über dem Wellenbad 20, für Kinder 10 Pfennig. Zunächst galten für Damen und Herren noch getrennte Badezeiten, ab 1909 herrschte Familienbetrieb. In den ersten beiden Sommern 1905/06 wurden 42 316 Besucher registriert. Und das Undosa-Bad wuchs weiter, hatte nun 300 Kabinen und ein großes Seerestaurant mit Terrasse und Pavillon.

Wegen der für Familien zu hohen Eintrittspreise errichtete die Gemeinde Starnberg 1909 am

Unten: Um 1925, als diese Aufnahme entstand, war das Undosa zwar kein Wellenbad mehr, aber nach wie vor die große sommerliche Attraktion für Badegäste aus nah und fern.

nördlichen Seeausfluss ein Freibad, das schon bald an Sonntagen durch eigene »Bade-Züge« 2000 Besucher anlockte. Allerdings wurde die Undosa-Wellenmaschine wegen zu hoher Reparaturkosten und schwächerem Besuch 1921 abgetakelt. Der ganze Undosa-Seebad-Betrieb musste schließlich 1960 Konkurs anmelden. Die letzten Reste des Wellenbades wurden 1983 abgebrochen.

Dorf, Seebad oder Stadt?

Die durch den Bau der Eisenbahn geschaffene verkehrsgünstige Lage, vor allem die Nähe der Großstadt mit ihren Arbeitsmöglichkeiten, veranlasste in großer Zahl das Bürgertum, Maler, Professoren, Advokaten und Kaufleute, nicht nur zu Besuch nach Starnberg zu kommen, sondern hier ansässig zu werden: Das Baufieber brach aus, und 1855 war Starnberg bereits der größte Ort im Landgericht. Davon zeugen auch technische Einrichtungen wie die Telegrafenstation (1855) und das Telefon (1893) sowie die Lokalzeitung Land- und Seebote (1875). Starnberg hatte seitdem eine stete Bevölkerungszunahme zu verzeichnen.

Die Errichtung des Bahnhofsgebäudes am Seeufer außerhalb des Ortes hatte die planmäßige Besiedlung der Flächen »in der Au« mit den beiden Parallelstraßen Maximilian- und Kaiser-Wilhelm-Straße zur Folge. 1865 waren die beiden alten Siedlungskerne weitgehend verschmolzen, 1895 die bahnhofsnahen Bereiche bebaut. Um 1870 reichte die Reihe der Villen im südlichen Bereich Starnbergs bereits bis Niederpöcking.

Starnberg um 1900 war in den Sommermonaten ein turbulentes Seebad mit mehr Sommerfrischlern als Einheimischen. Schon früh wurden daher kritische Stimmen laut wie die des Starnberger Pfarrers Johann Nepomuk Ginal und des Schriftstellers Heinrich Noë, die um 1860 die schädlichen Einflüsse der »Fremden« auf die einheimische Bevölkerung hervorhoben und beider Verhaltensweisen anprangerten:

»Eigenthümlich ist hier nur die Beobachtung, daß sich in Starnberg eine Classe von Leuten zu bilden scheint, die durch Arbeitsscheue dem Müßiggang zugetrieben werden, gegen einreißende Noth aber durch Dienstleistungen an Durchreisende und Fremde, wobei sie sich in der Regel nicht sehr anzustrengen brauchen, sich zu schützen suchen. Daß in einer Vorstadt Münchens, wie es Starnberg tatsächlich ist, sich auch jene Art, die Gäste zu be-

Das Seerestaurant Undosa ist ein traditionsreiches Ausflugslokal mit Tanzfläche auf der Terrasse.

dienen, eingeschlichen hat, wie sie in der Stadt München bei vollen Häusern beliebt wird, begreift sich leicht ... Großstädter sind aber nicht sonderlich empfindlich – die Gewohnheit lehrt den Menschen alles und zuletzt auch das, daß er sich als den Hergelaufenen und den Wirt als den Gnadenspender betrachtet ...«

Dem Ansturm gewachsen?

Eindrucksvolle Zahlen belegen die Hauptprobleme Starnbergs seit dem Bau der Eisenbahn: Expansion in beengter Lage und eben die sich rasant entwickelnde Mobilität. An Johanni 1904 etwa kamen 7000 Menschen mit der Bahn, und an einem Sommertag des Jahres 1907 wurden in Forstenried auf der Straße nach Starnberg 15 000 Radfahrer, Motorradfahrer und Automobile gezählt.

1912, bei der Erhebung des Ortes von der Landgemeinde zur Stadt, war Starnberg von etwa 800 Einwohnern im Jahr 1850 auf ca. 3700 angewachsen – heute ist die Kernstadt bei etwa 11 000 Einwohnern angelangt. Mit den 1975 bis 1978 eingemeindeten Ortsteilen Hadorf, Hanfeld, Landstetten, Leutstetten, Percha, Perchting, Söcking und Wangen sind es 22 000.

Seine topographische Lage hat Starnberg in die »Zwickmühle« gebracht – vor den Toren der Landeshauptstadt, privilegiert in schönster Landschaft direkt am See mit Blick nach Süden zu den Alpen gelegen, aber eingezwängt zwischen Wasserfläche, Bahntrasse und dem Höhenzug der eiszeitlichen Moränen. So leiden die Bewohner werktags unter dem Stau des Berufsverkehrs, sonn- und feiertags unter endlosen Kolonnen der Ausflügler.

Firmenchefs und Immobilienmakler andererseits nutzen die positiven Standortfaktoren, um Mitarbeiter und Kunden zu gewinnen. Die Nähe Münchens, verbunden mit dem hohen Freizeitwert, hat in den letzten Jahren neben Bauspekulanten vor allem IT- und Pharmafirmen angelockt.

Für die Verantwortlichen in der Stadt ist es nicht einfach, die Interessen dieser Geschäftsleute mit denen der Einwohner zu vereinbaren. Vielen Alteingesessenen fällt es schwer, sich damit abzufinden, dass »ihr« Starnberg immer mehr sein Gesicht verliert. Trotzdem gibt es kaum einen, der von hier fort möchte. Insgeheim ist sich doch jeder der nahezu einzigartigen Vorzüge dieser Stadt bewusst. Es muss ja nicht unbedingt die Seepromenade am Sonntagnachmittag sein ...

Das Gewerbegebiet nördlich der Münchener Straße ist im Umbruch. Dies spiegelt sich einerseits im Wandel der Branchenstruktur, aber auch in einer neuen städtebaulichen Entwicklung. Ein gelungenes Beispiel moderner Architektur ist das Gebäude der Firma Pharmatechnik aus dem Jahr 2000.

Der Maisinger See

Claus-Peter Lieckfeld

Ein Relikt ist er, der Maisinger See, ein eiszeitliches. Das Wort klingt nach Liegengebliebenem, Entbehrlichem. Aber für Erdgeschichtler sind Überbleibsel wie magische Spiegel, in denen sich Vergangenes abzeichnet.

Als vor rund 12 000 Jahren die Alpen wieder aus dem Eispanzer hervortraten, tauten auch die Gletscherzungen ab, die sich kräftig nordwärts gefräst hatten. Zurück blieben Schmelzwasserseen. Große wie Starnberger und Ammersee und kleinere wie der Maisinger. Auch er war vor 10 000 Jahren um ein Vielfaches größer als heute.

Seen haben die freundliche Eigenart, in Schönheit zu sterben; sie verlanden, sagt der Fachmann. Der Schilfgürtel, der das tiefstens zwei Meter flache Restgewässer heute zu vier Fünftel einschnürt, ist eine Brutstätte des Lebens – und damit fast die Gegenmetapher zum langsam sterbenden See.

Örtliche Ornithologen und Naturschützer hüllen sich in beredtes Schweigen, wenn man sie nach den Pretiosen des Maisinger Sees fragt. Denn kaum wird irgendwo einer jener Namen veröffentlicht, die Vogelfotografen elektrisieren, flattert die Nachricht auf einschlägige Internetseiten. Und schon rücken sie an mit ihren langen Tüten und vergrämen womöglich das vorletzte Blaukehlchen vom Balzplatz und die allerletze Rohrdommel aus ihrem Brutgebiet. Alles schon gehabt!

Genussbaden im heilkräftigen Wasser

Auch Rupert Wachter, Senior-Chef der Gastronomie Seehof, Inhaber der dortigen Eigenjagd und Naturfreund, ist sehr zögerlich, wenn jemand allzu präzise und zudringlich fragt. Zwar leben er und seine Familie davon, dass viele Menschen bei ihm ihre Badetage mit Schweinsbraten (hervorragend übrigens!), Bier, Eis und Kuchen verschönern. Aber der allsommerliche Ansturm zu einem der bekannten Geheimtipps der Region, sollte, wenn irgend möglich, nicht zum Sturmlauf gegen die Natur werden. Mögen die Gäste ruhig im Vorderbereich des Sees genussbaden, im weichen, colabraunen Wasser, auf dessen Heilwirkung der Wirt schwört: »Wenn ich eine hartnäckige Schramme

Im Winter ist der Maisinger See bei Schlittschuhläufern und Eisstockschützen ebenso beliebt wie bei Spaziergängern.

habe, einmal ausgiebig Schwimmen, das reicht meistens.« Die sensiblen hinteren Zonen aber sollen weiterhin den Geschöpfen gehören, für die der Lebensraum überall enger und zugiger wird.

Am Maisinger See kommt man noch auf erkleckliche Stück- und Artenzahlen: Rund 1000 Entenvögel kann man im Herbst zählen – sofern man Schwimmvögel auf dem Wasser zählen kann, eine Kunst, die langjähriges Training erfordert. 115 Vogelarten, Brutvögel und Durchzieher, für ein nur wenige Quadratkilometer großes Paradies keine schlechte Zahl.

Paradies auch für den Betrachter, sei er nun Stadtflüchter oder Anlieger. Wenn an einem dieser unvergleichlichen oberbayerischen Blende-16-Sommertage der Seespiegel von der Alpennordkette verschnörkelt wird und wenn noch dazu vor einem – auf dem Damm mit den Biergartentischen – das Weißbier schäumt, dann wünscht man sich möglichst viel Speicherplatz im Schädel für so viel weiß-blaue Eindrücklichkeit.

Naturschutz contra Besucherdruck

Das Naturschutzgebiet Maisinger See besteht seit 1939 und ist damit eines der ältesten Bayerns. Es muss seit Jahrzehnten »Besucherdruck und Nutzungsansprüche« (so heißt das im einschlägigen Verwaltungsdeutsch) aushalten. Wobei die Fischereiwirtschaft der Wachters noch die kleinste Belastung ist, zumal sie zuletzt, konjunkturbedingt, fast auf den gastronomischen Eigenbedarf an Karpfen, Schlei und Hecht geschrumpft ist. Auch die Jagd bringt vermutlich kaum Beunruhigung: »Wir schießen nie auf die Wasserfläche«, versichert der Hausherr am See. Er liebt sein Gewässer und steht damit vermutlich in einer langen Ahnenreihe der »Seehüter« seit 1450: der Khoch und Söldner, der Wintter und Wüntter, der Wimmer und Glas.

Im Jahre 1602 stehen der See und die dazugehörigen Tagwerk bei den Mönchen von Dießen urkundlich verzeichnet. 40 Jahre später, gegen Ende des Dreißigjährigen Krieges, ist das weithin gerühmte Fischgewässer wieder unter kurfürstlicher Verwaltungshoheit – von Weilheim allerdings und nicht vom viel näher gelegenen Starnberg.

Ort Maising: Das Alte hat noch Gewicht

Der Ort Maising selbst hat weit mehr als die meisten oberbayerischen Ortschaften sein schönes, traditionelles Gesicht wahren können. Bausünden blieben eher lässlich. Die meisten der markanten Häuser entlang der Dorfstraße darf man, ohne dabei in die übliche Reiseführer-Lyrik zu verfallen, »Gestalten« nennen: sehr hiesig, stämmig und zugleich wohlproportioniert. Keine neo-bajuwarische Lederhosengotik. Das Alte hat noch Gewicht. Und in der Kirche, 1182 erstmals in einer Schenkungsurkunde Bischofs Otto II. von Bamberg erwähnt, fanden sich bei Restaurierungsarbeiten im Sommer 1978 sogar spätromanische Fresken.

Die Schlucht von Maising nach Starnberg

Bekannt hat den Ort neben dem Ausflugssee die Schlucht gemacht, die sich vom Dorf Maising bis zur Stadt Starnberg hinunterzieht. In tief eingeschnittenem Nagelfluh-Gestein kann man dem Bach folgend bequem lustwandeln. Das altertümelnde Wort erscheint angemessen, denn es ist wirklich eine Lust, dem mäandernden Bachlauf zu folgen – überwölbt von dichten Kronendächern, entlang bizarrer Nasen aus Lockergestein und tropfnassen Moospolstern. Auch hier tuscheln die Fachleute von Raritäten, botanischen in diesem Fall. Grünes Tafelsilber der Artenschützer, das nur als Verschluss-Sache in der Unteren Naturschutzbehörde Starnberg aktenkundig ist. Gut so! Was einer nicht weiß, kann keine schädlichen Sammlerleidenschaften wecken.

Früher war der Frauenschuh noch keine seltene Pflanze.

Seewiesen am Eßsee

Wolfgang Wickler

Eine wissenschaftlich-technische Besonderheit ist das in Seewiesen stationierte, aus vielen Fernsehsendungen bekannte Tauchboot, mit dem Prof. Hans Fricke die Ökologie der Bewohner von Korallenriffen untersucht und vor allem in jahrelang wiederholten Tauchexpeditionen Verhaltensdaten von den bisher bekannten Populationen des berühmten, aber noch weithin rätselhaften Quastenflossers Latimeria aus den Küstengewässern der Komoren und Südafrikas zusammenträgt.

Seewiesen heißt ein 83 Hektar großes Fleckchen Oberbayern mit eigenem kleinem See unweit vom größeren Starnberger See. Weltweit steht der Name für das hier ansässige Forschungsinstitut der Max-Planck-Gesellschaft, das 1958 unter den Gründungsdirektoren Erich von Holst und Konrad Lorenz als Max-Planck-Institut für Verhaltensphysiologie zu arbeiten begann.

See und Wiesen für Konrad Lorenz' Graugänse

Zu Seewiesen gehört der etwa acht Hektar große Eßsee, der als kiesgründiger Moränensee entstand, um 1500 etwa 100 Hektar bedeckte, über die Jahrhunderte schrumpfte und von knapp zehn auf heute einen Meter Tiefe verlandet ist. Er hat keinen oberirdischen Zulauf und beherbergt einheimische Karpfenfische und eine Population von Wallern. Dieser kleine See mit den angrenzenden Wiesen bot Konrad Lorenz ein ideales Gelände für seine Forschungen an Graugänsen. Den Namen Seewiesen erfanden die Direktoren aus postalischer Notwendigkeit als geländebeschreibende Adresse.

Bis 1973, als Konrad Lorenz den Nobelpreis erhielt und in den Ruhestand ging, forschte man vorwiegend an Tieren, die im Institut gehalten wurden und oft auch dort aufgezogen waren. Um Anpassungen an ihre ökologische und normale soziale Umwelt zu verstehen, mussten die Tiere aber natürlich in ihren ursprünglichen Lebensräumen untersucht werden. Das führte zu zahlreichen Langzeit-Feldstudien in aller Welt. In Seewiesen wurden die Daten ausgewertet und verarbeitet. Moderne molekularbiologische und hormonanalytische Labors analysierten die im Freiland gesammelten Fell-, Blut- und Kotproben, aus denen man Aufschluss gewinnt über Verwandtschaftsbeziehungen zwischen den beobachteten Individuen sowie über deren Gesundheitszustand, Stressbelastung und Fortpflanzungsbereitschaft zur Zeit der Datenaufnahme. Man kann daran erkennen, welche Individuen einer Gruppe mit welchen Verhaltenstaktiken den größeren Lebenserfolg haben.

Das Institut in Seewiesen liegt abseits von Siedlungen und Verkehr, damit die Wissenschaftler

möglichst ungestört das Verhalten verschiedenster Tiere – Insekten, Fische, Amphibien und Vögel etwa – beobachten und analysieren können. Wir möchten nicht nur wissen, was die Tiere den lieben langen Tag und die Nacht über tun, wir möchten auch verstehen, woher sie wissen, was sie zu bestimmter Zeit und Gelegenheit zu tun haben.

Genetik und Evolution

Eine wichtige Rolle dafür spielen genetische Programme, deren Evolution sich durch Artenvergleiche rekonstruieren lässt. Hinzu kommen Handlungsanleitungen, die das Individuum durch eigene Erfahrungen gewinnt oder von anderen übernimmt. Beispiele dafür sind die Gesangstraditionen der Singvögel. Auf Traditionen gründet Kultur, und so lassen sich die Wurzeln für kulturelle Entwicklung schon bei Tieren finden.

Gefiederte Forschungsobjekte

Zu allen Zeiten waren Vögel in Seewiesen zentrale Forschungsobjekte; von Enten und Graugänsen angefangen über Dompfaffen, die vom Pfleger Volkslieder erlernen und diese wie eine »Fremdsprache« an ihre Jungen weitergeben, zu Duettsängern, die mit paarspezifischen Wechselgesängen ihre Partnerbindung festigen. Zugvögel entpuppten sich als Musterobjekte für die evolutionsorientierte verhaltensphysiologische Forschung. Sie werden durch eine innere Jahresuhr zum Aufbruch gedrängt, ein angeborenes Richtungs- und Distanzprogramm leitet den Jungvogel auf seinem ersten Flug ins Winterquartier, und im Gedächtnis gespeicherte eigene Zugerfahrungen ergänzen das Lenksystem für die folgenden Wanderungen zwischen Winterquartier und Brutgebiet. Ein in der Welt einmaliger Windkanal erlaubt Zugvögeln, in einer geräumigen Flugkammer unter simulierten natürlichen Bedingungen stunden- und tagelang zu fliegen, Nachtzieher mit einem Planetarium-Sternenhimmel über sich, an dem man die für ihre Orientierung bedeutsamen Sternenkonstellationen prüfen kann.

Die Geschichte des Instituts

Unser Institut begann als Ableger des Max-Planck-Instituts für Meeresbiologie in Wilhelmshaven, wo Erich v. Holst eine Abteilung leitete. Hinzu kam die Forschungsstelle von Konrad Lorenz, zunächst untergebracht in Buldern (Westfalen) im Schloss des wegen seiner eulenspiegelhaften Tollheiten berühmt-berüchtigten Baron von Bomberg. Beide Gruppen wurden 1954 zum Institut für Verhaltensphysiologie am Standort Seewiesen vereinigt.

Der Forschungsschwerpunkt von Konrad Lorenz lag auf dem sozialen Verhalten von Wirbeltieren und der Evolution von Verhaltensweisen, von Holst erforschte die nervliche Organisation des Verhaltens und der Wahrnehmung. Das Institut wuchs bald um weitere Abteilungen, die die so genannte innere Uhr und die Raumorientierung von Tieren und Menschen untersuchten. Andere Abteilungen widmeten sich der akustischen und

Wie ein Spielgerät nutzen zwei Rauchschwalben den Windkanal des Max-Planck-Instituts. Derweil wird mit einem Messgerät die Geschwindigkeit des Luftstroms kontrolliert.

geruchlichen Kommunikation bei Insekten, letztere mit direkten Nutzanwendungen für den Menschen. Denn chemische Signalstoffe, vor allem die hochwirksamen Sexuallockstoffe, können in »Sexfallen« für eine gezielte und umweltfreundliche Kontrolle von Schadinsekten eingesetzt werden, wichtig besonders für den Dauerschutz von Nahrungs- und Futtermitteln in Vorratslagern.

Das Institut wurde im Zuge des wissenschaftlichen Aufbaus der neuen Bundesländer 1998 geschlossen. Doch wurde am gleichen Ort eine Forschungsstelle für Ornithologie gegründet, die sich zusammen mit der angeschlossenen Vogelwarte in Radolfzell den auch umwelt- und naturschutzpolitisch relevanten physiologischen und genetischen Forschungen an Vögeln widmet.

Notizen zu Andechs

Herbert Schmied

Geographisch liegt Andechs zwar näher am Ammersee als am Starnberger See, doch die Beziehungen zwischen Andechs und Starnberger See sind vielfältig.

Andechs darf in einem Buch zum Starnberger See nicht fehlen – zu vielfältig sind die Beziehungen vom Heiligen Berg zum See herüber. Ohne Andechs kein Starnberg, möchte man fast sagen, denn die Burg Starnberg wurde wohl im 12. Jahrhundert vom Grafengeschlecht der Andechser (ursprünglich Dießener) bald nach ihrer namengebenden Burg gegründet. Erst viel später bauten die Wittelsbacher, die die Andechser entmachtet hatten, Starnberg zum Schloss um.

Den Titel »Heiliger Berg« könnte die Andechser Höhe mit ihrem Gebäudekomplex schon deswegen tragen, weil aus dem Andechser Geschlecht so viele Heilige hervorgingen: Elisabeth, Hedwig, Mechthild, zuvor schon Rasso, ein heilig gesprochener angeblicher Kreuzfahrer und legendärer Reliquienbringer der Grafen von Andechs.

Die Bezeichnung geht jedoch auf Herzog Ernst (1373–1438) zurück. Nachdem wieder gefundene und auf den Berg zurückgebrachte Reliquien eine wachsende Zahl von Wallfahrern anzogen, ordnete er diesen Namen an, und sein Sohn Albrecht III., der Fromme, veranlasste 1455 die Klostergründung. Albrecht bestimmte Andechs zur Grablege für sich und seine zweite Gemahlin Anna, die er nach dem unglücklichen Ausgang seiner ersten Ehe mit Agnes Bernauer geheiratet hatte. Auch der Name der ehemaligen Annakapelle im Starnberger Schloss, das Albrecht wohnlich umbaute und bis zu seinem Tod häufig bewohnte, geht auf diese seine Gemahlin zurück.

Prachtvolle Klosterkirche

Die unvergleichliche Pracht der Klosterkirche, nach Brandzerstörung zum 300-jährigen Jubiläum 1755 in der heutigen Gestalt ausgeführt, entzieht sich mit ihrem doppelstöckigen Hochaltar und seinen beiden Mariendarstellungen (Gnadenbild), mit dem Kapellenkranz, ihrem Stuckreichtum und dem Freskenhimmel von Johann Baptist Zimmermann jeder kurzen Beschreibung. Deshalb an dieser Stelle nur eine bescheidene Randbemerkung, die auch an den Starnberger See zurückführt: Prächtige Statuen des Hofbildhauers J. B. Straub schmücken Andechs, sein Schüler Ignaz Günther hat in Starnberg die etwas jüngere St.-Josef-Kirche in hellerer, leichterer Rokokoweise geformt.

Wanderer und Wallfahrer

Die Reisewege von Forschern, Wanderrouten von Studenten von München aus über Starnberg und Andechs in den klosterreichen Pfaffenwinkel sind über lange Zeiträume verbürgt. »Gottselige Mäusemacher« nennt einer von ihnen respektlos die Andechser Mönche, weil Mäuse die verschollenen Reliquien ans Tageslicht gebracht haben sollen.

Und natürlich die Wallfahrer! Im Mai, zwischen Aussaat und Heuernte im bäuerlichen Kalender, kommen sie in großer Zahl und aus einem weiten Hinterland. So gut wie alle Westufergemeinden des Starnberger Sees sind dabei. Manchmal mag die Erinnerung an Bittgänge bei Viehseuchen noch mitschwingen. Auch moderne Anstöße gab es, z. B. für die Dankwallfahrt des Gemeinderats von Bernried, das bei der Gebietsreform die Selbstständigkeit des Ortes behalten durfte. Prozessionskreuze im Umgang und die Ansammlung von Hunderten von Votivkerzen geben Zeugnis von solchem religiösen Gemeinschaftsgeschehen.

Votivbilder bedecken die rückwärtigen Wandteile. Beim Gnadenbild und dem Schifferpatron Nikolaus, einem der Patroziniumsherren der Kirche, bedankte und bedankt sich mancher Gerettete. Ganz jung ist das Jakobsmuschelsymbol beim Kloster – Zeichen eines neuen Jakobswegs, der von der Münchner St.-Jakobskirche am Anger über Schäftlarn und den Starnberger See nach Andechs und weiter über Schondorf führen soll – als Teil des Fernpilgerwegs nach Santiago di Compostela.

Im Klosterarchiv werden wichtige Dokumente der Geschichte aufbewahrt. Abt Maurus Friesenegger schrieb ein Tagebuch im Dreißigjährigen Krieg, das Kriegsgeschehnisse aus dem Starnberger Land festhält, aber auch Aufenthalte des »durchlauchtigsten Churfürstenpaares« schildert, Jagden, Bittgänge von ihrem Starnberger Schloss herüber. In der ältesten meteorologischen Gesellschaft der Welt sammelten Andechser Mönche Wetterdaten, und ihre Klosterapotheke blieb nach der Säkularisation 1803 noch eine ganze Weile unverzichtbar.

Bier und Kultur

Die Wiederbegründung der Benediktinerabtei St. Bonifaz mit dem Priorat Andechs durch König Ludwig I. erlaubte es, vieles aus der alten Wallfahrts- und Klostertradition weiterzuführen. Eine zwischenzeitliche private Nutzung als landwirtschaftlicher Gutsbetrieb, der die Gebäude im Wert erhalten hatte, begünstigte die Entwicklung zu wirtschaftlicher Selbstständigkeit, ja Blüte.

Weltruf geradezu genießt das Andechser Klosterbier, dessen Besonderheit die Patres gerichtlich zu verteidigen suchen. Es schafft mit die unnachahmliche Atmosphäre im und neben dem Bräustüberl im Schatten und Windschirm der Wallfahrtskirche – ein »Andechser Gefühl« eben, wie es ein Film von Herbert Achternbusch nennt.

Während im Kirchenschiff vor allem kirchliche Musik erklingt, ist mit dem Florianstadl ein Aufführungsraum entstanden, in dessen lichter Holzkonstruktion besonders auch Werke von Carl Orff gespielt werden – der Ort hat dafür einen *Genius loci:* In die Geschichte von der »Bernauerin« sind Herzog Albrecht und sein Vater Ernst schließlich genauso eng verflochten wie in die Geschichte von Andechs. Carl Orff, in der Schmerzhaften Kapelle des Kapellenkranzes beigesetzt, wird wohlgefällig den Klängen seiner Werke lauschen.

Die Stukkaturen und Deckenfresken, die Johann Baptist Zimmermann für die Klosterkirche Andechs schuf, sind weltberühmt.

Die Villenkolonie Niederpöcking

Annette Kienzle

Bis 1852 führte die staubige Straße von Starnberg nach Possenhofen unweit des Seeufers durch lichtes Waldgebiet, das zum Gemeindegebiet des Dorfes Pöcking gehörte. Sechs Jahre später war an der Uferseite der Straße eine Villenkolonie entstanden, die in ihrer Struktur einmalig in Deutschland war.

In den Fußstapfen der Wittelsbacher

Das bayerische Königshaus hatte den Starnberger See schon längst als Sommerrefugium entdeckt, als Mitte des 19. Jahrhunderts vermehrt auch Münchner Bürger kamen, die der Enge der Stadt entfliehen wollten. Bald wurde es Mode, sich hier ein Sommerhaus zu bauen.

Mitte des 19. Jahrhunderts unternahm die Familie des Direktors der königlichen Erzgießerei, Ferdinand von Miller, einen Sonntagsausflug nach Starnberg, an den sich Sohn Fritz später erinnerte: »In einem Wäldchen am westlichen Ufer wurde biwakiert. Eine Anzahl Freunde mit ihren Frauen kam dazu, und als die Gesellschaft am Abend auseinander ging, hatten die Unternehmenden unter ihnen beschlossen, an diesem Platze zu einer Kolonie sich zusammenzutun und hier am Ufer des Sees für den Sommer eigene Nester zu bauen – so entstand ... das heutige Niederpöcking ...«

Vom bescheidenen Landhaus bis zur Prunkvilla

Der Münchner Baurat Arnold Zenetti war der verantwortliche Architekt für die meisten der neun Häuser der von 1853 bis 1855 gebauten »Niederpöckinger Kolonie«. Da die Gebäude individuellen Geschmack, den Besitzstand und die ästhetischen Ansprüche der jeweiligen Bauherren spiegelten, entwarf Zenetti völlig unterschiedliche Bauten – vom einfachen Landhaus aus Holz (Abbildung s. unten) bis zur repräsentativen Villa aus Stein. Die Eigentümer kannten sich alle gut oder waren sogar miteinander verwandt.

Das Landhaus Zenetti (1857), Xylographie von Andreas Link.

Den Anfang machte 1853 der Münchner Großkaufmann und Industrielle Angelo Knorr, zu dessen Firmenimperium u.a. die Augustinerbrauerei gehörte. Er erwarb 1852 ein mehrere tausend Quadratmeter großes Seeufer-Grundstück, das im Süden an den Possenhofener Schlosspark grenzte. Durch Zukäufe von damals sehr kostengünstigem Grund – für die Bauern war seine Bewirtschaftung uninteressant – konnte er bis 1866 sein Anwesen auf eine Uferlänge von 850 Metern ausdehnen.

Nach der Villa Knorr (1853–1855), die auf reduziertem Grund heute ein Tagungshotel beherbergt (Abb. S. 43), entstanden 1855 die Landhäuser des Hofopernintendanten Max von Perfall und des Kaufmanns August Ferdinand Zenetti, ein Bruder des erwähnten Architekten und Planers der Villenkolonie. Das hölzerne Landhaus Perfall ist noch in seiner ursprünglichen Form zu bewundern; die Villa Zenetti ist nicht erhalten.

Mit der 1855 erbauten Villa Ferdinand von Millers, des Schöpfers der Bavaria an der Münchner Theresienwiese, wurde die Kolonie um ein weiteres Glanzstück architektonischer Villenkultur bereichert: Wie ein Schlösschen präsentiert sich das noch in Familienbesitz befindliche Haus, das vom See aus gut zu erkennen ist.

Im gleichen Jahr ließ Dr. Wilhelm Amann, ein Zahnarzt, in unmittelbarer Nachbarschaft eine kleine Sommervilla errichten, die 1922 der hochherrschaftlichen Walmdachvilla des Berliner Geheimrats Dr. Carl Zitzmann weichen musste. Dieser in einem völlig anderen Stil gehaltene Bau stieß bei der Nachbarschaft auf allgemeine Ablehnung, die sich spöttisch im Namen »Villa Wannsee« ausdrückte. Heute noch prägt dieses seit 1953 dem DGB als Tagungshaus dienende Anwesen den Uferstreifen in Niederpöcking.

Die von der Straße aus sichtbare neugotische Kapelle zwischen den Grundstücken von Miller und Zenetti gehörte zum Landhaus des Kaufmanns Karl Riederer (1858), diente aber allen Bewohnern der Kolonie als Ort religiöser Zusammenkunft.

Ein einziger großer Park

Alle Grundstücke verband ein weitläufiges Wegesystem, Zäune gab es nicht. Große Baumgruppen, lauschige Plätze, markante, teilweise künstlich geschaffene Aussichtspunkte und kleine Seen oder Teiche sorgten bei einem Spaziergang durch diesen Park für willkommene Abwechslung.

Die Vollendung der Kolonie feierten die Bewohner im Juni 1862 mit einem großen Fest in der Villa Knorr. Ein zu diesem Anlass erstelltes Album, in dem alle Gäste dem Gastgeber ein Gedächtnisblatt widmeten, dokumentiert die Stimmung der damaligen großbürgerlichen Gesellschaft: Die Häuser und Villen wurden als »Burgen« bezeichnet, und im eigens für die Pflege des gemütlichen Beisammenseins gegründeten »Ritterorden« gaben sich die Bewohner mittelalterliche Burgherrennamen. So nannte sich z.B. von Miller »von der Haydt«, Angelo Knorr »Angelo von Rottenbuch«.

Mit dem Tod der ersten Hausbesitzer und dem Verkauf der Anwesen änderte sich die Struktur der Kolonie. Die neuen Bewohner kannten sich untereinander immer weniger und grenzten sich eher voneinander ab. Die besonders nach dem Zweiten Weltkrieg durch Erbteilungen einsetzende Zerstückelung der Grundstücke lässt heute nur noch wenig vom einstigen Siedlungszusammenhang erahnen.

Die Villa von Miller, 1855 von Arnold Zenetti im Maximilianstil erbaut.

Schloss Possenhofen

Annette Kienzle

Rund um den Starnberger See stehen sieben Schlösser, die bis auf eines – Tutzing – einmal oder mehrmals in ihrer Geschichte den Wittelsbachern gehört haben. Das bekannteste ist wohl Schloss Possenhofen, mit dem in aller Welt Kaiserin Elisabeth von Österreich (»Sisi«) in Verbindung gebracht wird.

Der Kanzler des Herzogs

Der Ursprung des einstigen Herrensitzes liegt im 16. Jahrhundert, als sich Herzog Wilhelm IV. von Bayern gerne und oft am Starnberger See aufhielt und im damals neu errichteten Schloss Starnberg residierte. Um auch außerhalb Starnbergs standesgemäß Einkehr halten zu können, beauftragte er 1536 seinen Kanzler Jacob Rosenbuch, auf dessen Gut am See ein Herrenhaus zu errichten. Zum Dank verlieh Wilhelm »Pozzenhoven« 1537 den Rang eines Edelmannssitzes und stattete es mit Hofmarkrechten aus.

Seit einiger Zeit können auch Normalsterbliche im »Sisi-Schloss« leben. Die Anlage wurde 1984 in Eigentumswohnungen umgewandelt.

Nach mehrmaligem Eigentümerwechsel erwarb 1668 Kurfürst Ferdinand Maria das Schloss. Schon kurz nach dem Kauf ließ er ein großes Wildgehege anlegen, erweiterte den Park und umgab das gesamte Gelände mit einer hohen Mauer. Possenhofen spielte von nun an bei den legendären barocken Jagdfesten ein wichtige Rolle. Ferdinand Marias Sohn Max Emanuel trennte sich Ende des 17. Jahrhunderts von dem Anwesen, da Schloss Berg, ebenfalls in Wittelsbacherbesitz, aus seiner Sicht für höfische Festlichkeiten besser geeignet war. Neuer Schlossherr von Possenhofen wurde Freiherr von Wämppl, der den maroden Bau grundlegend renovieren ließ. Dann kam das Anwesen in den Besitz der Grafenfamilie La Rosee, der auch das Schloss Garatshausen und die Insel Wörth, die heutige Roseninsel, gehörten.

Sommersitz der Herzogsfamilie

1834 erwarb Max von Birkenfeld – seit 1835 führte er den Titel »Herzog Max in Bayern« – Possenhofen, ließ es in einen hochherrschaftlichen Wohnsitz umbauen und verwandelte den Schlossgarten in einen Landschaftspark nach englischem Vorbild. Die westlich gelegenen Wirtschaftsgebäude wurden abgerissen und durch ein »Neues Schloss« im klassizistischen Stil ersetzt; die neue Schlosskapelle im nördlichen Zwischentrakt diente als Verbindungsglied zwischen Alt- und Neubau. Die Familie nutzte Schloss Possenhofen als sommerlichen Landsitz. Vier der neun Kinder des Ehepaares Ludovika und Max wurden in Possenhofen geboren. Die Tochter Elisabeth (»Sisi«) kam im Winter 1837 im Münchner Palais der Familie zur Welt. 1860 wurde das Schloss erneut umgebaut. Ein Zinnenkranz mit Ecktürmen und einem Mittelturm verlieh jetzt dem alten Schloss einen burgähnlichen Charakter. Bis Ende des Ersten Weltkriegs nutzte die herzogliche Familie Possenhofen für regelmäßige sommerliche Besuche.

Ein Schlosspark für alle

Während des Zweiten Weltkriegs ging das Anwesen in Staatsbesitz über und diente u.a. als Lazarett. Der Freistaat Bayern, seit 1948 Eigentümer, verkaufte den Schlossbau Anfang der 1950er Jahre; 1984 wurde er in eine Eigentumswohnanlage umgewandelt. Ab 1953 erwarb die Stadt München nach und nach den größten Teil des Schlossgartens, der als großes Freizeitgelände der Öffentlichkeit zugänglich ist. Am südlichen Parkende entstand 2002 eine moderne Jugendherberge.

Kaiserin Elisabeth

Paul R. Heinemann

Das große Interesse der Nachwelt am Leben der Kaiserin Elisabeth ist nicht nur auf die äußeren Begebenheiten ihres Lebens zurückzuführen, so ungewöhnlich diese auch waren. Vielmehr schufen ihre Schönheit und Erhabenheit, ihre romantischen Schwärmereien, verbunden mit einer Neigung zur Weltflucht und Melancholie, das Bild einer Frau, die jenseits aller geschichtlichen Interessen ihre Anziehungskraft bis heute bewahrt hat. Auch Elisabeths Kinder- und Jugendzeit, die sie zum Teil im elterlichen Landsitz in Schloss Possenhofen verbrachte, ist bis heute von großem Interesse.

Sommer im Schloss

Elisabeth wurde am 24. Dezember 1837 als viertes von neun Kindern in München im elterlichen Palais in der Ludwigstraße (heute Landeszentralbank) geboren. 1834 hatten ihr Vater, Herzog Max in Bayern, und ihre Mutter Ludovika, eine Halbschwester des bayerischen Königs Ludwig I., das ehemalige Hofmarkschloss mit Park am Starnberger See erworben und in einen Sommersitz umbauen lassen. Die ständig wachsende Familie verbrachte die wärmere Jahreszeit in Possenhofen. Die Kinder genossen hier eine für die damalige Zeit ungewöhnliche Freiheit. Besonders freute sich Elisabeth auf die Aufenthalte am Starnberger See.

Der weitläufige Schlosspark Possenhofen war ein Spielparadies für die Kinder des Herzogspaares. Das junge Mädchen fühlte sich besonders zu den Hunden und Pferden hingezogen.

Der Vater war viel auf Reisen. Bei seinen seltenen Besuchen befreite er die Kinder von den lästigen Privatlehrerstunden und tobte mit ihnen im Schlosspark herum. Angeregt durch ihn, der zum Leidwesen seiner Frau gerne Umgang mit dem einfachen Volk pflegte, fand die Prinzessin Gefallen an ländlichen Festen und Bauernhochzeiten.

In Possenhofen verliebte sich Elisabeth in einen nicht standesgemäßen Mann. Er wurde versetzt, erkrankte und starb. Der ganze Schmerz dieser tragischen Liebe spiegelt sich in den Gedichten der 15-Jährigen wider.

Karl von Piloty, »Prinzessin Elisabeth vor Schloss Possenhofen«, Weihnachtsgeschenk für Kaiser Franz Josef 1853.

Verlobung in Bad Ischl

Im Jahr 1853 war Elisabeth zur jungen Frau herangewachsen, deren prachtvolles Haar Bewunderung erregte. Um ihrer Tochter Helene einen standesgemäßen Ehepartner zu verschaffen, begab sich die Mutter Ludovika mit ihren beiden älteren Töchtern im August 1853 nach Bad Ischl, wo damals der europäische Hochadel zur Kur weilte. Neben dem König von Preußen hielt sich hier auch der junge Kaiser Franz Josef von Österreich auf. Franz Josefs Mutter, Erzherzogin Sophie, und Herzogin Ludovika waren Schwestern und planten die Vermählung ihrer Kinder Helene und Franz Josef. Der 23-jährige Kaiser hielt jedoch nicht wie geplant Helene um ihre Hand an, sondern verliebte sich in die knapp 16-jährige Elisabeth. Schon nach drei Tagen wurde Verlobung gefeiert, und die junge Frau bekam eine Ahnung davon, in welche gesellschaftliche Position sie durch ihre Heirat mit dem Kaiser aufsteigen würde.

Im April 1854 nahm Elisabeth schweren Herzens Abschied von Possenhofen und verlieh ihren Gefühlen mit folgendem Gedicht Ausdruck:

Lebet wohl, ihr stillen Räume,
Lebe wohl, du altes Schloß.
Und ihr ersten Liebesträume,
Ruht so sanft in Seesschoß,
Lebet wohl, ihr kahlen Bäume,
Und ihr Sträucher, klein und groß.
Treibt ihr wieder frische Keime,
Bin ich weit von diesem Schloß.

Wiedersehen mit Possenhofen

Die strenge Hofetikette in Wien ließ kaum Raum für die Entfaltung ihrer Persönlichkeit. Erzherzogin Sophie, Tante und Schwiegermutter, übernahm die Erziehung von Elisabeth, um diese, wie sie sagte, »hoffähig« zu machen. Von Anfang Mai 1854 stammen die folgenden Zeilen »Sisis«:

Oh, daß ich nie den Pfad verlassen,
Der mich zur Freiheit hätt' geführt.
Oh, daß ich auf der breiten Straßen
Der Eitelkeit mich nie verirrt!
Ich bin erwacht in einem Kerker,
Und Fesseln sind an meiner Hand.
Und meine Sehnsucht immer stärker –
Und Freiheit! Du, mir abgewandt!
Ich bin erwacht aus einem Rausche,
Der meinen Geist gefangen hielt,
Und fluche fruchtlos diesem Tausche,
Bei dem ich Freiheit! Dich – verspielt!

Paul Heinemann in seinem Elisabeth-und-Ludwig-Museum im historischen Königssalon des Bahnhofs Possenhofen. Der Antiquar zeigt seine 950 Bilder umfassende Dokumentation über das Leben der Kaiserin.

Die Braut des Kaisers

In Possenhofen und München begannen schon Ende August 1853 die Vorbereitungen für die Hochzeit, die für April 1854 geplant war. Die junge Braut wurde in den politischen Gegebenheiten und geschichtlichen Hintergründen Österreichs unterrichtet und absolvierte mit Eifer die ersten Ungarisch-Sprachstunden. Für die von ihr so geliebten Ausritte blieb kaum noch Zeit.

Im Sommer 1855 konnte die Kaiserin zum ersten Mal wieder an den Starnberger See zurückkehren. Die Hofetikette erlaubte es ihr aber nicht, in Schloss Possenhofen zu wohnen. Sie residierte daher mit dem gesamten Hofstaat im Hotel Strauch in Feldafing, dem heutigen Hotel Kaiserin Elisabeth. Diesem ersten Aufenthalt folgten fast jährliche drei- bis vierwöchige Besuche.

Das Hotel Kaiserin Elisabeth **Annette Kienzle**

Fast ein Vierteljahrhundert lang verbrachte Kaiserin Elisabeth von Österreich regelmäßig mehrere Sommerwochen in dem heute nach ihr benannten Hotel in Feldafing. Da ihr die Wiener Hofetikette den Aufenthalt im Sommersitz ihrer Familie, Schloss Possenhofen, nicht mehr gestattete, logierte die Kaiserin im Gasthaus und späteren Hotel oberhalb des erst wenige Jahre zuvor angelegten Lennéparks in Feldafing.
Elisabeth reiste mitunter mit fünfzigköpfiger Begleitung. Nachdem die Bahnlinie München–Starnberg 1864 Richtung Weilheim/Kochel verlängert worden war, fuhr man im Sonderzug von Wien direkt zum Bahnhof Feldafing. Neben zahlreichen Reit- und Zugtieren gingen jeweils auch mehrere Equipagen mit auf die Reise. Die Unterbringung und Bewirtung dieser großen Gesellschaft verlangte den Wirtsleuten enorme Anstrengungen ab.

Vom Dorfwirtshaus zur Kaiserinnenherberge

Aus dem kleinen Wirtshaus, das 1854 noch schlicht Zum Wirt hieß, entwickelte sich in der Folge ein vornehmes Hotel mit zahlreichen Nebengebäuden. 1855 erwarb der Finanzier Anton Ritter von Maffei die alte Wirtschaft, die ursprünglich direkt neben der Pfarrkirche stand (heute Bäckerei Jacob), und baute an der Tutzinger Straße ein neues großes Gasthaus. Lange blieb das Haus jedoch nicht in seinem Besitz, denn er tauschte es mit den Wirtsleuten Jakob und Elisabeth Hierl gegen deren Gasthaus Zum goldenen Bären am Münchner Promenadeplatz. Auf diesem und dem Nachbargrundstück, das Maffei bereits gehörte, wurde wenig später das Hotel Bayerischer Hof errichtet.
Das Ehepaar Hierl bewirtschaftete das Feldafinger Gasthaus bis Anfang der 1870er Jahre und verkaufte es dann an den einheimischen Baumeister Johann Biersack. Dieser baute das Hotel aus und fügte die noch heute bestehende weitläufige Terrasse an, von der man einen herrlichen Blick auf den See genießt.
Mit dem Erwerb des Gasthofs durch den Gastronomen Max Strauch im Jahr 1875 gewann das Hotel immer mehr internationales Flair. Strauch erweiterte den Bau um eine große Dependance und andere Wirtschaftsgebäude, u.a. eine stattliche Anzahl Pferdeställe sowie einen Turn- und Gymnastikraum. Während ihrer zahlreichen Aufenthalte belegten »Sisi« und ihr Gefolge stets das gesamte Hotel.

Ansicht des Hotels Kaiserin Elisabeth im Jahr 1923.

Nach dem Tod König Ludwigs II., von dem Elisabeth während eines Aufenthalts hier erfuhr, blieb die Kaiserin ihrer bayerischen Heimat längere Zeit fern und kam erst 1889 wieder für einige Wochen nach Feldafing. Ihren letzten Besuch stattete sie dem Hotel 1894 ab.
Auf Antrag eines neuen Eigentümers erhielt das Haus nach dem Tod seines illustren Stammgastes 1898 den Namen Hotel Kaiserin Elisabeth. Seit 1905 ist es heute bereits in dritter Generation in Familienbesitz. Gekonnt bewahren die Inhaber durch behutsame Restaurierung des denkmalgeschützten Hauses die Balance zwischen Historie und Moderne.

Feldafing und Garatshausen

Annette Kienzle

Wer in einem alten Dorf auf geschichtliche Spurensuche geht, fängt am besten bei der Kirche und dem Wirtshaus daneben an – so auch in Feldafing. Die katholische Kirche St. Peter und Paul steht auf dem Grund eines Vorgängerbaus namens St. Michael, der, wahrscheinlich Anfang des 15. Jahrhunderts erbaut und geweiht, eine Kirche auf der heutigen Roseninsel ersetzte. Mit Ausnahme des 1890 umgestalteten Glockenturms datiert der Baukörper aus dem ausgehenden 18. Jahrhundert. Das Wirtshaus stand neben der Kirche, wurde Mitte des 19. Jahrhunderts abgerissen und an der Tutzinger Straße neu errichtet. Dank seiner illustren Gäste entwickelte es sich im Laufe der Zeit zum mondänen Hotel.

Vom bäuerlichen Feldafing, wie es bis in die 1850er Jahre Bestand hatte, ist heute nicht mehr viel zu erkennen. Die einst rund um den Kirchplatz angeordneten Häuser sind bis auf wenige Ausnahmen längst modernen Bauten gewichen.

Bescheidene Ursprünge der »Perle am See«

Die erste schriftliche Nennung Feldafings stammt von 1116: Eine Urkunde des Klosters Benediktbeuern erwähnt einen Ruodolfus de Veldolvingen als Ministerialen der Andechser Grafen. Im 16. Jahrhundert wurde Feldafing zu einer Hofmark der Herren von Garatshausen. Die Hofmarkherren Weiler hielten das Patronat über die Feldafinger Kirche und wurden z. T. dort beigesetzt. Ihre Epitaphe sind in der Mauer des Chors erhalten.

Die Zahl der Haushalte Feldafings stieg in den nächsten zwei Jahrhunderten langsam, aber stetig an. Da sich das Gemeindegebiet nur unerheblich vergrößerte, wurden die Grundstücke durch Teilung immer kleiner. Kaum ein Feldafinger Bauer konnte Ende des 18. Jahrhunderts noch vom Ertrag seines Stückchens Land leben; meist übte er noch ein Handwerk aus, verdiente sich ein Zubrot als Fischer oder verdingte sich als Tagelöhner.

Nach der Aufhebung der Hofmark im Jahr 1848 begann die Entwicklung des neuen, bald schon herrschaftlichen Feldafing. Zwei wohlhabende Münchner Unternehmer hatten schon zuvor Feldafing als Refugium für den Sommer entdeckt: 1839 kaufte der Weinwirt Ignaz Huber den Hofbauernhof an der Tutzinger Straße und errichtete dort ein Landhaus. Fünf Jahre später erwarb der Finanzier Johann Anton Ritter von Maffei das Anwesen, erweiterte es durch den Ankauf weite-

Michael Wening, »Schloss Garatshausen«, Kupferstich, 1701.

rer Grundstücke und schuf so ein imposantes Landgut, das im Süden direkt an den 1854 von Lenné angelegten Park grenzte.

Baupläne eines Königs

König Max II. gefiel das Gelände unterhalb Feldafings, und er erwarb ab 1842 systematisch die südlich davon gelegenen Wiesen, Äcker und lichten Waldgrundstücke. Bei der Wahl dieses Standorts für einen geplanten Schlossbau spielte die vorgelagerte Insel, die diesem Stück Land eine besonders romantische Note verlieh, eine wichtige Rolle.

Nachdem bekannt geworden war, dass der König ein neues Schloss zu bauen gedachte, gewann die Feldafinger Flur für wohlhabende Münchner noch mehr an Reiz; der Bau der Eisenbahnstrecke nach Weilheim in den Jahren 1864/65 verstärkte diesen Trend weiter. In der Folge entstanden an der neuen Verbindungsstraße zwischen Bahnhof und Dorf die ersten Villen und Landhäuser. Den Bahnhof Feldafing, errichtet aus für den 1864 aufgegebenen Schlossbau gedachten Steinen, legten die Planer aus technischen wie finanziellen Gründen außerhalb des ursprünglichen Dorfkerns an.

Anfangs verhinderte der Lennépark eine weitere Ansiedlung von Sommerhäusern mit Seeblick. Dies änderte sich nach dem Verkauf der westlich der Straße gelegenen Parkanteile. So entstand Anfang des 20. Jahrhunderts auf dem Höhenberg mit der »Feldafinger Villenkolonie« eine der bedeutendsten Villensiedlungen im Umkreis Münchens. Bekannt wurde vor allem die Villa Waldberta, seit 1965 im Besitz der Landeshauptstadt. 1967–1972 bereitete Willy Daume hier die Olympischen Spiele 1972 vor, und seit 1982 dürfen Literaturstipendiaten der Stadt München in diesem Haus einige Monate verbringen. Eine weitere Ausdehnung der Wohnbesiedlung Feldafings in Richtung See wurde 1926 durch die Anlage des Golfplatzes unterbunden.

Schloss Garatshausen

Ende des 15. Jahrhunderts vermachte Herzog Albrecht IV. dem Münchner Patrizier Hans Weiler einen Hof und zwei Mühlen in Garatshausen. Einer der Erben, Kaspar Weiler, erhielt 60 Jahre später das Hofmarkprivileg über Feldafing und Garatshausen. Wohl schon etwas früher hatten sich die Weilers anstelle des alten Hofes hier ein Schloss erbaut, das im Jahr 1765 in den Besitz des Possenhofener Hofmarkherrn La Rosee überging.

1834 erwarb Herzog Max in Bayern die Schlösser Possenhofen und Garatshausen. Über seine Tochter Marie, deren Tochter Albert von Thurn und Taxis ehelichte, gelangte Garatshausen 1888 in den Besitz dieser Familie. Im Rahmen einer Umgestaltung des Schlosses errichteten die Regensburger Fürsten auch ein neues Gebäude und verbanden analog zu Schloss Possenhofen die beiden Schlossteile mit einer Kapelle. Die Familie Thurn und Taxis nutzt das alte Schloss heute als Sommersitz. Das neue Schloss gehört seit 1951 dem Landkreis Starnberg. Seit 1994 wird es für Schulungszwecke und als Wohnraum für Mitarbeiter genutzt.

Im Feldafinger Park wurde 1926 einer der ersten Golfplätze Deutschlands angelegt.

Von der Terrasse des Hotels Kaiserin Elisabeth schweift der Blick über Golfplatz, See und Alpenpanorama.

Die Roseninsel – königliche Träumereien

Josef Schwab

Eine erfrischende Kühle fächelte uns freundschaftlich entgegen und das Dunkel unter den Bäumen ... lud uns zur Ruhe ein. Es lag so etwas Gutwilliges auf diesem kleinen Erdreich, und wo das Aug hinblickte, sog es Vergnügen ein.« So beschrieb Lorenz von Westenrieder 1784 seinen Besuch auf der damaligen Insel Wörth (Wörth = Land in einem Gewässer). Ähnlich mag es dem Kronprinzen Maximilian ergangen sein, dem der Starnberger See und vor allem die Gegend um Feldafing schon vor seinem Regierungsantritt 1848 für ein Bauprojekt am Herzen lag.

Refugium für einen König

1850 erwarb der junge Monarch die Insel von der Fischerswitwe Kreszenz Kugelmüller zum Preis von 3000 Gulden. Er wollte sich hier ein kleines Refugium mit mediterranem Flair schaffen und beauftragte 1851 den bayerischen Civilingenieur Franz Jakob Kreuter mit der Errichtung einer Villa im pompejanischen Stil, dem so genannten Casino, und der Anlage eines Landschaftsparks mit Rosengarten. Für die Gartenanlagen nahm Kreuter die Dienste des preußischen Hofgartengeneraldirektors Peter Joseph Lenné in Anspruch. So kam es, dass die Insel nach ihrer Neugestaltung fast eine Kopie des Gartens des Schlosses Charlottenhof in der Parkanlage von Potsdam-Sanssouci wurde und das Casino Anklänge an das Gärtnerhaus im Ensemble der »Römischen Bäder« zeigt.

Nach drei Jahren Bauzeit waren die Arbeiten im Wesentlichen abgeschlossen und u.a. Hunderte von Rosenstöcken gepflanzt. Deren seinerzeit verschwenderischen Blütenpracht verdankt das Eiland seinen seit bald 150 Jahren gebräuchlichen Namen.

Vom »Gartensaal« ins »Gartenzimmer«

Nähert man sich dem Gebäude, einer Mischung aus alpenländischem und griechisch-römischem Stil, fallen als Erstes die Fassadenmalereien auf. Der Adler Jupiter mit Ganymed auf der einen und der Schwan Jupiter mit Leda auf der anderen Seite empfangen den Besucher an der Ostfassade, darüber, vor dem Balkon, Apollon mit der Leier und vier junge Mädchen. In den Innenräumen setzt sich dieses Schauspiel mit leicht bekleideten Grazien, Horen, Mänaden sowie tanzenden Nymphen und Bacchanten an den Wänden fort. Das Casino, ein Hort freizügiger und lasziver Malereien in einem prüden Umfeld? Oder sind die Motive – wie ein Autor über das Casino vermutet – tiefenpsychologisch zu deuten und sagen etwas über das Seelenleben Maximilians II. aus?

An der Südseite bezaubern filigran gestaltete Terrassen mit Kübelpflanzen in so genannten Krateren. Alle Fassaden, nicht zuletzt das Belvedere, von dem man einen herrlichen Rundblick genoss, waren mit Klettergewächsen geschmückt.

Vom »Gartensaal« des Casinos tritt man hinaus in das dominierende Gestaltungselement der Insel, den Rosengarten. Ein fast kreisförmiges Rosarium mit Hunderten von Stamm- und Strauchrosen gruppiert sich um eine ovale Fläche, auf der eine Glassäule mit Metallkapitell steht. Eingefasst von Fliederhecken, Kugelakazien und einem mit einer Laube ausgestatteten Aussichtshügel im Osten bildet diese Anlage einen von der übrigen Insel abgeschlossenen Raum, ein »Gartenzimmer«.

Von hier aus verlaufen Wege in den landschaftlichen Teil des Eilands mit seinen dekorativen Gehölzen und Strauchrosengruppen. Ein geschwungener Rundweg führt an stillen Aussichtsplätzen – im Süden stand einst ein Pavillon – vorbei und gewährt Ausblicke auf den See und die jenseitige Uferlandschaft. Maximilian zog sich von Schloss Berg aus gerne auf die Insel zurück. Er ließ sich zu diesem Zweck sogar ein kleines Dampfboot bauen und später ein Badehaus am Ostufer der Insel errichten. Ein Gärtnerwohnhaus, über den Ruinen der in das 12. Jahrhundert zurückreichenden Inselkirche erbaut, ergänzte 1855 das Ensemble.

Auch Ludwig II. schätzte die Abgeschiedenheit der Insel. Nur ausgewählte Gäste durften mit ihm dort verweilen, die Zarin Maria Alexandrowna etwa, Richard Wagner und natürlich seine Cousine »Sisi«. Es wird erzählt, dass sich Elisabeth und Ludwig Gedichte schrieben (sie die »Möwe«, er der »Adler«) und diese im Casino hinterlegten.

Die Insel im 20. Jahrhundert

Nach dem Tod Ludwigs II. wurde der auf dem Eiland wohnende Inselgärtner entlassen. Nach 1918 scheint ein Großteil der Rosen bereits eingegangen zu sein. Nach dem Ende der Monarchie ging die Insel 1924 an den Wittelsbacher Ausgleichsfond über. Gartenanlage und Casino fielen in einen Dämmerschlaf. Fast 100 Jahre nach seinem Tod im Starnberger See kehrte Ludwig II. noch einmal zurück: 1971 drehte Luchino Visconti auf der Roseninsel das Epos *Ludwig II.*

1970 erwarb der Freistaat Bayern das einzigartige »Seegrundstück«, beschränkte sich aber über 25 Jahre lang auf die Behebung der gröbsten Mängel. Erst 1998 begann der »Wiederaufbau«: Die Fundamente des Casinos wurden saniert, die erforderliche Infrastruktur (Wasser-, Kanal-, Stromanschluss) geschaffen, die diffizilen Restaurierungsarbeiten am und im Casino begonnen und nicht zuletzt die Wiederherstellung der Park- und Gartenanlage mit dem Rosengarten in Angriff genommen. Rechtzeitig zum 150-jährigen Jubiläum präsentiert sich die Roseninsel seit Juli 2003 wieder in ihrer einstigen Pracht.

Südansicht des Inselschlösschens, des so genannten Casinos. Ein Casino im ursprünglichen Sinne ist ein »Haus zum Spielen im Grünen«, also in einem Garten. Entsprechend wurde das Gebäude auf der Roseninsel früher ausschließlich für den Tagesaufenthalt im Sommer genutzt.

Tutzing

Irma Wiedemann

»Tutzing ist weit schöner, als wir uns neulich vorstellen konnten. Eben war ein prachtvolles Gewitter, der See war fast schwarz, an den Ufern herrlich grün, für gewöhnlich ist der See blau, doch schöner, tiefer blau als der Himmel, dazu die Kette schneebedeckter Berge – man sieht sich nicht satt.«

Derart enthusiastisch schrieb im Sommer 1873 Johannes Brahms an einen befreundeten Dirigenten. Der Komponist hatte sich für die Sommermonate im kleinen Gasthof des Konrad Amtmann, ehemals Kammerdiener der Gräflich Vieregg'schen Familie, direkt am See einquartiert. Er zahlte für ein Zimmer und ein Kabinett im obersten Stock 25 Gulden und als Miete für ein schlechtes Klavier 6 Gulden. Das Klavier hatte er gemietet, damit niemand es benutzte. Seine Freude soll er vor allem an den Kindern der Wirtsleute gefunden haben.

Inspiriert vom Tutzinger Ambiente und seiner Freundschaft zu den beiden Wagnersängern Therese und Heinrich Vogl schrieb er zwei Streichquartette, einige Lieder und die Haydn-Variationen. Diese sollen nicht nur in dem an der Seepromenade gelegenen Pavillon, sondern auch ganz romantisch in einem Kahn auf dem See erklungen sein – eine wahrhaft wunderbare Vorstellung.

Zur Zeit von Brahms' Aufenthalt hatte sich der Wandel vom kleinen Fischerdorf zum Lieblingsziel der Sommerfrischler und bedeutenden Fremdenverkehrsort am Starnberger See schon vollzogen. Diese Veränderung kam freilich nicht über Nacht, sondern war Folge des Eisenbahnbaus im Zuge der allgemeinen Tourismusentwicklung.

Das kleine Fischerdorf

Die erste urkundliche Erwähnung Tutzings findet man als Dotationsgut des Klosters Benediktbeuern im Jahr 742 n.Chr. Die Geschichte des Ortes selbst reicht jedoch sicher weiter zurück, wie Grabhügel aus der Bronze- und Eisenzeit sowie Reste eines römischen Gutshofes am Deixlfurter Weiher belegen. Die frühen Urbare der Wittelsbacher aus dem

Tutzing mit Schloss und Kirche heute …

13. Jahrhundert führen in Tutzing sechs Höfe mit zwei Fischlehen an. Diese dürften den ursprünglichen Ortskern darstellen. Die Inhaber der Fischlehen mussten wechselweise den Würmsee mit dem Zugnetz befischen. Die »Hoffischer« hatten jährlich 800 Renken an das herzogliche Hofkuchelamt abzuliefern. Nicht selten ärgerten sie sich darüber, dass der herzogliche Hof die Fische für teures Geld auf dem Münchner Markt weiterverkaufte.

Nachdem das Geschlecht der »Tuzzinger« gegen Ende des 15. Jahrhunderts ausgestorben war, erwarb das Münchner Patriziergeschlecht der Dichtl das Fischerdorf. 1519 erhielt der Starnberger Pfleger Bernhard Dichtl der Ältere vom bayerischen Herzog für seine Besitzungen die Hofmarkgerechtigkeit, die später auf Ober- und Unterzeismering sowie auf einzelne Höfe in Traubing, Monatshausen und Diemendorf ausgeweitet wurde. Die Rechtsform der geschlossenen Hofmark bestand bis 1848.

Den geographischen und spirituellen Mittelpunkt bildete das Hofmarkschloss, das diesen Namen vermutlich gar nicht verdiente, denn es wird in verschiedenen Quellen als ein düsterer quadratischer und von einem Wassergraben umgebener Bau beschrieben.

Das Fischrecht war in der Hofmark stets mit Haus und Hof verbunden. Wenngleich sich die Fischer mit Stolz viele Jahrhunderte hindurch erfolgreich gegen jegliche Art von Besteuerung und Scharwerksleistungen wehrten, waren besonders bei den kinderreichen Familien bittere Armut und hohe Schulden ein ständiger Begleiter.

Neben den Alltagssorgen hinterließ der Dreißigjährige Krieg deutliche Spuren. Zwischen 1632 und 1634 brannten Schloss, Pfarrkirche, Hoftaverne, Brauerei und einige weitere Gebäude ab. Kaum waren diese Schrecken überwunden, wütete in Tutzing wie andernorts die Pest.

Neue Zeiten – neue Herren

Eine weitere Folge des Dreißigjährigen Krieges war der finanzielle Niedergang der Tutzinger Hofmark, der 1650 zur Versteigerung führte. Den Zuschlag erhielt Hauptgläubiger Hans Albrecht Viehbeck von und zu Haimbhausen. Obwohl der neue Eigentümer finanziell gut situiert war, gibt es keinen Hinweis auf eine Renovierung des arg zerstörten »Herrenhofes«, und Viehbeck residierte auch weiter auf seinem heimatlichen Anwesen. Vier Jahre nach seinem Tod heiratete seine jüngste Tochter (aus seiner dritten Ehe) Maria Anna Theresia

…Tutzing mit Schloss und Kirche 1701, Kupferstich von Michael Wening (Ausschnitt).

Maximilian Reichsfreiherrn von Gözengrien. Da das frisch vermählte Paar in Tutzing ständigen Wohnsitz nehmen wollte, machte es sich daran, den Herrensitz standesgemäß umzugestalten.

So entstand ein neues Schloss mit Barockfassade. Der Park wurde im französischen Stil gestaltet und mit Fontänen und Vasen ausgestattet. Viel Freude hatte Maximilian allerdings nicht an seinem Anwesen; zum einen versuchte Kurfürst Ferdinand Maria ständig, es in seinen Besitz zu bringen, zum anderen gab es Streit mit dem Seegericht Starnberg wegen der Zuständigkeit für die Hoffischer. Nach dem Tod der Eheleute 1707 bzw. 1710 (sie ruhen in der Kirche Peter und Paul) führten die fünf Töchter den Besitz weiter.

1731 löste sich die Erbengemeinschaft auf, und Hofmark und Schloss fielen an Maria Theresia Cäcilia, die mit Ferdinand Freiherrn von Vieregg verheiratet war. Über 150 Jahre verwaltete dieses Geschlecht die Hofmark. Listen geben Aufschluss über umfangreiche Tätigkeiten: Man beschäftigte Jäger, Schreiber, Braumeister und -knechte, Gärtner, Vormundschaftsrichter, Gutsinspektoren, Kutscher, Förster, Ökonomieamtsschreiber- und knechte, Richter und Rechnungsräte.

In dieselbe Zeit fiel der großzügige Um- und Neubau des Schlosses zu einem feudalen Herrensitz mit einem Landschaftsgarten, der der Mode entsprechend im englischen Stil angelegt wurde. Zudem entstand auf einer Landzunge nördlich von Tutzing eine italienische Villa als Gästehaus für das Schloss: das heutige Midgardhaus.

Zu Beginn des 19. Jahrhunderts wurden in Tutzing auch die ersten Hausnummern vergeben. Stattliche 36 Häuser gab es dabei zu zählen!

Die Tutzinger Fischerhochzeit

Im Jahr 1814 fand die Tutzinger Fischerhochzeit statt, die bis heute weit über die Grenzen des Ortes bekannt geblieben ist. Angefangen hatte alles mit einem Streit um das Recht des Fischfangs zwischen dem Hoffischer Gröber und dem Grafen Friedrich von Vieregg. Um dem streitsüchtigen Fischer eine Lehre zu erteilen, ließ der Graf dessen Sohn Michael für einen Feldzug gegen Russland zum Militär einziehen.

Der Krieg war lange aus und der junge Gröber immer noch nicht heimgekehrt. Man hielt ihn längst für tot. Da kam eines Tages ein zerlumpter Bettler nach Tutzing. Keiner erkannte ihn, bis auf

Festzug bei der Tutzinger Fischerhochzeit: Am Kopfputz der Frauen kann man den Familienstand ablesen: Das »Krönerl« ist den ledigen Mädchen vorbehalten, die Verheirateten schmücken sich mit einer Fischotterhaube.

seinen alten Hofhund und seine heimliche Verlobte Veronika Bierbichler, die ihm all die Jahre die Treue gehalten und nie die Hoffnung aufgegeben hatte, den Geliebten lebend wieder zu sehen. Beschämt und gerührt versöhnte sich daraufhin der alte Graf mit dem Hoffischer Gröber, und alle waren glücklich, dass die Geschichte doch noch ein gutes Ende genommen hatte.

Aus Anlass der Hochzeit, zu der der Graf seinen ausdrücklichen Segen gab, wurde ein großes Fest gefeiert – damals wie heute, denn alle fünf Jahre lebt dieses historische Spektakel in Tutzing wieder auf und wird in einer aufwändigen und prächtigen Inszenierung über zwei Tage nachgespielt. Der Polterabend zieht sich in allen Gaststätten und auf den Straßen des Ortskerns so lange hin, bis der Nachtwächter dem ausgelassenen Treiben ein Ende bereitet. Am nächsten Morgen wird die Braut samt Gefolge in festlich geschmückten Kähnen am Seeufer abgeholt. Nach dem Kirchenzug und dem Gottesdienst begibt sich das Brautpaar in den Schlosspark. Dort begrüßt es der Graf mit seinem festlich gewandeten Gefolge und spricht einen feierlichen Segen. Nach dem Mahl ist ein farbenprächtiger Festzug zu bewundern, in dem neben historischen Trachten und Kutschen der Kuchlwagen der Braut nebst einer Kuh besondere Aufmerksamkeit erregt.

Die Ära Hallberger

Mitte des 19. Jahrhunderts wurde in Tutzing eine neue Epoche eingeläutet. Zum einen ging das Schloss 1869 in den Besitz des wohlhabenden Stuttgarter Verlegers Eduard Hallberger über, und zum anderen setzte 1865 der Bau der Bahnlinie Starnberg–Tutzing eine große Zäsur für den Ort.

Kommerzienrat Hallberger vergrößerte sein Eigentum um ein halbes Dutzend Häuser sowie die Brauerei, die 1864 durch einen Großbrand fast völlig zerstört worden war. Der neue Schlossbesitzer erweiterte sie um ein Sud-, Kühl- und Malzhaus, und bald reichte der Ruf des ausgezeichneten Gebräus bis nach München.

Hallberger stattete seinen Herrschaftssitz mit allem nur erdenklichen Luxus aus: Bibliothek, Musiksaal, Palmenhaus, Vogelvoliere, Kegelbahn und Reithalle. Obwohl selbst von evangelischer Konfession, ließ er die Pfarrkirche erneuern und stiftete die Glasfenster Peter und Paul. Zudem prägte er maßgebend die Entwicklung Tutzings zum beliebten Kurort. Zahlreiche Freunde, darunter der Maler Franz von Lenbach, bevölkerten sein Haus. Die auf Gut Deixlfurt lebenden Wagnersänger Therese und Heinrich Vogl gestalteten manchen Hausmusikabend und nächtliche Bootsfahrten.

Mit dem Tod Eduard Hallbergers ging auch die glanzvolle Ära des Schlosses zu Ende. Seine Erben mussten sich von dem Besitz trennen. Neuer Herr auf Tutzings Schloss wurde 1921 Marcell von Nemes, eine schillernde Persönlichkeit und ein bedeutender Kunstsammler und -händler, der u.a. das herrliche Kommuniongitter in der neu erbauten Pfarrkirche stiftete. Nach seinem Tod wurden das Anwesen und die Kunstsammlung, darunter Werke von Rembrandt, Greco und Goya, versteigert. In der Folge blieb der Besitz immer nur wenige Jahre in den Händen verschiedener Eigentümer, bis er 1947 als Erholungsheim für Kriegsheimkehrer an die Innere Mission und 1949 an die Evangelische Landeskirche gelangte.

Die Fertigstellung der Bahnlinie 1865 löste eine immer raschere Entwicklung des Ortes aus. Rege Bautätigkeit setzte ein – zunächst allerdings nur unten am Ufer zwischen dem alten Ortskern und dem Midgardhaus; bald jedoch breiteten sich die Landhäuser und Villen auch auf den Anhöhen aus. Erbaut wurden sie meist von heimischen Bau-

Einer der beiden gusseisernen Löwen, die auf einer Landzunge in Tutzing das Midgardhaus bewachen. Das Haus wurde 1853 von Carl Theodor von Vieregg als herrschaftliches Gästehaus erbaut. Ab 1870 wählte es der Ägyptologe Prof. Georg Ebers zu seinem Wohnsitz. Später lebten die Schriftstellerin Ina Seidel und der Dramatiker Georg Kaiser in dem Anwesen. Heute beherbergt es ein bekanntes Restaurant.

meistern, die auf übertriebenen Prunk verzichteten. Jedenfalls wurden die »Sommerfrischler« jetzt sesshaft.

Parallel dazu entwickelte sich Tutzing zu einem bemerkenswerten Ausflugsziel und zum bedeutenden Fremdenverkehrsort am See. 1885 verzeichnete es 130 Gebäude und 970 Einwohner. Es gab eine Brauerei, drei Gasthäuser, drei Hotels, zahlreiche kleine Pensionen und Privatunterkünfte sowie zwei Strandbäder.

Der Zweite Weltkrieg und die Folgen

Die beiden Weltkriege brachten den Bewohnern wie überall große Not. Einschneidend für Tutzing waren der Konkurs der Weizenbierbrauerei 1939 sowie die Beschlagnahmung des Klosters der Missionsbenediktinerinnen (sie hatten seit 1904 ihren Sitz in Tutzing) durch die Gestapo 1941. Die Unterbringung zahlreicher Evakuierter und Flüchtlinge sowie die Versorgung der Bevölkerung mit Lebensmitteln erforderten große Kraftanstrengungen. Später wurde Tutzing zu einem Lazarettstandort, der gegen Ende des Krieges mit Panzersperren und Schützengräben noch hätte verteidigt werden sollen. Engagierte Tutzinger Bürger konnten diese jedoch rechtzeitig beiseite räumen.

Gleichzeitig mit dem Einmarsch der amerikanischen Truppen am 1. Mai 1945 blieben kurz vor Tutzing auf den Bahngleisen mehrere Wagons liegen, in die KZ-Insassen aus Mühldorf am Inn eingepfercht waren, die nach Österreich hätten verlegt werden sollen. Die Bewacher hatten die alliierten Truppen heranrücken hören und sich aus dem Staub gemacht. So marschierte zusammen mit den amerikanischen Soldaten ein Zug halb verhungerter, ausgemergelter Gestalten ein, die dann in Feldafing untergebracht wurden. Viele erlebten noch ihre Befreiung, überlebten sie aber nicht. Sie starben in Tutzing, wurden hier begraben und später in eine zentrale Gedenkstätte überführt.

Mit Ende des Zweiten Weltkriegs und Beginn der amerikanischen Besatzung setzte der wirtschaftliche Wiederaufbau des Landes und der Gemeinden ein. Konzessionen für neue Betriebe und Gewerbe wurden beantragt. An die Blütezeit der Sommerfrische mit ihren Landhäusern, Villen und mondänen Hotels konnte man aber nicht mehr anknüpfen. Die »Sommerfrische« des 21. Jahrhunderts findet auf Mallorca oder in Tunesien statt. Wer aber die leisen Töne des Urlaubs sucht, findet sie auch heute noch in der Schönheit und Ursprünglichkeit dieses malerischen Ortes.

Tutzinger Strandpromenade am Weg zum Midgardhaus.

Vergangener Charme – das Parkhotel Simson **Peter Simson**

Das Parkhotel Simson in Tutzing entstand aus dem Gasthof zur Eisenbahn, den Georg Kalb, der Braumeister der Schlossbrauerei Tutzing, 1864 nahe dem neuen Bahnhof gebaut hatte. Als die Eheleute Mathias und Therese Simson das Haus 1893 erwarben, sahen sie voraus, dass sie trotz des unaufhörlich wachsenden Fremdenstroms gegenüber der seenahen Konkurrenz nur durch besondere Angebote eine Chance hätten. So erweiterten sie das ohnehin schon große, im schönsten Historismus-Stil errichtete dreistöckige Bahnhofshotel durch Baumaßnahmen zu einem 80-Zimmer-Familienhotel mit weitläufigen Gesellschaftsräumen, Tennisplatz, einer 8000 m^2 großen Parkanlage mit herrlichem Baumbestand und einem eigenen Gemüsegarten für die Hotelküche. Die Zimmer waren mit Geschmack und technisch modern eingerichtet; Hotelleitung und Personal bemühten sich, durch persönlichen Kontakt und gepflegte Küche auf die Wünsche eines jeden Gastes einzugehen. Das Haus lag ruhig und bot von langen Balkonreihen eine eindrucksvolle und unverbaute Fernsicht auf See und Gebirge. Abendunterhaltungen und Konzerte sowie Kunstausstellungen brachten Abwechslung und Anregung.

Bis zur Weltwirtschaftskrise erlebte das Hotel eine Hochblüte mit Gästen des gehobenen Mittelstands, aus Kunst und Adel; sie kamen aus Deutschland, Europa und Amerika. Bekannte Namen waren darunter, von denen manche dem Haus auch eine literarische Würdigung angedeihen ließen. So schrieb der Kunsthistoriker und spätere Botschafter in Frankreich Wilhelm Hausenstein: »Seit 1921 habe ich durch 10 Jahre hin jeden Sommer ... mit den Meinigen in Tutzing zugebracht, im Hotel Simson, das zu den liebens- und lobenswertesten Häusern seiner Art gehörte: nicht nur mit Küche und Keller, auch mit den Zimmern, den Balkonen, der bezaubernden Kastanienterrasse.«
Mit den neuen Verhältnissen in den 1930er Jahren kam das Haus nicht mehr zurecht. Viele wohlhabende Gäste aus Übersee blieben aus, und für den neuen »Kraft-durch-Freude«-Stil mit Reisebussen und Billigangeboten war das Hotel nicht eingerichtet. Der Krieg läutete dann das Ende ein. Amerikanische Besatzungstruppen hinterließen 1946 ein völlig verwahrlostes Gebäude, das dann mangels Geld an eine pharmazeutische Fabrik verkauft werden musste. Tempora mutantur.

Wo der Geist weht: Tutzings Akademien

Kurt Sontheimer

Der Starnberger See lädt nicht nur zum Schauen, zum Wandern, zum Baden, Segeln, Luft- und Freude-Tanken, er bietet auch dem Geist Raum zur Entfaltung und Betätigung im Gespräch über wichtige Fragen des Lebens in Vergangenheit und Gegenwart. Die beiden in Tutzing direkt am See gelegenen Akademien haben den weit reichenden Ruf begründet und viele die Erfahrung machen lassen, dass es sich in so schöner Umgebung besonders gut und fruchtbar denken und diskutieren lässt.

Die Evangelische Akademie im Schloss Tutzing und die Akademie für Politische Bildung am nördlichen Ortseingang gehören zu den schönsten Einrichtungen ihrer Art und werden auch in ihrer geistigen Ausprägung anspruchsvollen Maßstäben gerecht. Beide wurden nach dem Zweiten Weltkrieg gegründet und sind Wahrzeichen der geistigen und politischen Erneuerung Deutschlands.

Die Evangelische Akademie

Nicht immer hat die Kirche bei ihren weltlichen Geschäften eine so glückliche Hand bewiesen wie die Evangelisch-Lutherische Landeskirche in Bayern im Jahr 1947, als sie sich unter Bischof Meiser entschloss, das mitten im Ortszentrum gelegene, von einem herrlichen Park umrahmte Tutzinger Schloss zu erwerben, um eine Evangelische Akademie einzurichten. Man geht nicht fehl in der Annahme, dass das reizvolle Ambiente es der Akademie erleichtert hat, für ihre politischen und religiösen Veranstaltungen manche prominenten Redner und Mitwirkende zu gewinnen, die zu ihrem Ruf und ihrer Attraktivität viel beigetragen haben.

Der Politische Club

Alle Bundeskanzler und viele Minister waren in der Evangelischen Akademie zu Gast; manche, wie Egon Bahr und Willy Brandt, haben dort wichtige politische Konzeptionen – in ihrem Fall die neue Ostpolitik – erstmals vorgetragen. Das geschah meist im Politischen Club, der in vierteljährlichen Wochenendtagungen die großen Fragen und Themen der aktuellen Politik zur Diskussion stellt und dem protestantischen Denken Weltoffenheit und Toleranz vermitteln soll.

Ein Ort des politischen und religiösen Austauschs – die Evangelische Akademie in Tutzing.

Natürlich kennt die Evangelische Akademie auch die Alltagspraxis solcher Einrichtungen, die, auf der Basis evangelischen Verständnisses, die Gläubigen und Interessierten mit den wichtigen Fragen des Glaubens und der Lebensführung, den sozialen und wirtschaftlichen Problemen der Zeit und auch der Gegenwartsliteratur vertraut machen will. Es entspricht diesem breiten und offenen geistigen Horizont, dass die Akademie zwei Preise verleiht: den Marie-Luise-Kaschnitz-Preis für Literatur und den Toleranz-Preis.

Selbstverständlich bietet diese schöne Akademie auch die notwendigen Räumlichkeiten für die Versorgung und Unterbringung der zahlreichen Gäste. Nichts ist jedoch anregender als ein Aufenthalt »in den Salons« des Schlosses im Anschluss an einen inspirierenden Vortrag in der Rotunde, einem rundförmigen Neubau, der das leitende Prinzip der Akademie verkörpert – Offenheit und Freiheit der geistigen Kommunikation.

Übrigens kann man die Akademie auch für andere Tagungen und Veranstaltungen (unter der Woche) mieten und in den Sommermonaten Juli und August dort sogar Urlaub machen.

Die Akademie für Politische Bildung

Zwar kann diese Akademie schwerlich mit den äußerlichen Schönheiten des Schlosses und seines Parks konkurrieren, doch als Stätte politischer Bildung ist sie hinsichtlich ihrer Lage und Einrichtungen von verwandten Institutionen kaum zu übertreffen. Nicht nur deswegen ist es auch dieser Akademie gelungen, den Namen Tutzing durch Veranstaltungen von Bedeutung für die Politik und die politische Diskussion in der Bundesrepublik Deutschland landesweit bekannt zu machen. Das sonst eher hässliche Thema Politik scheint in einem schönen Umfeld allseits annehmbarer.

Die Politische Akademie verdankt ihre Entstehung dem für das Land Bayern untypischen Umstand, dass für kurze Zeit die so genannte Viererkoalition mit dem Sozialdemokraten Wilhelm Hoegner als Ministerpräsident das Land regierte und den von Hans-Jochen Vogel erarbeiteten Gesetzentwurf für die Schaffung einer Akademie für Politische Bildung einbrachte, den der Landtag 1957 mit breiter Mehrheit (auch der CSU) verabschiedete. Die Akademie wurde im Februar 1959 eröffnet. Sie sollte weder eine Hochschule noch eine Volkshochschule für Politik sein, sondern, wie Frau Hamm-Brücher damals sagte, »ein geistig-pädagogisches Kraftzentrum für die politische Bildungsarbeit«, durch welche ein lebendiges Verhältnis zwischen den Bürgern und den politischen Institutionen gefördert werden soll. »Überparteilichkeit, Pluralismus und Toleranz sind die leitenden Prinzipien ihrer Arbeit.«

Über vierzig Jahre aktiver Arbeit für die politische Bildung und Ausbildung mit Schwerpunkt auf den Lehrberufen liegen nun schon hinter der Akademie, die sich laufend bessere Arbeitsmöglichkeiten geschaffen hat. Sie ist ein beliebter Treffpunkt für Tagungen wissenschaftlicher und politisch-sozialer Vereinigungen; sie verfügt unter der

Aufnahme von einem Sommerfest der Politischen Akademie.

Leitung eines Politikprofessors über einen Stab von neun fest angestellten Dozenten, die eine Vielzahl qualifizierter Sachkenner in ihren Unterricht einbeziehen und damit für ein hohes Niveau und politische Unabhängigkeit sorgen. Ihr jetziger Direktor, Prof. Heinrich Oberreuter, schrieb aus Anlass des vierzigjährigen Jubiläums 1997, es sei die Aufgabe der Akademie, die wirklich wichtigen Fragen der Politik im weitesten Sinne »rechtzeitig und hilfreich zu thematisieren. Wir brauchen Akademien, die auf der Höhe der Zeit sind.«

Dies kann man mit Fug und Recht von beiden Akademien sagen, die in Tutzing beheimatet sind und hoffentlich noch lange dazu beitragen können, das geistige und politische Leben Deutschlands zu beleben und zu bereichern.

Bernried: altes geistliches und geistiges Zentrum

Walter Eberl

Die Geschichte des Ortes Bernried beginnt im 9. Jahrhundert als Siedler- und Fischerdorf, die des Klosters im Jahr 1120, als Graf Otto I. von Valley und seine Gemahlin ihren Jagdsitz den Augustiner Chorherren schenkten. Bereits nach zwei Jahren war das Stift weithin bekannt und wurde wegen seiner Papsttreue am Ende des Investiturstreits zum Laterankloster erhoben. 100 Jahre später ist für Bernried auch ein Frauenkloster urkundlich erwähnt, das aber in der folgenden Zeit nicht mehr nachweisbar ist.

In der zweiten Hälfte des 13. Jahrhunderts brachte ein Tausch dem Kloster eigene Weinberge in Südtirol ein. Anfang des 14. Jahrhunderts stiftete Konrad der Tuzzinger, Marstallmeister des damaligen Kaisers Ludwig des Bayern, eine Hube in Höhenried und ein Anwesen mit Land im Chienmoos; kurz darauf erhielt das Kloster das Patronatsrecht über die Kirche in Tutzing.

Zentrum von Geist und Geistlichkeit

Ebenfalls mit Hilfe des »Tuzzingers« bekam das Kloster das Patronatsrecht über die Kirche des Nachbardorfs Haunshofen, die mit dem »Gallimarkt« ein eigenes Marktrecht besaß. Weitere Patronatsrechte wurden über acht Kirchen in der näheren und weiteren Umgebung erteilt und machten Bernried zum »geistlichen und geistigen Zentrum am Würmsee«. 1382 wurde durch den Bau einer eigenen Pfarrkirche »zu Ehren der Himmelfahrt Mariens« ein alter Wunsch der Bernrieder Fischer und Bauern wahr. Für dieses Gotteshaus stiftete der Propst eine eindrucksvolle Madonnenfigur (Pietà).

Der weitere Aufstieg des Klosters war mit der Annahme der so genannten Indersdorfer Reform durch den Konvent gegeben. Diese erste Blüte des Klosters und damit auch des Dorfes hielt bis zum Dreißigjährigen Krieg an.

Kloster und Bildungshaus St. Martin in Bernried.

Wallfahrt zur frühgotischen Madonna

Auch Bernried litt unter den Schrecken des Krieges, doch wirkte sich die abseitige Lage des Ortes vorteilhaft aus. Trotzdem brachten Plünderungen und Übergriffe einquartierter Soldaten Elend und Zerstörung. Wegen der drückenden Last der Verantwortung legte Propst Caspar II. Zeller 1638 sein Amt nieder, doch schon unter seinem Nachfolger Johann Riedl kam das Stift zu seiner zweiten Blüte. In der Aufbruchsstimmung nach dem Krieg wurden die Klosterbaulichkeiten einschließlich Kirchen und Meierhof restauriert. Große Hilfe erhielt der Konvent hierbei vom Kurfürstenehepaar Ferdinand Maria und Henriette Adelaide.

Nach der langen Leidenszeit des Krieges zog die frühgotische Madonna eine Vielzahl von Pilgern an, und um dem ständig wachsenden Andrang der Gläubigen Rechnung zu tragen, baute man für die wundertätige Pietà an die Pfarrkirche eine eigene Wallfahrtskapelle an. 1685 vernichtete eine Feuersbrunst die Klosterbrauerei und einen Großteil des Dorfes. Viele der wieder aufgebauten Gebäude sind heute ein wichtiger Teil des denkmalgeschützten Ensembles.

Säkularisation: Zerstörungen, neue Eigentümer

Bis zur Säkularisierung konnte das Kloster seine Besitzstände mehren und brachte es trotz einiger Rückschläge vor allem unter Propst Mansuetus Resch zu einer dritten Blüte. 1803 aber wurde das Stift aufgelöst. Weltliche Güter und Werte wurden rücksichtslos zerstört, Kunst und Kultur fanden nach einer langen fruchtbaren Zeit ein plötzliches Ende. In den kommenden 150 Jahren wechselte das Besitztum wiederholt den Eigentümer, vorwiegend adelige Gutsherren. Als 1852 Baron von Wendland das Kloster samt Wirtschaftsgebäuden und den entsprechenden Ländereien kaufte, begann die vierte Blüte Bernrieds: Verschiedene maßgebende Profanbauten wurden errichtet und der heutige Bernrieder Park angelegt.

Fast drei Generationen waren die Wendlands Schloss- und Gutsherren und prägten das heutige Dorfbild. Mit dem Erwerb Höhenrieds besaßen sie mehr als fünfzig Prozent der Bernrieder Gemeindeflur. Kurz vor dem Ersten Weltkrieg erwarb das amerikanische Ehepaar Busch-Woods einen Großteil der Wendland'schen Ländereien.

Soziale und andere Institutionen

Nach dem Tod des Ehepaars Busch-Woods übernahm der Münchner Dr. Lorenz Mayr das Schlossgut Bernried. Er betrieb Landwirtschaft und sicherte so die Landschaftspflege. Zum Hofgut gehören bis heute die Nutzungsrechte im Bernrieder Park. Ab 1972 errichteten Mayr und sein Sohn Lorenz Johann die Hotelanlage Marina mit Bootswerft. Das Hofgut wurde ausgesiedelt, das denkmalgeschützte Ensemble der alten Meierei einer anderen Nutzung zugeführt. Auch das dazu gehörende Gut Adelsried ging an Dr. Lorenz Mayr, der es mit seiner Tochter Elisabeth Limbecker zu einem Reiterhof umgestaltete.

Noch zu Lebzeiten des Ehepaars Busch-Woods pachteten die Missions-Benediktinerinnen von Tutzing 1949 Schloss Bernried, ehemals Augustinerchorherrenstift und zuletzt Eigentum des Freistaats Bayern, zur Errichtung eines Klosters mit Schule. Das Gebäude war heruntergekommen und konnte erst zwei Jahre später nach dem Kauf durch den Konvent renoviert werden.

Mit dem Einzug der Schwestern begann für Bernried sehr schnell eine Zeit der Blüte hinsichtlich des Sozial- und Schulwesens: So errichtete der

Altes Bauernhaus mit Blumenschmuck – Bernried wurde 1983 beim Wettbewerb »Unser Dorf soll schöner werden« auf Bezirksebene mit einer Goldmedaille ausgezeichnet.

Konvent die erste Sozialstation, und auch der erste dörfliche Kindergarten im Alt-Landkreis Weilheim entstand unter Mithilfe der Bernrieder Schwestern. 22 Jahre lang schuf und unterhielt das Kloster zunächst eine Haushaltungsschule mit Internat, später auch eine Kinderpflegerinnenschule und eine Berufsaufbauschule. Seit 1973 führen die Schwestern ein Haus für kirchliche Erwachsenenbildung mit eigenen Programmangeboten und Beleggruppen.

Hotelanlagen und neue Betriebe

Durch das Engagement der Gemeinde und die Initiative ihrer Bürger wurde Bernried in den letzten vierzig Jahren zum größten Fremdenverkehrsort zwischen München und Garmisch. Besondere Erwähnung verdienen in diesem Zusammenhang die Hotelanlagen Seeblick des Ehepaars Sailer/Lütjohann und Marina der Familie Lorenz Johann Mayr. Für das heimische Handwerk und Gewerbe wurde Anfang der 1990er Jahre ein eigenes Baugebiet geschaffen. Neben ortsansässigen Betrieben konnten sich hier auch Neugründer, besonders der Hightechbranche, ansiedeln und bieten mit ihren 200 Arbeitsplätzen viele hoch qualifizierte Stellen. Das Gewerbesteueraufkommen durch die vielen leistungsfähigen Betriebe bildet ein gutes Fundament für die Gemeindefinanzen. So hat Bernried bei 2200 Einwohnern erstaunliche 834 Arbeitsplätze innerhalb des Gemeindebereichs.

Künstler vielerlei Couleur

Schon lange bevor die Museumspläne des Prof. Dr. Lothar-Günther Buchheim für Schlagzeilen und viel Furore am Starnberger See sorgten, lockte Bernried bildende Künstler an, Maler vor allem. Im 19. und 20. Jahrhundert weilten und arbeiteten hier u.a. Carl Spitzweg, Moritz von Schwind, Lovis Corinth, Max Slevogt und Franz von Defregger.

Mit dem Bau des Museums der Phantasie im Hirschgarten von Höhenried und dessen Eröffnung am 23. Mai 2001 fand die Odyssee der berühmten Expressionistensammlung des Prof. Dr. Lothar-Günther Buchheim ein glückliches Ende. Das Museum stellt für die Gemeinde einen bedeutenden wirtschaftlichen Schwerpunkt dar. In den ersten drei Jahren verzeichnete es weit über eine halbe Million Besucher.

Der Segelhafen von Bernried und Gebäude des Hotels Marina, rechts oben das Kloster der Missions-Benediktinerinnen.

Die Dollarkönigin und der Diplomat **Walter Eberl**

Kurz vor dem Ausbruch des Ersten Weltkriegs erwarben Wilhelmina Busch und ihr erster Ehemann August Scharrer in Bernried den größten Teil der Wendland'schen Ländereien – zunächst 500 ha und die so genannte Pfauenvilla im heutigen Postgarten. Während ihrer 38 Bernrieder Jahre konnte die amerikanische Millionenerbin ihr Besitztum auf knapp 750 ha erweitern. Höhepunkt dürfte für Frau Wilhelmina der Bau des Schlosses Höhenried 1937–1939 gewesen sein, in dem sie regelrecht Hof hielt.

Dass Bernried das Endjahr des Zweiten Weltkriegs glimpflich überstand, war nicht zuletzt der Verlegung der Schweizer Botschaft von Berlin nach Höhenried zu verdanken: Als »exterritoriales Gebiet der Schweiz« und in den Militärkarten der Alliierten als solches bezeichnet, genoss es weitgehend Immunität.

In der Schweiz selbst lernte Wilhelmina ihren dritten Ehemann Sam Woods kennen. Er war amerikanischer Spionagechef für Europa und wurde nach dem Krieg Generalkonsul in München, in der letzten Legislaturperiode Präsident Trumans dann Minister ohne Geschäftsbereich. Sam Woods' diplomatische Kontakte verhalfen Bernried zu internationaler Bekanntheit. Im Schloss Höhenried und auch in den Parkanlagen in Bernried fanden Gespräche mit hochrangigen Politikern und Wirtschaftsexperten statt. Man könnte durchaus sagen, dass Höhenried dank der Macht dieses Mannes zur Wiege des jetzigen Europas wurde.

Der kurze Traum von der eigenen Insel

Kurz nach der Währungsreform 1948 unternahm das Ehepaar Busch-Woods mit seinem 21 m langen Motorboot zweimal eine Fahrt zur Roseninsel, wo Kronprinz Rupprecht von Bayern zur Teestunde geladen hatte. Bei der zweiten Fahrt war Sam Woods sein eigener Kapitän und Steuermann – und lenkte das Schiff prompt senkrecht gegen die Insel. Der Schwung war so groß, dass das Schiff mit dem Bug auf dem Land zu stehen kam und erst am nächsten Tag mit vereinten Kräften und der Hilfe eines Motorboots wieder in den See zurückgezogen werden konnte.

Die Roseninsel mag die Gedanken des Ehepaars beflügelt haben, einen Bereich von 5000 m^2 um das damals noch außerhalb des Stiftungsparks gelegene so genannte Teehaus durch einen Graben abzutrennen und so eine zweite kleine Insel zu bilden.

Proteste der Bevölkerung und die neu etablierte deutsche Staatsgewalt verhinderten dieses Vorhaben jedoch; das bereits herangeschaffte schwere Pioniergerät der US Army wurde nach Höhenried versetzt. Dort entstand dann aus einer tiefen Schlucht die Mississippi-Galerie, die heute einen Teil des durch Erbpacht an die Buchheim-Stiftung vergebenen Geländes bildet.

Mit dem Tod der Wilhelmina Busch-Woods und ihres Gatten im Jahr 1952 bzw. 1953 fand die vorerst letzte Blüte Bernrieds ein Ende. Die Woods-Erben zerstückelten den Gesamtbesitz; den Bernrieder Park mit Ausnahme des Teehausbereichs hatte das Ehepaar dem bayerischen Staat vermacht. Schloss Höhenried mit seinen Ländereien wurde an die Landesversicherungsanstalt Oberbayern verkauft, die eine Reha-Klinik mit 540 Betten errichtete.

Wilhelmina Busch-Woods war eine Erbin des Gründers der schwerreichen amerikanischen Bierdynastie Anheuser-Busch in St. Louis. Das Foto zeigt Wilhelmina bei ihrer Hochzeit mit Sam E. Woods am 22. Februar 1948.

Das Buchheim Museum

Clelia Segieth

Das nördlich von Bernried am Ufer des Starnberger Sees gelegene Buchheim Museum überrascht durch ein außergewöhnliches Museumskonzept, das den Schwerpunkt der Buchheim'schen Sammlungen, die hochkarätigen Werke deutscher Expressionisten, mit außereuropäischer Kunst, Outsider Art, »Volkskunst«, *fêtes foraines* und heiteren Arbeiten wie dem »Zirkus Buffi« verschränkt und verknüpft.

Nahezu 40 Jahre hat der Maler, Fotograf, Verleger, Kunstbuch- und Romanautor (»Das Boot«) Lothar-Günther Buchheim für seine Museumsidee gekämpft, bis sein Museum schließlich in Bernried realisiert und 2001 eröffnet werden konnte.

Die Gemälde, Aquarelle, Zeichnungen und Druckgraphiken der 1905 in Dresden gegründeten Künstlergemeinschaft »Die Brücke«, zu der Ernst Ludwig Kirchner, Erich Heckel, Karl Schmidt-Rottluff, Max Pechstein, Emil Nolde und Otto Mueller gehörten, bilden den Kern der Expressionistensammlung. Der Austausch der Arbeiten auf Papier, Sonder- und Kabinettausstellungen, die immer neue Sammlungskomplexe mit Werken von Chagall, Braque, Léger, Picasso oder anderen Künstlern der klassischen Moderne vorstellen, sowie Veranstaltungen und Werkstattkurse sorgen für Abwechslung und Lebendigkeit.

Schon der Spaziergang vom Besucherparkplatz zum Museum durch den südlichen Teil des Höhenrieder Parks bietet unvergleichlichen Natur- und Kunstgenuss: Vorbei an malerischen Baumgruppen, verwunschenen Teichen, Pagoden und Skulpturen führt der Weg bis zu einer Anhöhe, die den Blick frei gibt auf den See und das Museumsgebäude, dessen Architektur sich harmonisch in das abfallende Gelände fügt.

Mehrgliedrige Architektur

Günther Behnisch hat für die Buchheim'schen Sammlungen eine mehrgliedrige, offene und abwechslungsreiche Architektur geschaffen, welche die umgebende Natur und Landschaft einbezieht, aber auch die Vielfalt der Sammlungen widerspiegelt. Der langgestreckte, zum Teil in den Hang hineingebaute Baukörper endet in einem zwölf Meter über dem See schwebenden Steg. In den

Das Buchheim Museum im Höhenrieder Park aus der Luft. Die Eingangsebene des mehrgliedrigen Museumsbaus endet in einem zwölf Meter über dem See schwebenden Steg. Bei klarer Sicht kann man von hier bis nach Starnberg und zur Alpenkette sehen.

beiden weitläufigen Hallen werden die Werke der Expressionisten und Sonderausstellungen gezeigt. Die intimeren Räume der mehrstöckigen »Türme« oder »Villen« sind den volks- und völkerkundlichen Sammlungen und den Arbeiten Buchheims vorbehalten.

Buchheim über sein Museumskonzept

Buchheim sieht sich weniger als Sammler denn als »Zusammenträger und Wiederausbreiter, recht eigentlich als Kunst-Demonstrator mit missionarischem Tick: Ich will Ideen und Vorstellungen verdeutlichen anhand meiner Bilder und Sammlungsstücke – zum Beispiel die, dass Kunst nicht im Vakuum entsteht, sondern immer aus Kunst kommt.« Buchheim argumentiert aus der Praxis des Malers und Künstlers, will »Zusammenklänge und Zusammenhänge« direkt und *ad oculos* anschaulich machen: »Ich dachte eben weniger an steißtrommlerische Systematik, sondern an Feste fürs Auge. Die Museumsbesucher wieder aktiv sehen lehren, ihnen Seherlebnisse verschaffen...«

Nicht trennen, nach Gattungen auseinanderdividieren will Buchheim, sondern in einer breit angelegten Zusammenschau zusammenführen, was zusammengehört: Das Nebeneinander von Werken der »Brücke« und Kunst aus Afrika und der Südsee beispielsweise macht »jenes Entdeckungserlebnis nachvollziehbar, das einige der Maler hatten, als sie zum ersten Mal über die Schwelle eines ethnographischen Museums getreten waren.«

Meisterwerke des deutschen Expressionismus

Nachdem die Nationalsozialisten die Werke deutscher Expressionisten als »entartete Kunst« diffamiert hatten und der Expressionismus in der Nachkriegszeit durch die Dominanz abstrakter Tendenzen erneut ins Abseits zu geraten drohte, suchte Buchheim mit seinen Büchern über »Die Künstlergemeinschaft ‚Brücke'«, die »Graphik des deutschen Expressionismus« und weitere Publikationen, die Bedeutung des Expressionismus als wichtigsten Beitrag Deutschlands zur Moderne bewusst zu machen. Gleichzeitig, und weil Buchheim die Werke, über die er schrieb, um sich haben wollte, begann er, Gemälde, Aquarelle, Zeichnungen, Druckgraphiken und bibliophile Kostbarkeiten zu sammeln.

Die Buchheim'sche Expressionistensammlung, die in den frühen 1980er Jahren durch eine Welttournee international bekannt wurde, umfasst ein außergewöhnlich breites und qualitativ herausragendes Spektrum expressionistischer Kunst. Der Bogen spannt sich von Lovis Corinth über die »Brücke«-Mitglieder, die mit Werken aus ihren besten Schaffensjahren gegenwärtig sind, Einzelgänger wie Max Beckmann bis hin zu Otto Dix und den Expressionisten der zweiten Generation.

Volks- und völkerkundliche Sammlungen

Die Artefakte aus Afrika und der Südsee beschreiben nur eine Facette des überbordenden Buchheim'schen Sammelkaleidoskops. Über 3000 Briefbeschwerer, Hinterglasbilder, Arbeiten von Autodidakten, indonesische Schattenspielfiguren, Textilien, Kunsthandwerk aus Asien, unüberschaubare Mengen populärer Druckgraphik, Schmuck aus aller Welt, japanische Holzschnitte, chinesische Tuschzeichnungen und vieles andere mehr legen Zeugnis ab von Buchheims nimmerendendem Staunen angesichts des Formenreichtums, den Kreativität und Erfindungsreichtum hervorzubringen vermögen.

Buchheim Museum, Am Hirschgarten 1, 82347 Bernried, www.buchheimmuseum.de

»Heutzutage ist es kaum noch zu glauben, daß es in den 1950er Jahren einfacher und billiger war, zum Beispiel eine Beckmann-Radierung kurzerhand zu kaufen, anstatt sie nach viel Schreiberei leihweise ins Haus zu bekommen.« Lothar-Günther Buchheim

Otto Mueller, »Zwei Mädchen im Schilf«, um 1926. © Sammlung Buchheim, Buchheim Museum

Das Bernrieder Filz

Stefan Just

Drei Bauernhöfe des Eberfinger Drumlinfeldes – Unterholz, Bergknapp und Nußberg – verstecken im Triangel ihres Hinterlandes ein Stück weltvergessener Voralpenlandschaft: die Hochmoorfläche des Bernrieder Filzes. Die topographische Karte weist hier Waldbedeckung aus, was zum Glück nur die halbe Wahrheit ist. Es gibt große offene Flächen, bewachsen mit (oder, wie man bei Hochmooren fast eher sagen müsste: bestehend aus) Heidekraut, verschiedenen Torf bildenden Moosen, Moosbeeren und Zwergbirken, einem arktischen Gewächs eigentlich, einem Eiszeitrelikt, als Birke mit seinen winzigen Blättern nicht auf Anhieb zu erkennen. *Betula nana* hat hier ihr größtes mitteleuropäisches Vorkommen. Die offenen Flächen mit den, wo sie nicht wasserdurchtränkt sind, tief federnden Torfböden werden unterbrochen von einzelnen Latschen, *Pinus mugo,* kaum mannshoch. Und erst gegen den Rand der staunassen Flächen hin – ein halber Meter Höhenunterschied genügt manchmal schon – kommen die Waldkiefern, *Pinus silvestris,* Birken und Fichten hinzu.

Schwarze Lacke, Rote Liste

Das Moorauge des Bernrieder Filzes heißt Schwarzlacke. Man kann von dem Walddrumlin nordwestlich von Nußberg – über den Prälatensteig ist man von Jenhausen oder Bernried hierher gekommen – zu ihm und seinen Schwingrasen-

Nußberger Weiher beim Bernrieder Filz.

flächen hinuntersehen, und dabei sollte man es bewenden lassen. Ein alter Trampelpfad um den See existiert noch, aber es gibt Gründe, ihn nicht mehr zu suchen. Jede dritte Pflanzenart hier steht auf der Roten Liste. Man sieht es mancher, wie der Schlammsegge *Carex limosa,* dem »Verkannten Wasserschlauch« *Utricularia australis,* dem Zwerg-Igelkolben, dem Fieberklee und dem Scheidigen Wollgras nicht an, wie rar sie sich machen; sie sind nicht spektakulär. Auch der seltene Springfrosch, *Rana dalmatina,* unterscheidet sich vom Grasfrosch fast nur durch den etwas kleineren Körper und die im Verhältnis um so längeren Hinterbeine.

Konzentrische Kreise

Das Bernrieder Filz ist durch einen Ring von Waldmoränen und Streuwiesen gegen Intensivlandwirtschaft und sonntäglichen Picknicktourismus relativ gut abgepuffert; in seinem Westen ist ein lang gezogener Walddrumlin rundherum von einer Streuwiesenschneise umgeben wie von einer Schlinge. Zehntausende Enzianblüten im Mai, und in den Bocksbartblüten am Waldrand kann man Krabbenspinnen sehen – nur dann, wenn sie sich bewegen, denn ihr Blütengelb ist perfekter als jede Industrienorm. In den Wäldern um das Moor nistet der Waldkauz (früher war auch der Sperlingskauz heimisch), Schwarzmilan und Habicht jagen hier, und den Schwarzspecht kann man manchmal das offene Moor überfliegen sehen. Kreuzottern und Waldeidechsen der Art *Lacerta vivipara,* die hier in ihrer seltenen schwarzen Varietät vorkommt, mögen die Zone der Bulten, des Kleinmosaiks aus Wasserlöchern und Wurzelfilz-Inseln.

Es ist still hier – in den Abendstunden verzaubert still; nichts als die Stimmfühlungslaute von Tannen- und Haubenmeisen aus dem Waldrand. So hört man sogar das leise knisternde Geräusch, mit dem eine Libelle sich setzt, eine Azurjungfer wohl, einen Meter weiter auf dem umgefallenen Baum, auf dem man selber sitzt. Der Stamm starrt vor Aststutzen wie ein Igel, eine Fichte war es. Sie liegt schon lange hier, ist silbrig verwittert, aber in dem sauren Milieu fast nicht verrottet. Alles hier braucht Zeit, und dem menschlichen Besucher, der ein anderes Tempo gewöhnt ist, kann die Hochmoorlandschaft eine Lehrstunde erteilen, wie man sich diese Zeit nimmt.

Von oben nach unten: Frühe Adonislibelle, stängelloser Enzian, »Struppiger botanischer Garten«, die Hochmoorzone des Bernrieder Filzes.

Seeshaupt

Renate v. Fraunberg

Ich bin entzückt!«, schrieb Thomas Mann seinem Freund, dem Kunstmaler Hermann Ebers ins Gästebuch, dessen stattlichen Sommersitz in Seeshaupt er 1911 besuchte. Der spätere Nobelpreisträger spielte selbst mit dem Gedanken, sich hier anzusiedeln, seine Finanzen reichten damals aber nur für eine Sommerfrische in der Seeshaupter Pension Hirt. Wie Ebers zog es um 1900 viele betuchte Münchner nach Seeshaupt, wovon noch heute zahlreiche Villen, meist in exklusiver Uferlage, zeugen. Der berühmteste Zeitgenosse, der die Sommermonate in seiner nach ihm benannten Villa am See verbrachte, war der Hygieniker und Arzt Max von Pettenkofer.

740 n.Chr. wird »Seshoibit« erstmals urkundlich erwähnt – so jedenfalls schrieb es der Mönch Gotschalk vom Kloster Benediktbeuern auf. Bewohner waren zumeist Abhängige der umgebenden Klöster; sie betrieben nebenher ein Handwerk, ein Gewerbe oder verdienten sich mit der Fischerei ein Zubrot. Größere Anwesen standen bis weit ins 19. Jahrhundert hinein nur am Frechensee, in Anried und Seeseiten; im Ort selbst gab es nur wenige Bauernhöfe. Kirchlich war Seeshaupt bis 1479 eine Filiale des Klosters Polling und fiel nach einem Tausch an Bernried.

1487 baute man an die kleine St.-Anna-Kapelle eine dem heiligen Michael geweihte Kirche an. Die ursprüngliche Form der Annakapelle als Turm-Apsiskirche ist bis heute erkennbar. Vor einigen Jahren wurden wertvolle Fresken aus dieser Zeit entdeckt, für deren Freilegung bisher jedoch das Geld fehlt. Im Zuge der Säkularisation wurde Seeshaupt im Jahr 1803 eine selbstständige Pfarrei. 1808 stand schon der neue Pfarrhof, der auch ein Schulzimmer beherbergte – neben der Kirche das einzige ganz aus Stein gebaute Haus.

Der Dorfbrand von 1815

Ein Datum darf in keinem historischen Rückblick fehlen: Im März 1815 brach im Gasthaus Zur Post beim Schmalzkücherl-Backen ein Feuer aus, das

Traumhafte Lage zwischen Starnberger See und den Osterseen: Seeshaupt.

binnen weniger Stunden zwei Drittel aller Anwesen in Schutt und Asche legte. Sogar der Kirchturm brannte, und die Glocken schmolzen. Nur der neue steinerne Pfarrhof und einige Häuser am See blieben verschont.

Nach dem Wiederaufbau hatte der Ort sein Gesicht verändert. Weil nun eine breite »Vizinalstraße« durch Seeshaupt führte und man alle Misthaufen hinter die Häuser verlegt hatte, konnte Seeshaupt 1822 als schönste Dorfgemeinde prämiert werden.

Per Postkutsche, Schiff und Eisenbahn

1857 bekam Seeshaupt auf Betreiben des rührigen Post-Gastwirts Rasso Vogl eine Postexpedition und einen königlichen Poststall. Vogl stieg zum Posthalter auf und machte die Post zu einer weithin berühmten Gaststätte, in der König Ludwig II. des Öfteren Rast machte. 1851 ist das Geburtsjahr der öffentlichen Dampfschifffahrt auf dem Starnberger See. Die Schiffe Maximilian, Ludwig, Bavaria, Wittelsbach und Luitpold boten jahrzehntelang die günstigsten Verkehrsanbindungen ans Ostufer. Ab 1865 war Seeshaupt dann auch mit der Eisenbahn erreichbar – das Dorf wurde Station an der neuen Linie Tutzing–Penzberg.

Bis dato zählte Seeshaupt um die 45 Häuser und gut 500 Einwohner. Mit der neuen Verkehrsanbindung rückte das Dorf näher an die westlichen Seegemeinden, die Bergwerksstadt Penzberg und die Landeshauptstadt München heran; ein rasantes Bevölkerungswachstum war die Folge: Zwischen 1871 und 1900 verdoppelte sich die Einwohnerzahl auf 1000. Ein größeres Schulhaus musste gebaut werden (1905), dann ein neuer Friedhof, und 1909 war die Erweiterung der Pfarrkirche fällig. Eine evangelische Kirche bekam Seeshaupt erst im Jahr 1935. Einer der Initiatoren war der damalige Vikar Karl Steinbauer, ein unbeugsamer Christ und aktiver Gegner des Naziregimes.

Die Kriegsfolgen überwinden

Wie überall brachten auch in Seeshaupt die beiden Weltkriege große Veränderungen. Nach dem Zweiten Weltkrieg waren 88 Gefallene zu beklagen, und im Frühjahr 1945 kamen weit über 1000 Flüchtlinge aus den Ostgebieten, die untergebracht und versorgt werden mussten. Zu Kriegsende wurden die Seeshaupter auch ganz unmittelbar mit den Folgen des Naziregimes konfrontiert: Am 30. April 1945 befreiten amerikanische Soldaten rund 2000 KZ-Häftlinge aus einem Güterzug, der am Seeshaupter Bahnhof stecken geblieben war; knapp hundert der aus dem Dachauer KZ deportierten Menschen hatten den Transport nicht überlebt. Zum Gedenken an dieses Ereignis wurde fünfzig Jahre später, am 30. April 1995, ein durch Spenden finanziertes Mahnmal an der Bahnhofstraße errichtet.

Am »Haupte« des Sees

Die als Erholungsort anerkannte Gemeinde am »Haupte des Sees« hat bis heute nichts von ihrer Anziehungskraft eingebüßt. Die reizvolle Lage zwischen dem südlichsten Ende des Starnberger Sees und der Eiszeitlandschaft der Osterseen macht sie als Urlaubs- und Wohnort attraktiv, wozu natürlich die Nähe zur Großstadt München und zu den Alpen beiträgt. Auch der Ort selbst bietet seinen knapp 3000 Bürgern und den Besuchern einiges, und die Berufsfischer verleihen Seeshaupt mit ihrem jahrhundertealten Handwerk nach wie vor eine ganz eigene Identität.

Junge Angler im Segelhafen von Seeshaupt.

Im Ortskern locken schicke Geschäfte und eine vielseitige Gastronomie, es gibt eine (Grund-)Schule, zwei Kindergärten und zwei Seniorenheime, den Bahnhof, einen nahen Autobahnanschluss und ein lebendiges Kultur- und Vereinsleben. Dafür engagieren sich nicht nur die Traditionsvereine, die Blaskapelle und eine rege Dorfbühne, sondern ganz zeitgemäß auch ein Computerclub und die »Seeshaupter Bürgerwelle«, deren Ableger im ganzen Bundesgebiet Mobilfunk-Kritikern eine Plattform bieten.

Die Osterseenlandschaft

Stefan Just

Als die Gletscher der Würm-Eiszeit ihren Rückzug antraten, wurde ein großer Eisklotz »links liegen gelassen«. Die Schmelzwasser des Hauptgletschers schütteten ihn mit Schotter und Sand halb zu, teils wurde er auch überdeckt und untertunnelt. Da die Abflüsse vom Haupteisstrom sich später einen anderen Weg suchten, konnte die abgetrennte Masse – Hunderte von Jahren dauerte das – in Ruhe schmelzen und zur Toteislandschaft der Osterseen werden.

Man kann in den Formen lesen wie in einem Buch. Runde, steile Kegel, die so genannten Kameshügel, sind die Schotter-Verfüllungen von Eislöchern, die ohne ihren Seitenhalt auseinander sanken. Lange, deichartige Gebilde sind Schmelzwassertunnel am Eisgrund, die sich mit Schutt verstopften. Dazwischen Seen und Moore in allen Stadien der Auftorfung und Hochmoorbildung.

Die länglichen Hügel, Oser genannt (von *ås*, einem Begriff aus Schweden, wo diese Geländeform zum ersten Mal verstanden wurde), sind meist mit einem Mischwald aus Kiefern, Fichten und einigen Buchen bestanden; die Kameshügel tragen Halbtrockenrasen, einige auch schöne Eichenindividuen. Im Frühjahr kann man auf ihnen beide Schlüsselblumenarten – die blassgelbe Hohe und die Duftende mit den fünf orangen Pünktchen am Blütengrund – nebeneinander finden, und nicht zu knapp. Bitte trotzdem stehen lassen.

Im Grundwasserstrom

Die Seen werden vor allem von Grundwasserquellen gespeist. Manche Quellaustritte kann man durch das glasklare Wasser am Seeboden sehen, Trichter zwischen Wurzelfilzen, wie grau überzementiert. Manchmal ganz unveralgt: Zumindest hier dann trägt das Grundwasser keine Nitrat- oder Phosphatlast ein. Dass die Seen nährstoffarm sind, sieht man auch – bzw. sieht man eben nicht – an den Enten, Blässhühnern und Höckerschwänen, die es hier kaum gibt. Der Seeboden bietet ihnen zu wenig Bewuchs. Stattdessen Haubentaucher und Gänsesäger; und das Angebot von einigen toten Kiefern auf den Inseln des Großen Sees haben dankend ein paar Kormorane angenommen.

Auch Möwen gibt es kaum – und wenn man dann, etwa Ende April, doch etwas Weißes, Langgeflügeltes überm Wasser sieht, ist das einen zweiten Blick wert: zwei Flussseeschwalben; mühelos ist ihr Flug und fast ein bisschen zerstreut, als müssten sie sich immer wieder daran erinnern, dass sie ja ihre Flügel bewegen müssen. Bei ihnen ist nicht die vordere Kopfhälfte schwarz wie bei den Lachmöwen, sondern die obere, wie eine eng anliegende Kappe. Brüten können sie hier an den Seen nicht, dazu fehlen die offenen Kiesflächen, aber kleine Fische jagen, in Sturztauchermanier.

Die Nordhälfte der Seenplatte ist bei Grau- und Kanadagänsen beliebt: Die Wasserflächen sind ihre Wohnung, und wenn das Gras für die Kühe noch zu kurz ist, beknabbern sie die fetten grünen Bauernwiesen der Umgebung.

Viele Seen, noch mehr Menschen

Die Osterseen stehen komplett unter Schutz. Dass es hier trotzdem so viele Wege gibt und man an einigen Stellen sogar baden darf – am Fohnsee, am Südostende des Großen Sees –, stellt auch einen Appell an das Verantwortungsgefühl der Besucher dar. Etwas langsamer, bitte, etwas leiser. Unter jedem zweiten Stein am kiesigen Seegrund lebt etwas, eine Larve, eine Wasserschnecke. Kleine Fische spielen einem um die Füße. Bachstelzen und Libellen teilen sich mit den Menschen Treibholzgerippe am Ufer, Zaunkönige kommen im Schilf ganz nahe, im Wald die Rotkehlchen zur Zeit des Revier-Auskartelns bis auf einen Meter. Die Osterseen, ein Angebot zum Verzaubertwerden. Auch die Sonne muss nicht unbedingt scheinen …

St. Heinrich, Holzhausen und Ambach

Herbert Schmied

Rund um den See gibt es einige herausragende Aussichtspunkte, die den See und die umgebende Landschaft immer wieder anders vorführen. Einer davon ist der Blick von der Holzhausener Kirche: Hinter den Wipfeln des Waldsaums am Ostufer tauchen Puzzleteile der Seefläche auf, am Ufer gegenüber Bernried, dahinter, am Horizont breit hingestreckt, der Peißenberg. Die Bank, von der man das genießen kann, hat die Trümmer der Lindenruine im Rücken: Im Juli 1996 hatte ein Blitz die (wie man zu sagen pflegt) »tausendjährige« Linde zerbersten lassen. Obwohl Linden sehr zäh sind, war das Schicksal des Wahrzeichenbaums neben dem ehemaligen Wallfahrtskirchlein damit besiegelt.

Sehenswert ist der kleine Friedhof um die Kirche. Hier liegen nicht nur die Gräber der Bauernfamilien aus den Dörfern und Weilern – oft ist der Hausname vermerkt: der Brosi-, der Doasabauer – und der Fischerfamilien, deren Tote unten vom Seeufer heraufgebracht werden, sondern auch viele Zuzügler, recht prominente darunter.

Man findet die Gräber des bedeutenden bayerischen Historikers Siegmund von Riezler und seiner Familienangehörigen, von Schriftstellern, Malern und Zeitungsleuten wie Alf Bachmann, W. E. Süskind, Felix Buttersack, Pamela Wedekind-Regnier, eine Familiengrabstätte Schrenck-Notzing. Der Schriftsteller Waldemar Bonsels aber hat sein Grab unten am See im eigenen Garten gefunden; man kann es durch das ungarische (Székler-)Holztor am Eingang gut sehen.

(Bade-)Wallfahrt nach St. Heinrich

Auf der Rundreise durch die Orte um den See von Seeshaupt her kommt man freilich zunächst nach St. Heinrich. Die sanft abfallende Uferlandschaft setzt sich im flachen Wasser mit Schilfflächen und -inseln fort, bunte Schwimmkörper markieren die ausgestellten Fischernetze. Vom Seeufer haben sich die Wohnwagencamper, neben ihnen jetzt auch feste Bungalows, hier zugunsten von Badenden, Surfern und Ausflüglern landeinwärts zurückziehen müssen. Letztere kehren vielleicht im alten

Surfer bei St Heinrich.

Gasthaus Fischer-Rosl ein, das seinen Namen nach einer heute wieder aufgelegten, volkskundlich bedeutsamen Erzählung von Maximilian Waldschmidt erhielt, der legendären *Fischerrosl von St. Heinrich.*

Nur noch selten werden religiös motivierte Pilger nach St. Heinrich unter den Gästen sein. Ein Einsiedler im 12. Jahrhundert war dieser Heinrich; sehr viel später erhielt er ein Hochgrab in dem Kirchlein mit einst blühender Wallfahrt, die das Kloster Beuerberg betreute. Der Bach durch die Ortschaft ist die unauffällige Grenze der Bistümer München-Freising und Augsburg; letzteres versucht an beiden Enden den See nach Osten zu umgreifen, St. Heinrich ist ein Vorposten. »... mir san z'Holzhausen einpfarrt, weil mir auf der rechten Seiten vom Bach san«, heißt es in der erwähnten Geschichte vom zugehörigen Haus, während das restliche St. Heinrich zur Pfarrei Seeshaupt gehört.

Großes Bade- und Erholungsgelände

Wanderwege Richtung Ambach tauchen in Schilfzonen und Gehölze ein, und kilometerlang unmittelbar neben der Fahrstraße und neuem Rundweg würde freier Zugang zu einem Kiesufer erfreuen, wenn das nicht oft nur handtuchschmal wäre. Auf halbem Wege zwischen St. Heinrich und Holzhausen schickt sich ein überdimensionaler Bronzeschwan an aufzufliegen; er markiert die Zufahrt zum Bade- und Erholungsgelände, das ein überörtlicher Trägerverein unter wesentlicher Beteiligung der Stadt München eingerichtet hat; auch dieses mit Camperkolonien, manche Parzellen schon mit Efeuhecken eingezäunt. Vor fast 100 Jahren erwarb hier die Stadt München Gelände für ein Kindererholungsheim.

Oberambach, ein ehemaliger Gutshof auf der Höhe, hat sich zu einem Gesundheitszentrum mit ökologischer Ausrichtung gewandelt, das nahe Schloss Weidenkam (eigentlich eine größere Villa) wirbt als Tagungsstätte mit einem vielseitigen Programmangebot.

»Au am Bach«

Die Naturlandschaft hat am Ostufer sozusagen zwei Stockwerke der Siedlungen entstehen lassen: auf der hügeligen oder schwach welligen Höhe die größeren Bauerndörfer und Weiler wie Holzhausen oder später Münsing; unten, am Seeufer aufgereiht, die Häuser der Fischer- und Bauernsiedlungen Ambach und Ammerland, die Flurfläche erweitert durch Bachgründe und Schwemmfächer, und dazwischen die jüngeren Villen, am jüngsten Seeheim am Nordende von Ambach. Die Villenerbauer waren in der Regel Münchner Großbürger, Künstler, Unternehmer, hohe Beamte.

Das hügelige Moränengelände haben Bäche mitgestaltet (und den Ortsnamen Ambach, aus Au am Bach, nahe gelegt). Einst lieferten diese auch die Wasserkraft für Sägewerke und Mühlen.

Villen über dem Bachgrund und das Seeufer mit einbezogen hat ein ausgedehnter Komplex von Gebäuden im Park mit Firmen, die sich verschiedenen Facetten von Gesundheit und Gesundung zuwenden. Die »Theralago – Wiedemann Klinik Ambach am Starnberger See« etwa bietet schulmedizinische und naturheilkundliche Verfahren sowie Behandlungswege der traditionellen chinesischen Medizin an.

Das Haus des Schriftstellers Maximilian Waldschmidt, wenn es noch beim Bach stünde, und natürlich er selber würden ganz verwundert auf die Veränderungen blicken.

Abendstimmung über dem See.

Fischer, Filmleute, Frauenpower: Gasthof Zum Fischmeister in Ambach

Edgar Frank

Gleich beim Dampfersteg in Ambach liegt ein imposantes ländliches Gebäude aus dem frühen 19. Jahrhundert, das Gasthaus Zum Fischmeister, dessen Name eine lange Tradition hat: Der Fischmeister oder Hoffischkäufler war Aufseher über das Fischereiwesen am Starnberger See und hatte dafür zu sorgen, dass die ihm unterstehenden Fischer die festgesetzte Menge an Fischen zu fixen Preisen für den Hof in München ablieferten. Früher ein Familienbetrieb der Familie Bierbichler mit Hotel und gutbürgerlicher Küche, wird das Gasthaus seit zwei Jahrzehnten von den »Ambachern« geführt, einer Kooperative von Gleichberechtigten mit dem Motto »Arbeiten ohne Chef«.

Herbert Achternbuschs Künstlerklause

Vor rund 20 Jahren wohnte hier Herbert Achternbusch. Im obersten Stock, hinter den beiden Fenstern auf der linken Seite, ist ein von ihm gestalteter Raum, in dem der schon damals weltbekannte Filmemacher nach langer Unterbrechung wieder zu malen begann. 1988 veranstaltete das Stadtmuseum München eine große Ausstellung mit über 500 Exponaten und bot so einen umfassenden Überblick über Achternbuschs Produktion in dieser Zeit. Dort gab es auch eine detailgenaue Reproduktion seiner Künstlerklause zu besichtigen.

Viele der Bilder gingen in Achternbuschs literarische Produktion ein: *Das Ambacher Exil* (1987) enthält u.a. die Serie Föhnchel, eine Anspielung auf das bekannte voralpenländische »Phönomän«. *Wind, Breitenbach, Wohin?* und *Die Blaue Blume* sind weitere Veröffentlichungen aus dieser Zeit.

Schauspielerfamilie Bierbichler

In Ambach entdeckte Achternbusch auch eine Schauspielerin für seine Filme: Annamirl Bierbichler spielt im *Neger Erwin,* im Christusfilm *Das Gespenst* und in vielen anderen Filmen, die während und vor der Ambacher Zeit des Künstlers gedreht wurden. Annamirls Bruder Josef Bierbichler ist ebenfalls in einigen Filmen zu sehen. Bekannter wurde er freilich für seine Darstellung der Hauptfiguren »Ella« und »Gust« in den gleichnamigen Stücken. Letztere brachte ihm sogar den Titel Schauspieler des Jahres ein. In seinem autobiographischen Roman *Verfluchtes Fleisch* (2001) setzt sich Bierbichler mit der Verwertung und Vermarktung seiner Heimat »am Würmsee, den sie umgefälscht haben in Starnberger See«, auseinander.

Ebenfalls in der zweiten Hälfte des 20. Jahrhunderts hatte Luisa Francia hier ihr Domizil. Über Fernsehauftritte als »Hexe« sehr oberflächlich typisiert, liegen ihr die wesentlichen Fragen der weiblichen Hälfte der Menschheit am Herzen.

Bis heute beherbergt das vom Fischmeister aus dritte Haus drei Autoren: den Dramatiker Tankred Dorst, den Sinologen und Romancier Tilman Spengler und den Essayisten, Lyriker und Verlagsleiter Michael Krüger. Die Ballung künstlerischer Kräfte in Ambach ist bemerkenswert.

Rechts: Schloss Ammerland, das Pocci-Schloss.

ADRIAN BRUGGER
in
MÜNCHEN
Weinstraße No 18.

Der Kasperlgraf von Ammerland

Barbara Krafft & Ulrich Nefzger

Vorhergehende Seiten: Kein Stückchen Papier war vor Poccis rastloser Feder sicher. Das Aquarell »Herbstmorgen« malte er 1862 auf einen alten Einbanddeckel aus dem Künstlerbedarfsgeschäft Adrian Brugger in München. Mit dem Dampfer Maximilian erreichten Industriezeitalter und Massentourismus den Würmsee.

Unten: Im Schilfgeflüster am Ammerlander Seeufer fand der Künstler eine gemütsstarke Gegenwelt zum intriganten Getuschel bei Hofe (1869).

Das Schloss Ammerland hat auf der Uferbühne seinen barocken Auftritt mit Fernwirkung (Abb. S.143). Ungewöhnlich ist die Lösung, einem fast würfelförmigen Bau inmitten der Seitenfassaden die gedrungenen Zwiebeltürme anzugliedern. Vom Wasserspiegel oder dem Tutzinger Festland aus vermittelt das etwas Beherrschendes und doch großzügig Einladendes.

Gäste sah das Schlösschen genug, seit es 1685 der Freisinger Erzbischof Albrecht Sigismund bezog. Später gehörte es den geistlichen Wittelsbachern auf dem Kölner Kurfürstenthron und erlebte die Hofjagden und Lustfahrten mit dem Prunkschiff Bucentaur. Zu einem besonderen Hort der Gastfreundschaft wurde es, als es fünf Generationen lang im Besitz der Grafen von Pocci war.

Der aus Viterbo stammende Fabrizio Evaristo Graf von Pocci stieg während seiner Militärlaufbahn unter König Max I. bis zum Generalleutnant auf. Als Obersthofmeister der Kronprinzessin und Königin Therese hatte er eine hervorragende Stellung bei Hofe, konnte aber in seiner persönlichen Bescheidenheit und Gutmütigkeit nie materiellen Vorteil daraus ziehen. Erst dem 76-jährigen wog König Ludwig I. seine treuen Dienste auf, indem er ihn 1841 mit dem Gut Ammerland belehnte. Schon drei Jahre später trat sein Sohn Franz Graf von Pocci das Erbe an. Er war Zeremonienmeister und wurde bald danach zum Hofmusikintendanten, 1864 schließlich zum Oberstkämmerer ernannt.

Franz Graf von Pocci und sein Held Larifari

Hinter der ernsthaften Fassade dieser Hofämter versteckt sich eine der originellsten und liebenswürdigsten Persönlichkeiten des bayerischen Biedermeier, ein in Dichtung, Zeichenkunst, Musik – und Spottlust! – gleichermaßen unerschöpflich schöpferisches Universaltalent.

Weit über Bayern hinaus berühmt ist Pocci bis heute unter seinem scherzhaften Ehrentitel »der Kasperlgraf«. 1858 ersuchte ihn Josef Leonhard (»Papa«) Schmid um Stücke für sein Münchner Marionettentheater, und so entstanden im Lauf der

Jahre über 40 Puppenkomödien rund um den Kasperl Larifari. Ewig bierdurstig und bratwursthungrig ist er, egoistisch und doch herzensgut, dabei nichts weniger als mutig; in obstinatem Missverstehen verdreht er die Worte bis zur lauteren Wahrheit – wie sollten ihn die Kinder da nicht als Helden erkennen?

Für kleine wie für ganz große Kinder dichtete und illustrierte Pocci Märchen-, Lieder- und Legendenbücher, arbeitete für die *Münchner Bilderbogen* und die *Fliegenden Blätter,* komponierte Minnelieder und Klaviersonaten, schrieb aber auch tief melancholische Gedankenlyrik und ersann Totentanzbilder.

Gegen die Zwänge im Hofdienst und im Gesellschaftsleben fand Pocci das parodistische Ventil seiner – freilich niemals ätzend scharfen – Karikaturen. Tausende davon schuf er für die Vereine »Altanglia« und »Die Zwanglosen«. Seine gezeichneten Burgenphantasien, mit denen er als verspäteter Romantiker die Ritterzeit heraufbeschwor, bewohnte er als imaginäre Gegenwelt. Einen realen Ausgleich zum Münchner Hofleben gewährte ihm das Schloss Ammerland, wo er alljährlich die Sommermonate verbrachte.

Die Würmseelandschaft war Pocci von Jugend an vertraut. Er durchstreifte sie mit seiner Mutter Franziska Xaveria, einer begabten, bei den Meistern Dillis und Kobell ausgebildeten Landschaftsmalerin. Dicke Mappen ihrer Aquarelle, sogar einige Blätter in der ganz neuen Technik der Lithographie, erzählen von Wanderungen im Würm- und Isartal, von der Faszination alter Baumgruppen und Nagelfluhfelsen.

»Windhorchen« im Schilf

Franz von Poccis wenig bekannte Seeveduten und Stimmungsbilder zeigen den Gleichklang der Seele mit der Natur. Wer die Bildchen anschaut, spürt die Wahlverwandtschaft zwischen dem raschelnden Schilf und der rasch schraffierenden Rohrfeder, zwischen dem Aquarellpinsel und dem zart verblauenden Abendlicht.

Ammerland war Wasserparadies für die drei Kinder Poccis, Jagdrevier und Musenhof für seinen Freundeskreis. Das von vielen Händen illustrierte Gästebuch aus den Jahren 1846 bis 1875 liest sich als einzigartiges Dokument des Münchners Kulturlebens in der Sommerfrische. Darin eingetragen haben sich die Kronprinzessin Marie und der zitherspielende Herzog Max in Bayern, der Dampfschiffunternehmer Johann Ulrich Himbsel, der dichtende Mineralogieprofessor Franz von Kobell und der Generalmusikdirektor Franz Lachner. Das bis zum Hals versumpfte Jagdabenteuer der Verleger Braun und Schneider wurde im Gästebuch ebenso festgehalten wie die zeremoniöse Taufe eines Ruderboots für Poccis Tochter und das große Freudenfeuer bei der Verlobung der angehenden Kaiserin Elisabeth. Moritz von Schwind empfing bei einem Spaziergang am Pocci'schen Würmseeufer Inspirationen für seine Elisabeth-Fresken auf der Wartburg. Wohl alle Schlossbesucher dürften dem bündigen Vers des Malers Theodor Pixis beigestimmt haben:

»Alle Sorgen sind verbannt,
ist man nur in Ammerland.«

Per Eselswagen trifft die Familie Pocci in der Sommerfrische ein. Karikatur-Vignette aus dem Ammerlander Gästebuch.

Franz Graf von Pocci (1807–1876). Gemälde monogrammiert IS, 1843.

Münsing und Ammerland

Herbert Schmied

Vom Münsinger Kirchturm vielleicht könnte man etwas vom See sehen. Sonst aber meint man sich im Dorf weithin von hügeligem Wiesenland umgeben, waldgesäumt in der Ferne. An einen See denkt man nicht. Auch der unscheinbare, aber hochwasserträchtige Lüßbach, der den Ort durchfließt, erreicht den See erst nach einem weiten Lauf in Percha an seinem Nordende. Die kleine Nepomukkapelle an der Bachbrücke im Ort erinnert an drei ertrunkene Kinder.

Bei den Leuten des Munigis

Die große Flur, der unregelmäßige Haufendorf-Grundriss mit seinen verschachtelten Wegen und

Segelboot vor Ammerland.

der Ortsname – alles spricht für ein altes Dorf. Münsing, Munigisingen (»Bei den Leuten des Munigis«), dürfte wie viele der ing-Orte in die so genannte Landnahmezeit zurückreichen, ins 6. Jahrhundert also. Aber während sich solche -ing-Orte westlich des Starnberger Sees geradezu drängen, ist Münsing hier die herausragende Ausnahme (Wimpasing hat eine andere Herleitung); hier fallen die Endungen jüngerer Siedlungsgeschichte auf: -ham, -kam, -hausen, -dorf. Ganz jung sind die aus dem engen Dorfkern nach der Flurbereinigung (1955) herausgewanderten Aussiedlerhöfe – in beträchtlichem Abstand zum Dorfrand.

Münsing ist Mittelpunkt für einen großen Teil des Ostufers (was sich z. B. in Bezeichnungen wie »Ostuferapotheke« ausdrückt, im großen Schulgebäude und Gemeindezentrum, in einem weiträumigen und vielseitigen Sportgelände). Die Gebietsreform 1978 hat die kleineren Nachbarn mit Münsing vereint, ohne dass sie ihre frühere Selbstständigkeit schon vergessen hätten. Den Gemeinderat setzen ortsbezogene Gruppierungen zusammen (die Wählergruppen Münsing, Ammerland, Holzhausen, die Einigkeit Degerndorf, hinzu noch eine Bürgerliste und Freie Wähler; fast exotisch der einzige Vertreter einer der so genannten großen Parteien). Auch die Pfarrei ist früher (740) nachweisbar als die der Nachbarorte, bei der lange dominierenden Rolle der Kirche auch ein Hinweis auf Münsings Vorrangstellung.

Aus der jüngeren Zeit vereint der Friedhof Tote vom Seeufer unten (Ammerland) wie von der Höhe, mittendrin das Grab des Geographen Friedrich Ratzel. Um an der Kirchenmauer das Epitaph der Grafen Pocci zu studieren, lohnt sich ein Verweilen, bevor der Weg uns in einem trockenen Tälchen an Wimpasing vorbei zum See hinabgeleitet.

Schloss Ammerland

1596 hatte sich die Beziehung von Ammerland zu Münsing durch die Schaffung der geschlossenen Hofmark Ammerland neu gewichtet, das heißt, dem Schlossherren wurden damit bestimmte Gerichtsfunktionen verliehen.

Das Schloss selbst ist schon älter. Als erster Schlossherr (und wohl Erbauer) ist der herzogliche Hofleibarzt Dr. Alexander Cartheuser bekannt, von dem der bayerische Karthograph Philipp Apian (der sich um 1555 einige Monate bei ihm aufhielt) schreibt, er habe sich um die Münchner Bevölkerung verdient gemacht und bei seinem Schloss einen gepflegten Garten angelegt. Wechselnde Inhaber der Hofmark in der Folgezeit waren wittelsbachische Beamte und Geistliche.

1841 wurde Fabricius Evaristus Graf Pocci von König Ludwig I. mit Ammerland belehnt bzw. beschenkt, wozu damals nicht nur das Schloss, sondern auch das auf der Höhe gelegene Gut Ried gehörte. Auch nach dem Ende der Hofmarken (1849) blieb Ammerland in Pocci-Besitz. Vor einigen Jahren wurde das Schloss in Eigentumswohnungen umgewandelt.

Neben den vier alten Fischerhäusern – die Hausnamen reichen ins 17. Jahrhundert zurück, zum Teil sind die Anwesen seit 250 Jahren in Familienbesitz – hatte auch Schloss Ammerland eine Fischereiberechtigung, und Konrad Graf Pocci (gest. 1985) war stolz darauf, dass er als berechtigter Fischer an dem speziellen Fischerstechen teilnehmen durfte, das nur den Berufsfischern offen stand. Lohnrudern, auch Seeflößerei und Bootsverleih waren wichtige Nebenerwerbe der Fischer, umso mehr, als mit dem aufkommenden Fremdenverkehr im 19. Jahrhundert die Zahl der »Sommerfrischler« anwuchs. Ein kleines Wildgehege im Talgrund, vielleicht auch ein hinter Bäumen fast märchenhaft verwunschenes Schlösschen (die Villa Rösl) ziehen die Blicke auf sich.

Bootshütten, Landebuchten, Villengrundstücke

Der Steg am Gasthaus teilt das Ufer in eine nördliche Hälfte (mit Schloss Ammerland) und die südliche, an der sich Landhäuser und große Villen reihen. Der Ammerlander Uferstreifen scheint in einem Entwicklungsfluss zu stehen: Neubauten, aufgesetzte neue Stockwerke auf ein altes Erdgeschoss, aber auch, in sehr gutem Zustand erhalten und in einem verschwenderisch großen Park gelegen, die Villa Schrenck-Notzing, die äußerlich noch eine verwickelte Baugeschichte verrät. Daneben steht, ganz betrüblich, das ehemalige Landhaus des Malers Gabriel Max, offenbar sich selbst bzw. dem Verfall überlassen. Die Lücken in den gedrechselten Säulen des Balkongeländers erinnern an die Zahnlücken eines Totenschädels.

Der Blick von der Seestraße auf das Wasser hinaus ist immer reizvoll: Bootshütten, Landebuchten, Laternen als Miniaturleuchtfeuer, Fischerboote. Das eigentliche Ufer bleibt unzugänglich eingezäunt und den Villengrundstücken zugeordnet.

Vom »Kasperlgrafen« Franz Graf Pocci wird berichtet, dass er auch selber für die Kinder des Dorfes seine Larifari-Stücke gespielt habe. Kadidja Wedekind hat Ammerland und das Seeufer für die Kinder des Dorfes und der Sommerfrischler in das Spiel-Kaiserreich »Kalumina« verwandelt, mit Gründungsurkunde, Hymne und Wappen, Flotte und Admiral und vielen verteilten Rollen …

Heute fehlen wohl die Kinder, doch um dem Gesetz Genüge zu tun, stehen im Garten des ehemaligen Schlosses ein Fertigbau-Klettergehäuse und eine Schaukel mit einem rot bemalten Reifen.

Der Biergarten am See in Münsing-Ammerland.

Schloss Allmannshausen

Dieter Vogel

Allmannshausen ist eine Teilgemeinde von Berg. Der eigentliche Ort (Oberallmannshausen) liegt in ähnlicher Kontrapunktlage wie Schloss Berg auf der Höhe des Moränenwalls, der den See säumt. Das ehemalige Schloss, das oben abgebildet ist, und die im 19. Jahrhundert am Seeufer errichteten Landhäuser, die durch den bewaldeten Hang von der Siedlung getrennt sind, gehören nicht mehr unmittelbar zum Ortsbild.

Das Schloss Allmannshausen, 1696 von Kaspar Feichtmayr für Ferdinand Joseph von Hörwarth erbaut, wurde 1881 von Pharmaunternehmer Böhringer zu einer schlossartigen Villa mit Mansarddach und Belvedere umgebaut. Seit 1969 wird es von der religiösen Gemeinschaft Wort des Lebens als Freizeitzentrum genutzt.

Ein Schloss mit wechselvoller Geschichte

Das Schloss Allmannshausen wird bereits 1517 als hölzerner, dreigädiger Edelmannssitz (Hofmark Allmannshausen) genannt. 1611 erwarb der bayerische Landschaftskanzler Hans Georg von Hörwarth Schloss und Hofmark. Sein Enkel Ferdinand Joseph von Hörwarth ließ 1696 vom Bernrieder Maurermeister Kaspar Feichtmayr das hölzerne Herrenhaus durch einen gemauerten Schlossbau ersetzen. Dieser ist im Kupferstich von Michael Wening (1701) als dreigeschossiger, leicht rechteckiger Bau mit Satteldach dargestellt. Die dort gezeigte barocke Gartenanlage ist jedoch nach Aussehen und Umfang nicht gesichert.

Nach Zwischenbesitz der Grafen von Rambaldi erwarb 1880 der Mannheimer Fabrikbesitzer Böhringer das Schloss und ließ es im Sinn des Historismus repräsentativ umbauen. Der einfache kubische Baukörper wurde in Formen der italienischen Renaissance überarbeitet und durch einen starken dreiachsigen Portikus und seitliche Flügelanbauten bereichert. Eine zum See hin vorgelagerte mächtige Stützmauer mit axial dem Portikus zugeordneter Exedra, klassizierender Steinbrüstung, Freitreppe zum See und Eckpavillon (abgebrochen) betonte den feudalen Charakter des neuen Villenbaus. Im Inneren wurde kaum etwas vom Vorgängerbau belassen. Mit Ausnahme eines Speisesaals im südlichen Flügel ist von der Ausstattung dieses Umbaus nichts mehr erhalten.

1894 fiel der Besitz durch Erbschaft wieder an die Grafen von Rambaldi. Seit 1969 ist das Schloss Freizeitzentrum einer religiösen Gemeinschaft.

Beschreibung des Schlosses aus: Schober, Gerhard, Denkmäler in Bayern, Bd. I. 21: Landkreis Starnberg, München/Zürich 1989, S. 46, 48 f.
Abdruck mit freundl. Genehmigung des Autors

Der Bismarckturm

Joachim Wenzel

Nördlich von Allmannshausen überragt ein Adler aus Kupfer die Wipfel mächtiger Laubbäume. Auf einer kleinen Anhöhe über dem Starnberger See bekrönt er die Spitze des trutzigen Bismarckturms.

Ende 19. Jahrhundert: Deutschland liegt im Freudentaumel über die Erfolge des 1871 gegründeten Deutschen Reiches und dessen Initiators Otto von Bismarck. Ganz Deutschland? Von der ländlich-katholisch-konservativen Bevölkerung Bayerns wurde die Reichsbegeisterung nicht oder nur mit Vorbehalten geteilt. Allein die finanzielle Unterstützung Bismarcks für Ludwig II., der seiner Schlösserbauten wegen in ständiger Geldnot war, brachte das Königreich Bayern letztlich dazu, der Reichsgründung zuzustimmen.

Im März 1890 regte der Malerfürst Franz von Lenbach die Errichtung eines Bismarckturms am Starnberger See an. Man gründete eine »Vereinigung zur Ehrung Seiner Durchlaucht des Fürsten Bismarck«, und Prinzregent Luitpold übernahm das Protektorat und zeichnete mit 5000 Mark den ersten Anteil. Ein Ausschuss wurde mit der Sammlung von Spenden und dem Kauf eines geeigneten Standorts am Starnberger See beauftragt. Der Architekt Theodor Fischer entwarf den Bauplan für den Turm, die Steinmetzarbeiten wurden Joseph Floßmann übertragen. Am 1. Juli 1899 wurde das Denkmal eingeweiht und mit dem ca. 92 000 m² großen Park der Königlichen Haupt- und Residenzstadt München geschenkt.

Inschriften und Skulpturenschmuck

Das Denkmal aus grobem Tuffstein ragt als viereckiger Pfeiler fast 30 m in die Höhe. Um den Sockel läuft eine von 16 offenen Bogen gebildete Wandelhalle, zu der von allen Seiten Freitreppen hinaufführen. Die Inschriften drücken tiefe Verehrung gegenüber Bismarck aus. Der Skulpturenschmuck bezieht sich auf deutsches Volkstum, auf Märchen und Sagen, Sitten und den Volksglauben. Zahlreiche Fabelwesen beleben das Mauerwerk.

An der Nordseite des Turms – wegen der Blickrichtung des Adlers ist sie auch die Hauptseite – prangt ein Sinnbild der deutschen Einheit: Germania vereinigt die vier Bruderstämme unter ihrem schützenden Mantel. Die Ostseite zeigt zwei männliche Gestalten, die den deutschen Norden und Süden verkörpern. Die Südseite schmückt sich mit dem Wappen Bismarcks im Herzen des Reichsadlers. Ein Storch mit einem Kind auf dem Rücken erinnert an den Geburtstag Bismarcks, den 1. April 1815. Auf der Westseite des Denkmals erlegt ein Jüngling mit einem kraftvollen Steinwurf den Drachen und befreit die Jungfrau – eine Erinnerung an den Krieg 1870/71 gegen Frankreich und die »Rückgewinnung« Elsass-Lothringens.

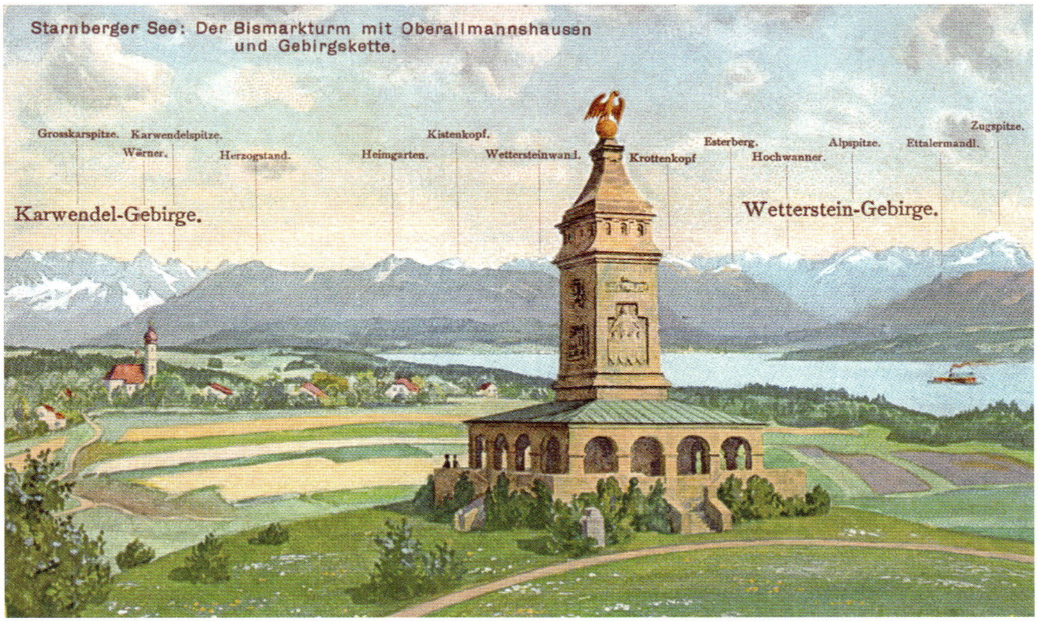

Von der Plattform des Bismarckturms bietet sich ein herrlicher Blick über den See und die Berge, der jedoch durch den dichten Baumbestand eingeschränkt ist. Im Südosten des Denkmals hat man eine Quelle in einem Brunnenhaus gefasst.

Aus Assenbuch wird Leoni

Johannes Goldner

Bei dem Ortsnamen Leoni muss man nachdenklich werden. Was hat eine offensichtlich südländische Ortsbezeichnung am Starnberger See verloren? Dass das kleine Dorf im übrigen eigentlich Assenbuch heißt, wissen nur die wenigsten. In der Tat war hier ein Italiener im Spiel, der um 1830 der damaligen Ansammlung von Fischerhütten, Bootsschuppen und Sommervillen seinen Namen gab.

Giuseppe Leoni, ein Süditaliener, hatte in München als Opernsänger eine glänzende Karriere gemacht. Einer seiner glühenden Verehrer war der Münchner Staatsrat Franz von Krenner, der sich 1810 in Assenbuch eine klassizistische Villa hatte errichten lassen. Der kinderlos Gebliebene schenkte seinen Besitz dem verehrten Opernsänger, der am Starnberger See ein gastfreies Haus führte.

»Fahr ma zum Leoni!«

Leoni muss sehr kontaktfreudig und ein hervorragender Gesellschafter gewesen sein, denn sein Haus zog neben seinen Freunden auch viele Maler und andere Künstler in Scharen an. Die meisten kamen aus München und nahmen den gut fünfstündigen Fußmarsch nach »Leoni« in Kauf. Der Kronprinz und spätere König Ludwig I. war ebenfalls unter den Gästen Leonis. »Fahr ma zum Leoni!« wurde zu einer gängigen Verabredung, und so kam es, dass der Name des Opernstars den Ortsnamen Assenbuch verdrängte.

Dem alternden Sänger wurde die Bewirtung seiner Gäste zu kostspielig, vielleicht wurden auch seine Gagen geringer. Geschäftstüchtig wie er war machte Leoni mit seiner Frau aus seinem Sommerhaus eine Sommerpension mit angeschlossenem Restaurant. So wurde er zum Vorreiter des Fremdenverkehrs am Starnberger See.

An der Stelle der 1893 abgerissenen ursprünglichen Leoni-Villa wurde das auf der folgenden Seite abgebildete mächtige Hotel mit zwei Türmen errichtet. Der Neubau des Seehotels Leoni (Abb. s.u.) stammt von 1977.

Das Seehotel Leoni steht heute wieder unter italienischer Führung. Von dem weit in den See hinausgerückten Terrassenrestaurant bietet sich ein prächtiger Blick über den See und ins Gebirge.

Die Rottmannshöhe

Johannes Goldner

Der Münchner Architekt und Unternehmer Johann Ulrich Himbsel, königlicher Baurat, war mit Giuseppe Leoni befreundet. Himbsel war es , der alles tat, um den Starnberger See als Naherholungsgebiet für die Bewohner Münchens schneller erreichbar zu machen. Er betrieb den Bau der Eisenbahnlinie von München nach Starnberg und gab den Auftrag für den Bau des Dampfschiffes »Maximilian«.

Himbsel selbst wollte aber auch mit seiner Frau und den sechs Kindern die ländliche Idylle am See genießen. 1827 ließ er in Assenbuch ein kleines Sommerhaus und 1842 eine Villa errichten. Himbsels Maler-Freunde aus München machten das Gebäude im Stil eines oberbayerischen Bauernhauses zu einem beliebten Treffpunkt. Neben Wilhelm von Kaulbach, dem Historienmaler, Karl Schorn, Clemens von Zimmermann und Christian Ernst Morgenstern verkehrten im Himbsel-Haus auch Moritz von Schwind und die Landschaftsmaler Carl Rottmann und Carl August Lebschée.

Carl Rottmanns Aussichtspunkt

Carl Rottmann (1797–1850) gehörte dem Künstlerkreis um König Ludwig I. an und vertrat die mythisch heroisierende Landschaftsmalerei. Er schuf u.a. die italienischen Arkadenfresken im Münchner Hofgarten. Die Sommermonate verbrachte Rottmann am Starnberger See und erschloss sich auf Wanderungen die Kolonie Assenbuch und ihre Umgebung. Dabei entdeckte er auf der Anhöhe über Leoni jenen Aussichtspunkt, den er als den »sehenswertesten Punkt am Starnberger See bezeichnete«.

Künstlerfreunde des Malers errichteten an Rottmanns Lieblingsplatz ein Denkmal mit Inschrifttafel und Ruhebank und der Höhenzug oberhalb von Leoni bekam den Namen Rottmannshöhe. 1855 feierten zur Erinnerung an den Maler Künstler aus ganz Deutschland auf dem Moränenhügel ein großes Fest. Das Hotel »Rottmannshöhe«, 1875 als dreigeschossiger neobarocker Bau errichtet, galt als der freieste Aussichtspunkt am Starnberger See: »... bietet sich eine Fernsicht von bezaubernder Schönheit auf den tief unten liegenden See mit seinen Dampfern, Segel- und Ruderbooten, auf die zerstreut liegenden Ortschaften und die mächtige Gebirgskette vom Wendelstein bis zu den Allgäuer Alpen«, heißt es in einem zeitgenössischen Reiseführer.

Mit der Standseilbahn den Hügel hinauf

Die Standseilbahn vom Dampfersteg in Leoni zum Hotel Rottmannshöhe, 1901 eingeweiht, lockte zwar viele neue Besucher an, erfüllte jedoch nicht die finanziellen Erwartungen. 1919 wurde die Anlage stillgelegt und 1920 demontiert. Heute kann man auf den Spuren der Standseilbahn, dem Seilbahnweg, die Anhöhe erklimmen. Ab 1908 war das Hotel Sanatorium und wurde danach von verschiedenen Trägern genutzt, bis es als Abteilung der Kinder- und Jugendpsychiatrie einer Münchner Klinik eine neue Bestimmung fand.

Das Seehotel Leoni und das Hotel Rottmannshöhe waren von 1901 bis 1919 durch eine Seilbahn verbunden. Die beiden Wagen der Bahn wurden über ein 28 mm starkes Zugseil den 85 m hohen Berg gegenläufig hinauf- bzw. hinunterbewegt. Der Antrieb in der Bergstation erfolgte über eine 64 PS starke Dampfmaschine, den Brennstoff lieferte preisgünstiger Torf aus dem Allmannshauser Filz.

Aufkirchen

Eva Dempewolf

Die Pfarr- und Wallfahrtskirche St. Mariä Himmelfahrt von Aufkirchen, 1500 geweiht, ist ein im Kern spätgotischer Bau. Der Kirchturm erhielt seine jetzige Haubenform 1796. Die Friedhofsmauer stammt aus dem 17. Jahrhundert und birgt den Rotmarmor-Epitaph von Ursula Ligsalz (1522) und einen Gedenkstein für Johann Ulrich Himbsel (nach 1869).

Aufkirchen liegt auf dem höchsten Punkt des Moränenhügels am Ostufer des Starnberger Sees. Überragt wird der Ort von der Wallfahrtskirche. Mit dem 1796 neu gestalteten, von einer Pickelhaube gekrönten Kirchturm ist sie einer der großen Fixpunkte der Landschaft am Starnberger See. Der Turm spielt hier als Zielmarke für die Wallfahrer eine ähnliche Rolle wie der Andechser Turm am Ammersee.

Der »Verschönerungsverein Berg am Starnbergersee« schrieb in einer Broschüre von 1910: »Aufkirchen war früher ein weitberühmter Wallfahrtsort, mehr als 100 der in der über 400 Jahre alten Kirche aufgehängten Votivtafeln erzählen uns von der wunderbaren Hilfe, die die Mutter Gottes von Aufkirchen ihren gläubigen Verehrern in alter und neuer Zeit gewährt hat. … Auch dieses friedliche Dorf mit seinem prächtigen Gebirgspanorama lädt zu lohnendem Aufenthalt ein.«

Um das Jahr 1000 ist Aufkirchen als *Ufchiricha* bereits in den Traditionen des Hochstifts Freising erwähnt. In der ersten Matrikel von 1315 des Bistums Freising wird es als bischöfliche Pfarrkirche mit fünf Filialkirchen (Biberkor, Harkirchen, Icking, Walchstatt und Wangen) und drei Nebenkirchen (Berg, Farchach und Mörlbach) geführt.

Die Wallfahrtskirche ist 1469 erstmals urkundlich erwähnt; all denen, die zu den Festen Verkündigung, Geburt Christi, Himmelfahrt und Reinigung Mariä sowie an Kirchweih die Kirche in Aufkirchen besuchten und Opfer brachten, wurden 100 Tage Ablass gewährt.

Herzöge als Förderer des Kirchenneubaus

Die seit dem 15. Jahrhundert aufblühende Wallfahrt machte bald den Neubau einer Kirche nötig. Ein wesentlicher Anteil an der Größe und der reichen Ausstattung ist dabei den Münchner Herzögen, vor allem Albrecht IV. und Sigismund zuzuschreiben, die den Neubau mit großer Anteilnahme begleiteten und förderten. Der für ländliche Verhältnisse imponierende Kirchenbau wurde 1500 geweiht. Er zeugt noch heute von der hohen Bedeutung des Ortes und der Wallfahrt.

Die spätgotische Anlage ist im Äußeren noch recht gut abzulesen. Die einst am Sockel in flachen Nischen angebrachten Wandbilder (um 1705 wohl von Ignaz Bidermann), die von den wichtigsten Wundern berichteten, bestehen jedoch nicht mehr. Von 1688 bis zur Säkularisation 1803 betreuten Augustiner-Eremiten die Wallfahrt, die Pfarrei und das Hospiz. Das ehemalige Kloster ist westlich anschließend noch erhalten und seit 1896 Heimstätte einer Klostergemeinschaft, der Unbeschuhten Karmelitinnen.

Kirche, Kloster, Pfarrhof und Wirtshaus, später auch noch die Schule, waren bis in unsere Zeit die einzigen Bauten auf der Anhöhe, ja ihre solitäre, isolierte Lage in der Landschaft war ein wesentliches Charakteristikum des Wallfahrtsortes. Heute ist dieses einmalige Ensemble durch die neue Bebauung gefährdet, die vor allem von Osten und Süden immer dichter heranrückt.

Struktur und Ausstattung des Kirchenraums

Das Innere der einschiffigen Hallenkirche verleugnet trotz der Umgestaltung im 17. Jahrhundert ihre spätgotische Herkunft nicht, was etwa im dreiseitigen Chorschluss oder der Gewölbekonstruktion deutlich wird. Von der ursprünglichen Ausstattung ist allerdings kaum noch etwas vorhanden. Bei der nach einem Brand 1626 durchgeführten Neugestaltung wurde der Raum mit Stuck (Herzlaub, Rosetten, Engelsköpfchen) nach dem Vorbild der Münchner Michaelskirche dekoriert, der die Gewölbestruktur zurückhaltend unterstreicht. Die Glasfenster aus der 2. Hälfte des 16. Jahrhunderts gingen leider bei einem Bombenangriff im Zweiten Weltkrieg verloren. Auch von der Ausstattung aus der gleichen Zeit ist vieles nicht mehr erhalten bzw. anlässlich der Regotisierung 1888 an Filialkirchen (Berg, Farchach) abgegeben worden. Die fehlenden Altäre sind durch neuzeitliche Arrangements mit alten Figuren ersetzt.

An der Stelle des südlichen Seitenaltars wurde das Aufkirchener Gnadenbild, eine Muttergottesfigur vom Ende des 15. Jahrhunderts, aufgestellt. Dem hohen Rang der Wallfahrtskirche entspricht auch die übrige Ausstattung: das rückwärtige Gitter (1644), das Kirchengestühl (um 1750), die Kanzel (um 1670) und die beiden geschnitzten Kirchentüren (17. Jahrhundert). In der Sakristei haben sich schöne Schränke erhalten, einer datiert aus dem Jahr 1612. Eine Reihe von Votivbildern und Mirakelbüchern bestätigt die starke und dauerhafte Verehrung des Gnadenbildes.

Eines der wichtigsten Pilgerziele im Oberland

Graf von Rambaldi berichtet in seiner Kirchenchronik und Festschrift anlässlich des 400-jährigen Jubiläums der Pfarr- und Wallfahrtskirche im Jahr 1900 von 40 Gemeinden, die jährlich eine Wallfahrt zur wundertätigen Lieben Frau von Aufkirchen unternahmen.

Die Wallfahrer, die über den See herüberkamen, benutzten einen steilen Aufstieg von Assenbuch nach Aufkirchen. Diesen ließ Baurat Ulrich Johann Himbsel 1857 mit 14 Kreuzwegstationen schmücken. Der Friedhof von Aufkirchen lohnt u. a. mit dem Familiengrab der Grafs und einem Gedenkstein für J. U. Himbsel einen Besuch. Und die Einkehr in einer der ältesten Wirtschaften der Gegend reizt schon wegen des Biergartens und – bei Föhnwetter – des herrlichen Alpenpanoramas.

Beschreibung der Wallfahrtskirche nach:
Schober, Gerhard, Denkmäler in Bayern, Landkreis Starnberg, a.a.O., S. 58–60.
Abdruck mit freundl. Genehmigung des Autors

Die spätgotische Herkunft der Wallfahrtskirche ist auch nach der frühbarocken Umgestaltung des Inneren von 1626 noch deutlich erkennbar.

Die Volkssternwarte in Berg Christian Jutz

Seit 1992 gibt es neben dem 500 Jahre alten Gotteshaus in Aufkirchen eine weitere Einrichtung, mit deren Hilfe man dem »Himmel« näher kommt. Fünf Minuten von der Kirche am Ende der Lindenallee ragen ein schneeweißer Pilz und ein schmales Gebäude auf: Sie bilden die Sternwarte der Gemeinde Berg, die bis Juli 2002 »Oberbayerische Volkssternwarte Berg« hieß, bei ihrem Zehnjahresjubiläum in einem Festakt aber nach ihrem Gründer in »Christian-Jutz-Volkssternwarte« umbenannt wurde.

Prof. Dr. Jutz erzählt:

Nach meiner Pensionierung konnte ich einen Jugendtraum verwirklichen – den Bau einer Sternwarte, und zwar an einem Platz, der das Herz jedes Sternfreundes höher schlagen lässt: Weder Gebäude noch Lampen oder Straßen behindern die freie Sicht von Ost bis West. Der Blick schweift bis zu den Alpen. Natur pur! 1967 zog ich mit Frau und drei Kindern aus München an den See und entdeckte rasch die Vorzüge des ländlichen Milieus. Den Himmel hatte ich schon von früher Jugend an beobachtet. Anfangs mit selbst gebastelten Geräten und einem Auszugsfernrohr (20 x 25), das der Großonkel mir als Siebenjährigem schenkte, später, 1957, als junger Hochschuldozent, mit einem kleinen Kaufhausfernrohr, einem 3-Zoll-Refraktor. Es war jedoch nie meine Absicht, daraus einen Beruf zu machen. Dann wäre bestimmt die Ästhetik des Schauens verloren gegangen.

Die Sterne rücken näher

1966 ließ ich in der Werkstatt von E. Popp in der Schweiz ein 12-Zoll-Maksutov-Teleskop anfertigen. Dieses mit einer Öffnung von 300 mm und 4,5 m Brennweite »große Fernrohr« bildete die Grundlage für ein Angebot, das ich 1989 der Gemeinde Berg unterbreitete: Ich schlug den Bau einer Volkssternwarte vor und war bereit, mein wertvollstes Instrument der Gemeinde zu schenken, wenn diese im Gegenzug die Kosten für eine Beobachtungskuppel übernahm. Bürgermeister und Gemeinderat stimmten sofort zu. Am 8. Juli 1992 [dem Geburtstag des Gründers] war es so weit: Die Sternwarte wurde eröffnet. Den kirchlichen Segen spendeten die Pfarrer Dr. Pfister und Dettenthaler, Musik umrahmte die Zeremonie bei Wein, Bier, Leberkäse und Brezen, und zum ersten Mal hatten die zahlreichen Besucher die Gelegenheit, durch das Teleskop die Krater auf dem zunehmenden Mond zu bestaunen.

Im Frühjahr des folgenden Jahres wurde ein Trägerverein gegründet, dem inzwischen fast sechzig Mitglieder angehören. In Zusammenarbeit mit Julius Gräff und Ulrich Schmidbauer erscheint viermal im Jahr der *Sterngucker*, ein sechsseitiges Informationsblatt, das allen Mitgliedern zugeht. Mit Spendengeldern konnte 1995 eine Hütte mit abschiebbarem Dach errichtet werden, die eine kleine Bibliothek mit Sternkarten und einen 5-Zoll apochromatischen Refraktor (Öffnung 127 mm, Brennweite 1030 mm) beherbergt. Seit 2001 arbeitet der Refraktor mit einer computergesteuerten Montierung, die das Auffinden lichtschwacher ferner Nebel und Galaxien erleichtert.

Berg und sein Schloss

Hans Rudolf Klein

Schloss Berg steht seit knapp 430 Jahren am Ostufer des Starnberger Sees und gehört seit etwa 330 Jahren dem Hause Wittelsbach. Im Lauf der Geschichte hat es sein Aussehen mehrmals verändert. In ganz Europa berühmt wurde das Schloss in der Zeit von 1676–1726 durch die Kurfürsten Ferdinand Maria, der das Schloss erworben hat, und Max Emanuel sowie die glanzvollen barocken Seefeste, die die beiden Kurfürsten am Starnberger See veranstaltet haben. Es war die Glanzzeit des Schlosses, in der es voll in die prunkvolle Repräsentation der bayerischen Kurfürsten einbezogen war.

Als passender Rahmen für die Festlichkeiten wurden um das Schloss ausgedehnte, kunstvoll gestaltete barocke Gärten angelegt mit Wasserkünsten, Lauben, geschnittenen Hecken und Baumgruppen. Ein Laubengang führte auch zum See, zur Anlegestelle für Schiffe und Boote. Das Schloss war ein Wasserschloss, das von einem viereckigen, dem Grundriss angepassten Wassergraben umgeben war.

Glanzvolle Feste auf Schloss Berg

Das Prachtstück der Kurfürsten und ihrer Seefeste war die farbenprächtige Flotte auf dem Starnberger See, mit dem »Bucentaur« als Leibschiff, das von weißblauen Segeln und 80 Ruderern bewegt wurde und von bunten Begleitschiffen und verschiedenfarbigen Gondeln umgeben war.

Einmalig in Europa waren die Seejagden vor dem Seeufer zwischen Kempfenhausen und Berg. Nach der Jagd begab man sich nach Schloss Berg, um dort das Abendessen einzunehmen. Zu den Seefesten gehörten prachtvolle Feuerwerke und die Illumination der Schlösser und Seeufer von Starnberg, Possenhofen, Berg und Kempfenhausen. Diese enorme Prachtentfaltung fand nur wenige Jahrzehnte nach dem Ende des Dreißigjährigen Krieges statt.

Ein letztes Mal erlebte Schloss Berg ein glanzvolles Fest, als König Ludwig II. 1868 die Zarin Maria Alexandrowna von Russland empfing. Nach einem zeitgenössischen Bericht: »...Bei der Ankunft der Zarin erstrahlte der Park durch grüne

Das »Churfürstliche Schloss Berg am Würm-See« (Ausschnitt). Kupferstich von Michael Wening, 1701. Der kubische Walmdachbau wurde 1640 durch Hans Friedrich von Hörwarth erbaut.

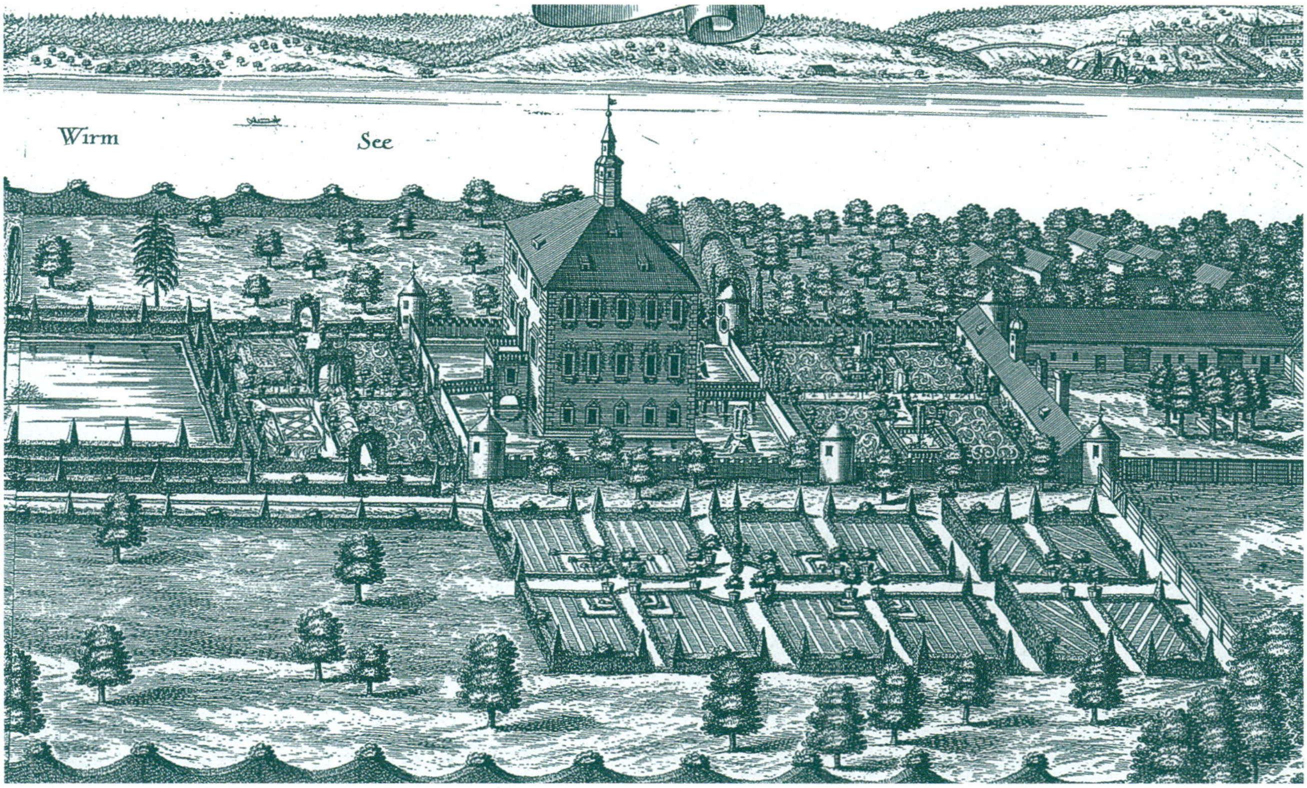

bengalische Flammen in zauberhaftem Glanz und Raketen, Feuerkugeln, Goldregen und Feuerräder stiegen in den Abendhimmel, an dem das Monogramm der Zarin leuchtete.«

1200 Jahre dokumentierte Geschichte

So attraktiv das Seeufer mit dem Schloss und den seit 1860 dort entstandenen Villen ist, der Ort Berg ist 1000 Jahre älter als das Schloss und liegt oben über dem Steilhang, der zum See abfällt. Berg ist eine bajuwarische Ortsgründung aus dem 6. Jahrhundert n.Chr., es hat eine 1200-jährige dokumentierte Geschichte und besitzt mit dem Gotteshaus Johannes Baptist eine der ältesten bayerischen Taufkirchen, die bereits 822 in den Traditionen des Hochstifts Freising erwähnt ist. Dieses Gotteshaus, eine kleine romanische Kirche des 12. Jahrhunderts, ist der am ursprünglichsten erhaltene Kirchenbau im Landkreis Starnberg.

Im 8. und 9. Jahrhundert war Berg im Besitz des Klosters Tegernsee, vermutlich war es schon Ausstattungsgut bei der Klostergründung 763. Im Jahr 900 begannen die Ungarneinfälle in Bayern, die 55 Jahre anhielten, bis zur Schlacht auf dem Lechfeld 955. Herzog Arnulf I. säkularisierte zahlreichen Klosterbesitz, um zum Schutz des Landes ein neues Heer aufstellen zu können. Unter den Entfremdungsgütern befand sich auch Berg.

So kam Berg zu den Gütern der Ebersberger Grafen, die im 10. und 11. Jahrhundert nach den Herzögen das mächtigste Adelsgeschlecht im altbayerischen Raum waren und deren umfangreicher Besitz sich vom Starnberger See bis zur Donau, zum Inn und nach Kärnten erstreckte. Nach dem Aussterben der Ebersberger, 1045, kam Berg 1085 in den Besitz von Bischof Heinrich I. von Freising. Um 1400 besaß das Hochstift Freising die Mühle und zwei Höfe in Berg, der Sedelhof war herzogliches Gut und zwei weitere Höfe und eine Sölde gehörten zu den Gütern des Klosters Benediktbeuern.

»Kgl. Schloss Berg. Am Abend des 13. Juni 1886.« Ausschnitt aus einer Ansichtskarte von Schloss Berg zur Erinnerung an den Tod König Ludwigs II.

Das Schloss und sein Park

1571 wurde Berg Hofmark, nachdem der Münchner Patrizier und Bayerische Rat Georg Ligsalz systematisch die Höfe und Fischeranwesen von Berg in seinen Besitz gebracht hatte. 1640 wurde von den Hörwarths, die die Hofmark 1611 erworben hatten, an Stelle des Ligsalzschen Herrenhauses ein Schlossneubau errichtet. Der Kupferstich von Michael Wening von 1701 zeigt diesen Neubau. Schon das erste Herrenhaus hatte in der Gartenanlage Teiche und Springbrunnen. Unter Kurfürst Ferdinand Maria wurden nach dem Erwerb des Schlosses 1676 die Barockgärten angelegt und von 1807–1811 wurde der inzwischen verwilderte Barockgarten im Auftrag von König Max I. Joseph von Friedrich von Sckell durch einen Landschaftsgarten nach englischem Vorbild ersetzt. ... Sckell schuf Parkbilder von großer Ruhe und klassischer Harmonie mit Baumgruppen unterschiedlicher Laubfarbe und Durchblicken zum See und zum Schloss.

1848 ließ König Maximilian II., der für die englische Neugotik schwärmte, Schloss Berg im mittelalterlichen Burgenstil mit Zinnen und Türmen umbauen. Diese nachträglichen An- und Einbauten wurden erst 1949–1951 bei der Beseitigung der Schäden, die das Schloss durch Krieg, Besatzung und Alter erlitten hatte, wieder entfernt und dem Schloss der ursprüngliche Charakter eines herrschaftlichen Landsitzes der Spätrenaissance in exklusiver Lage zurückgegeben.

Aus der Rede des Autors zu seiner Buchpräsentation »Berg mit seinen historischen Ortschaften«, Bd. 1; Abdruck mit freundlicher Genehmigung des See Verlags, Berg.

König Ludwigs letzte Tage **Joachim Wenzel**

Ludwig wurde am 25. August 1845 in München geboren. Er studierte Staatsrecht, Geschichte und Philosophie und teilte die Menschenfreundlichkeit und soziale Gesinnung seines Vaters König Max II., nach dessen Tod der 18-Jährige im März 1864 den bayerischen Thron bestieg.
In den ersten Jahren seiner Regentschaft widmete er sich mit großem Elan den Regierungsaufgaben und förderte Kunst und Wissenschaften. Seinem Glauben an die Sendung der Kunst verdankt Bayern u. a. die Prachtschlösser Herrenchiemsee, Neuschwanstein und Linderhof, sein schwärmerisches Mäzenatentum für Richard Wagner schuf die Voraussetzung für dessen Erfolg.
Ludwigs übersteigerte, religiös begründete Auffassung von Pflicht und Würde hielten ihn auch noch aufrecht, als sich infolge niederdrückender politischer und finanzieller Zwangslagen Risse in seinem Bewusstsein zu zeigen begannen und Gedanken an Selbstmord und Abdankung aufkamen. Er zeigte mehr und mehr Scheu vor der Öffentlichkeit, seine Abneigung gegen offizielle Verpflichtungen und die Distanz zu seiner Umgebung wurden immer größer.
Ende der 1870er Jahre zog sich Ludwig II. fast ganz aus dem politischen Leben zurück, und seine Sekretäre hatten zunehmend damit zu tun, die Situation vor der Außenwelt zu vertuschen.
Am 8. Juni 1886 erklärte der Münchner Psychiater Gudden mit drei weiteren Kollegen den König – ohne ihn jemals untersucht zu haben – für »in sehr weit fortgeschrittenem Grade seelengestört« und damit für nicht mehr regierungsfähig.
Am 12. Juni wurde Ludwig von Neuschwanstein nach Schloss Berg gebracht. Am 13. Juni, einem Pfingstsonntag, kehrten er und Gudden von einem Spaziergang im Schlosspark nicht mehr zurück. Gegen 23 Uhr fand man die Leichen der beiden Männer im See.
Die genauen Umstände des Todes König Ludwigs II. und des Arztes sind bis heute nicht geklärt und geben immer wieder Anlass zu Spekulationen und Handlungsszenarien.
Wollte der König, der in Berg praktisch unter Hausarrest gestellt werden sollte, fliehen? Sollte er entführt oder gar im »höchsten Auftrag«, nämlich Prinzregent Luitpolds, ermordet werden? Fragen über Fragen. Dass Ludwig II., der ein sehr guter Schwimmer war, ertrank, ist unwahrscheinlich.
Das Schicksal des Märchenkönigs ist von jeher ein fruchtbares Feld für Bücher, Theaterstücke, Filme und sogar ein Musical, die den Mutmaßungen über die exzentrischen Neigungen Ludwigs und seinen geheimnisumwitterten Tod immer wieder neue Nahrung geben.

Die 1900 von Prinzregent Luitpold im öffentlichen Teil des Schlossparks von Berg errichtete Votivkapelle erinnert an den tragischen Tod des Märchenkönigs. Sie lockt ungezählte Ausflügler und Königstreue an.

Heimkehr mit Hindernissen: Oskar Maria Graf

Ernst Quester

Jahrzehntelang hat man ihn ignoriert, vieles was er tat, missbilligt, doch nun hat Berg seinen Frieden mit Oskar Maria Graf geschlossen. Ein Platz mitten im Ort trägt seinen Namen, und in Aufkirchen sitzt er auf seinem Emigrantenkoffer, als Denkmal von Max Wagner vor der nach ihm benannten Volksschule.

Auf den Spuren des Dichters

Literaturspaziergänge, die Dirk Heißerer, Edgar Frank und andere entwarfen, führen zu Bauten und Plätzen, die in Grafs Werk eine Rolle spielen. Sein Geburtshaus in Oberberg, Grafstr. 9, war vormals die familieneigene Bäckerei. Schräg gegenüber ist das »Kramerhaus« erhalten, in dem Grafs Mutter und seine Tochter Annemarie ab den 1920er Jahren wohnten. Hier betrieb sein als Literaturkenner wie als Konditor renommierter Bruder Maurus ein Café, die mit diesem zerstrittene Schwester Therese ihre Schneiderei. Etwa zehn Spazierminuten südwärts liegt am Kreuzweg 94 das so genannte Kastenjakl-Schlössl, mit dessen aufwändigem Bau sich Oskar Maria Grafs Großonkel, der Zimmerer Andreas Graf, ruinierte. Es ist noch heute eines der schönsten Häuser am Ort.

In Aufkirchen befindet sich das Familiengrab. Wer dort die Pfarr- und Wallfahrtskirche besucht, mag sich daran erinnern, dass Oskar und Maurus ihre Lektüre – vorzugsweise Tolstoi – als Gebetbuch tarnten und sich während des Gottesdienstes auf die Empore zurückzogen. Etwa einen Kilometer weiter steht der Heimrath-Hof, von dem Oskar Maria Grafs Mutter stammt. Er ist zwar kein Bauernhof mehr, aber baulich unverändert.

Annemarie Koch, Tochter Oskar Maria Grafs, liest aus den Werken ihres Vaters. Rechts: Titelblatt der Taschenbuchausgabe von »Das bayrische Dekameron«.

Viel geschmähter Dorfsohn

In den 1980er Jahren gab es in Berg noch großen Widerstand dagegen, auch nur eine Straße nach dem Autor zu benennen. Sepp Bierbichler, Herbert Achternbusch und Jörg Hube setzten sich für ihn ein und trugen in der Aufkirchner »Post« aus seinen Werken vor. Als besonders begabte Vorleserin erwies sich Grafs Tochter Annemarie Koch; mit ihrem Humor und kraftvollen, kritischen Temperament ist sie ganz der Vater, und was die Literatur betrifft, hat sie viel von Onkel Maurus gelernt.

Weshalb verweigerte man noch 1982 dem in Berg geborenen Schriftsteller den Straßennamen, diese kleine Geste des Respekts und der Erinnerung? Verübelten ihm die Berger, dass er sich nach seiner Flucht aus der Bäckerei auf die Seite der »Roten« schlug? Beschämte es sie, dass einer sich von Anfang an so entschieden von den Nazis distanzierte, ihre Kriegspolitik und ihre Hetze gegen die Juden durchschaute? (Grafs Roman *Unruhe um einen Friedfertigen* ist eine meisterhafte Analyse des Antisemitismus der Hitlerzeit auf dem Lande.) Provozierte Grafs Bohemienexistenz in München – Gelegenheitsarbeit, Schiebergeschäfte, Schnorrerei, halbseidene Kostümfeste, alles für das leidenschaftlich verfolgte Ziel einer Existenz als Schriftsteller? Oder erklärt sich die Ablehnung aus Grafs illusionsloser Schilderung seines Heimatortes als Fremdenverkehrsgemeinde, wie er sie in den Kalendergeschichten liefert? »Jener böse, kleine Krämergeist«, heißt es dort, »dessen Ausgangspunkt die zänkische Raffgier ist, zieht ins Dorf und zerstört die einstige Gemeinschaft.«

»Die Heimat habe ich nicht verloren«

Mit sich selbst ging Graf ebenfalls kritisch ins Gericht. In seinen autobiographischen Romanen deckt er auch die eigenen Verfehlungen auf und schildert etwa in *Wir sind Gefangene,* wie er das ihm anvertraute Geld seines Bruders Maurus veruntreute. Streitigkeiten in der Familie werden nicht beschönigt, sondern schmerzlich ausgemalt. Schlagen sich die Brüder bis aufs Blut, steht die Mutter hilflos dabei. Manches ist übersteigert. So hält es seine Tochter für frei erfunden, dass ihre Großmutter ein beim Nachbarn gestohlenes Huhn zubereitet habe, wie Graf es in *Das Leben meiner Mutter* in allen Einzelheiten erzählt.

Nun finden sich in Oskar Maria Grafs Werk aber auch viele sanfte, getragene Partien. Jenes kleine Zwischenstück etwa, das den zeitlichen Übergang zum Hochzeitstag seiner Eltern herstellt: »Wie alles einmal vergeht und alles einmal kommt, so verstrich auch der diesmalige Winter mit all seinen Erregungen. Die frischen Märzwinde fegten die Wolken aus dem Himmel und den letzten Schnee von den Flächen. Aus den dampfenden Tälern um Aufkirchen stiegen in jeder Frühe dichte Nebel, die sich jedoch in der wärmer werdenden Sonne rasch verflüchtigten ...«

Ein andermal schildert er den Weg nach Berg, als er bereits in München wohnt: »Dunstiger, abgedunkelter Dämmer lag schon auf den gemähten, schräg abfallenden Wiesen und Getreideäckern von Kempfenhausen, als ich auf der staubigen Starnberger Landstraße heimwärts ging.«

Niedergeschrieben wurden diese Erinnerungen anfangs in Brünn, später in einer New Yorker Mietwohnung, nach vielen Jahren Emigration. In der früheren Heimat war Oskar Maria Graf nun selbst ein Fremder. Er dachte über den Prozess nach, wie sich bei ihm in der Fremde die Bilder von der Heimat vertieften:

»Ich liebe New York, weil es jene Wunschstadt ist, die ich immer gesucht habe: Im Kleinen ein Abbild im Frieden vereinigter Nationen ... Die Heimat habe ich dabei nicht verloren, im Gegenteil, ich empfinde fast, als sei die Sicht auf sie weit schärfer und klarer geworden.«

Oskar Maria Graf, Denkmal von Max Wagner. Graf wurde 1894 in Berg geboren. Der Bäckerssohn setzte sich 1911 nach München ab, wo er ein bohemienhaftes Leben führte. Der Einziehung zum Ersten Weltkrieg entging der überzeugte Pazifist durch Verweigerungstaktik. 1918 beteiligte sich Graf an der Revolution in München. Seine großen literarischen Erfolge feierte er 1924–1933. Die Verbrennung seiner Bücher durch die Nationalsozialisten provozierte er als eine Ehrensache. Graf starb am 28. Juni 1967 in New York.

Kempfenhausen

Dieter Vogel

Kempfenhausen liegt auf dem Moränenwall, der von Süden her den See begleitet und bei Percha vom Lüßbach unterbrochen wird. Die Keimzelle des Ortes war eine kleine Paarhofsiedlung auf dem Sattelfeld südlich des Schlosses (über die Entdeckungen in der jungneolithischen Inselsiedlung im Uferbereich von Kempfenhausen wird auf Seite 26 berichtet).

Schloss Kempfenhausen: In dem einzigartigen, vorbildlich restaurierten historischen Gebäude finden auch kulturelle Veranstaltungen und standesamtliche Trauungen statt.

Schloss Kempfenhausen

Das Schloss entstand im 15. Jahrhundert auf dem Scheitel des Moränenwalls in landschaftsbeherrschender Position. Mit seiner schlichten Form und seinem steilen Krüppelwalmdach gibt es auch heute noch ein gutes Bild eines altbayerischen Herrensitzes. Das bestehende Schloss wurde wohl Anfang des 16. Jahrhunderts unter den Barth neu erbaut. 1678 erwarb Kurfürst Ferdinand Maria Schloss und Hofmark. Er verbrachte mehrere Wochen des Jahres bei der Jagd am See und trug sich mit der Absicht, sämtliche Schlösser am See in seiner Hand zu vereinen, wohl um für seine Fahrten mit dem Prunkschiff Bucentaur und der barocken Begleitflotte geeignete Anlaufstellen zu haben.

Nach mehrfachen Besitzwechseln und der Aufhebung der Hofmark ging das Schloss in den Besitz verschiedener Münchner Bürger über. Heute ist das Schloss im Besitz der Stadt München und wird auch für kulturelle Veranstaltungen und standesamtliche Trauungen genutzt.

In enger Verbindung zum Schloss steht die 1719 geweihte Kapelle, außen ein einfacher Bau mit Satteldachturm, im Inneren von einer reichen und einheitlichen Ausstattung. Das kleine, von Doppelpilastern gegliederte Schiff wird durch einen kräftigen Bogen vom leicht eingezogenen Chor getrennt. An der Flachtonne des Schiffs ein großflächiges Fresko von Christian Wink (»Taufe Christi«, datiert 1774).

Vorherige Seiten: Blick über das Ostufer auf der Höhe von Ammerland-Münsing. Im Mittelpunkt Schloss Ammerland, das Pocci-Schloss.

Ort der stattlichen Villen und Landhäuser

Im 19. Jahrhundert siedelten sich unten am Ufer die Villen und Landhäuser an und schufen mit ihren Parkanlagen eine Kulturlandschaft, welche das ehemals wald-, ja fast baumlose Bauernland am Ende stark veränderte.

Ausgangspunkt war der umfangreiche Park der Pellet-Villa, der 1843 den Grundbesitz eines Aussiedlerhofes übernommen hatte. Anschließend entstanden auf den aufsteigenden Hanglagen weitere Villen; eine den Starnberger Verhältnissen entsprechende Zeilenbildung verhinderte vor allem der sich nach Süden hinziehende Schlosspark.

An der Münchner Straße steht die 1909 für die Witwe des kolumbianischen Botschafters in Paris errichtete einstige Villa de Osa, jetzt Privatklinik. Die Villa, die ihre äußere Erscheinungsform noch gut bewahrt hat, gehört zu den eindrucksvollsten Villen am Starnberger See. Obwohl das Vorbild des fürstlichen Schlossbaus hier auf private Maße reduziert wird, wirkt der Bau, der damit mehr an das französische Gartenpalais des 18. Jahrhunderts erinnert, herrschaftlich repräsentativ. Im Gegensatz zu den meisten Villen des ausgehenden 19. Jahrhunderts sind alle Fassadenteile in gleicher Qualität durchgebildet.

Viele interessante Villen unten am See und in Kempfenhausen selbst wären noch zu erwähnen, wie die Villa Rosenthal, auf halbem Wege von Schloss Berg her. Die Pellet-Villa von 1864 wird im nachfolgenden Beitrag gewürdigt.

Aus: Schober, Gerhard, Denkmäler in Bayern, Landkreis Starnberg, a.a.O., S. 68 ff.
Abdruck mit freundl. Genehmigung des Autors.

Diese in ihrer Außenerscheinung sehr repräsentativ angelegte Villa ist ein Umbau von 1925 aus einem größeren Landhaus, das J. Angermair 1904 für den Landschafts- und Genremaler Ernst Ludwig Plaß errichtet hatte. Die Allianz Gruppe erwarb das über 100 Jahre alte neobarocke Palais und schuf am Starnberger See ein internationales Zentrum. Jährlich kommen rund 1500 Teilnehmer aus mehr als 70 Ländern zu Veranstaltungen des Wissensmanagements in das Kommunikationszentrum in Kempfenhausen

Das »Wagnerhaus« in Kempfenhausen

Heribert Muser

Am Nordostufer des Starnberger Sees liegt das Landschulheim Kempfenhausen, ein Gymnasium mit Internat. Trotz der dominierenden modernen Schulgebäude bildet ein großes dreistöckiges Haus mit Flachsatteldach und Holzbalkonen den Mittelpunkt des Geländes. Es handelt sich um das so genannte Wagnerhaus, dem man noch immer den Landhausstil der 50er Jahre des 19. Jahrhunderts ansieht.

Richard Wagner, der Gast des Königs

Seinen heutigen Namen verdankt das Gebäude einem Aufenthalt Richard Wagners, dem sein Förderer König Ludwig II. im Sommer 1864 hier eine erste Bleibe verschaffte. Besitzer des Anwesens war damals der Starnberger Posthalter und Gastwirt Andreas Pellet, der 1851 die große Wiese am See erworben und hier einen Landgasthof errichtet hatte. Großzügige Geldzuwendungen Ludwigs ermöglichten es Wagner, die Schulden zu begleichen, derentwegen er aus Wien geflohen war. Am 14. Mai 1864 bezog er in Erwartung weiterer Gunstbeweise des Monarchen sein neues Domizil. In einem Brief nach Berlin, mit dem er seinen Freund, den Dirigenten und Pianisten Hans von Bülow, einlud, schwärmte er: »Eine ganze Etage steht für Dich und Deine liebe Familie zur Verfügung. Salon mit Balkon und herrlicher Aussicht ...«

Des Königs neuer Günstling musste fast täglich nach Schloss Berg fahren und »dem Freund« aus seinen Werken vorspielen. Als Ludwig Mitte Juli Berg verließ, fühlte sich Wagner einsam. Er war missgelaunt und unfähig zu arbeiten. Seine Stimmung besserte sich aber sofort, als er erfuhr, die Bülows würden seiner Einladung Folge leisten. Besonders die Ankündigung, Frau Cosima beabsichtige, mit den Kindern vorauszureisen, erfüllte Wagner mit freudiger Erwartung. Denn seit längerem verband ihn mit der eigenwilligen Tochter Franz Liszts ein geheimes Versprechen.

Das »Wagnerhaus« (Seeseite), Fotografie um 1900.

Ein Ehebruch und die Folgen

Am 29. Juni traf Cosima mit den Kindern Daniela und Blandine in Kempfenhausen ein. »In dieser einen Woche im Haus Pellet am Starnberger See wurde der Bund mit Wagner besiegelt, die beiden Bülow-Töchter schliefen nebenan«, fasst der Wagnerbiograph Martin Gregor-Dellin die Ehebruchsgeschichte zusammen. Als der ahnungslose Hans von Bülow am 7. Juli ankam, wurde er zunächst noch nicht ins Bild gesetzt. Doch am 19. August soll er mit seiner Familie den Ort »krank und wütend« verlassen haben.

Für den Geburts- und Namenstag des Königs am 25. August komponierte Wagner in diesen Wochen einen uninspirierten »Huldigungsmarsch«, der nicht zur Aufführung kam. Um so eifriger betrieb der Meister den Umzug in die Residenzstadt. Am 15. Oktober 1864 konnte er das vom König bezahlte Haus in der Brienner Straße beziehen, und das Kapitel »Wagner und München« begann. Der Aufenthalt in Kempfenhausen blieb Intermezzo, wenn auch nicht ohne Folgen: Am 10. April 1865 kam Wagners erstes Kind Isolde zur Welt, von der Mutter zeitlebens als Tochter Bülows ausgegeben. Als Isolde Beidler liegt die Wagnertochter auf dem Friedhof von Söcking begraben.

Glanzvolle Zeiten

1898 verkaufte die Witwe Pellet das Anwesen für 350 000 Mark an das russische Fürstenpaar Anna und Alexander Barjatinsky. Das Landhaus wurde erweitert, an die Stelle des alten Bauernhauses trat eine hübsche kleine Gästevilla, das heutige Direktorenwohnhaus. Eine Reihe von anderen Gebäuden und ein englischer Garten, von dem noch Rudimente erkennbar sind, veränderten das bürgerliche Ambiente ins Herrschaftlich-Pompöse.

Die fürstliche Familie verstand es, prunkvoll Hof zu halten. Nicht selten genossen Hunderte von Gästen ihre Großzügigkeit bei bengalischer Beleuchtung des Parks. Aufsehen erregten auch die vierspännigen Ausfahrten: Bei der Ankunft in Percha musste der Kutscher stets ein Signal blasen, um die Bevölkerung auf das Erscheinen der Herrschaften aufmerksam zu machen.

Diese glanzvolle Zeit endete 1913 mit dem Tod Alexanders. Die Fürstin zog fort, wenig später wurde ihr Besitz als Feindeigentum beschlagnahmt. 1919 kaufte Graf von Oberndorff dem Staat die Liegenschaften für 1 250 000 Mark ab. Nach seinem Tod kamen Park und Gebäude herunter, wertvolles Inventar wurde verschleudert.

Von der Nobelherberge zum Schülerinternat

1938 erwarb die sächsische Pädagogin Elisabeth Hunaeus den Besitz für ihr »Seminar für Frauenbildung«. Nach einer zeitweiligen Beschlagnahmung des Hauses durch die NSDAP und später die Amerikaner wurde die Villa noch einmal zum »Wagnerhaus«, als die Urenkelin des Komponisten, die heutige Opernregisseurin Eva Wagner-Pasquier, als Schülerin hier weilte.

1967 übernahm der Zweckverband Bayerische Landschulheime die Hunaeus-Schulen. Die Fachakademie für Sozialpädagogik wurde zunächst weitergeführt. In den 1980er Jahren wurde die Mädchenschule für Jungen geöffnet und die Fachakademie für Sozialpädagogik zugunsten eines Internatsgymnasiums mit heute 700 Schülerinnen und Schülern geschlossen.

Porträt Cosima und Richard Wagner von 1872, zwei Jahre nach ihrer Heirat.

Percha: Krebse, Mönche und die Autobahn

Ernst Quester

Das Badegelände Percha/Kempfenhausen wird in dieser Saison für die Münchner gesperrt und steht nur den Einheimischen zur Verfügung« – eine Zeitungsmeldung, die sich immer wieder als Aprilscherz für den Lokalteil eignet und immer wieder folgenlos bleibt, wenn im Sommer der Strom der Erholungssuchenden aus München das Badegelände im nordöstlichen Winkel des Sees überflutet.

Seine Lage an der Kreuzung alter Wege hat Perchas Geschichte geprägt. Nach 24 km Seelänge ist hier über die Würmbrücke erstmals eine Ost-West-Verbindung möglich. Im Mittelalter führte der Hauptweg über den Selchahof nach Schäftlarn, in der Neuzeit über Buchhof und Wangen in die Residenz- bzw. Landeshauptstadt München.

Zeitreise in die Vergangenheit

Die Beiträge Benno C. Gantners in der Festschrift zur 1200-Jahr-Feier des Ortes 1985 eignen sich vorzüglich als Führer auf einer Zeitreise bis ins früheste Mittelalter. Im 6./7. Jahrhundert wurden Rodungsinseln in die Wälder geschlagen, deren Saum sich oft noch mit den heutigen Waldrändern deckt. Im Zentrum der Anbauflächen lagen Urhöfe, die durch die Siedlungen Heimathshausen, Buchhof, Kempfenhausen und Harkirchen markiert sind. Percha bestand wohl aus zwei Urhöfen nördlich und südlich des Weges nach Buchhof.

Ein Grundherr mit dem romanischen Namen Baganza schenkte im Jahr 785 alle seine Besitzungen in »Perchach ... wie Häuser, Bedienstete und Zinspflichtige, Äcker, Wiesen, Felder und Wälder« zunächst der dortigen St. Valentinskirche und diese dann dem 760 n. Chr. gegründeten Benediktinerkloster Schäftlarn. Damit war Percha Teil der Diözese Freising, zu der es noch heute gehört, während die Pfarrei Starnberg dem Augsburger Bischof untersteht. Als Fastenspeise schätzten die Herren Mönche die Starnberger-See-Renken und

Das Badegelände Percha/Kempfenhausen an einem heißen Sommer-Wochenende.

Krebse. Ihr Güterverzeichnis von 1313 zählt neben einem ganzen Hof fünf kleinere Bauernstellen auf, die entweder Fische aus dem See oder Krebse aus dem damals offenbar glasklaren Lüßbach abzuliefern hatten. Vom Getreide musste ein volles Drittel an das Kloster abgeführt werden.

Ab dem 15. Jahrhundert sind Handwerker im Dorf belegt; sie sitzen auf Sölden, Häusern mit wenig Grund: 1430 ein Schmied, 1457 ein Schuster. Für die zweite Hälfte des 16. Jahrhunderts ist bezeugt, dass der Schäftlarner Propst eine eigene Bootshütte für ein rot bemaltes Eichenschiff erbauen ließ, das er zur »Rekreation« benutzte.

Der Dreißigjährige Krieg brachte großes Elend. Bei Kriegsende 1648 waren 11 von 19 Höfen ruiniert und zwei Drittel der Perchaer Bauerngeschlechter ausgestorben. In der Friedenszeit Ende des 17. Jahrhunderts wurden die Höfe wieder besiedelt und aufgebaut, neue Handwerker ließen sich nieder: 1656 ein Weber, 1673 ein Schäffler. Noch zu Kriegszeiten erhielt das Mesneranwesen bei St. Valentin an der Durchfahrtsstraße das Recht zu Brotverkauf und Branntweinausschank. 1704 plünderten österreichische Truppen den Ort.

Arbeiter- und Villenort

Nach Aufhebung der Herrschaft des Klosters Schäftlarn war Percha mit Leutstetten und Wangen zur Gemeinde zusammengeschlossen. Nach 1850 ließ sich Holz verarbeitendes Gewerbe nieder, am Lüßbach 1865 eine Sägemühle. An der Würm gründete 1888 Anton Rambeck eine Bootswerft, die sein Neffe Anton Dreher übernahm. Arbeiter zogen zu; auf der Anhöhe über Percha wurden die ersten Villen errichtet.

In diese Zeit sind die Anfänge des St. Josefsheims zu datieren. Aus einer Schenkung und Zukäufen entwickelte sich ab 1895 ein von den Ursberger Schwestern betriebenes Erholungsheim, das in den Weltkriegen als Lazarett und Übergangslager diente. Seine heutige Gestalt erhielt der Gebäudekomplex 1934/35. Nach dem Krieg widmeten sich die Schwestern der Betreuung älterer Mitbürger. 1984 wurde erweitert und renoviert; der Malteserorden übernahm die Trägerschaft und betreibt seit 1988 ein Altenheim mit weiträumiger Parkanlage.

Seit den 1960er Jahren hat sich das Erscheinungsbild des bäuerlich geprägten Ortes sehr gewandelt: Die Autobahntrasse Starnberg–München durchschneidet die Gemarkung. Viele Bauernhäuser mussten Einfamilienhäusern und Wohnblöcken weichen. Apotheken, Bankfilialen und Konditoreien prägen das Straßenbild. Ehemalige Wirtshäuser beherbergen Arztpraxen und Anwaltskanzleien, moderne und postmoderne Architektur glitzert – etwa der Verlag R. S. Schulz in einer ausgedehnten Anlage an der Berger Straße.

Die Nepomukbrücke über die Würm ist das symbolische Tor zum Eintritt in die Freizeit- und Erholungslandschaft Starnberger See.

Das Ensemble St. Valentin

Wie eine unverrückbare Insel im Zeitstrom ragt das Ensemble um St. Valentin an der alten Gabelung der Wege zum Selcha- und zum Buchhof ins moderne Percha. Die Wege sind schmal, die Häuser schiefwinklig versetzt.

Das ursprünglich romanische Kirchengebäude wurde 1172 geweiht und 1480 gotisiert. Auf dem Friedhof sind alte Bauerngeschlechter versammelt. Der Besucher kann über den Kirchhof in die Vorhalle treten und einen Blick auf den Hauptaltar mit St. Valentin werfen, eine schlanke spätgotische Holzplastik mit Bischofsstab, segnender Gebärde und heiterem Gesicht.

Max Joseph Wagenbauer, »Leutstetten«, Ölgemälde um 1807

Das »königlich-bayerische« Dorf Leutstetten

Günther Baumann

Am Fuß eines würmeiszeitlichen Endmoränenhügels liegt etwa drei Kilometer nördlich des Starnberger Sees die einstige Hofmark Leutstetten. Der Ort wird von einer malerischen Landschaft umgeben und bietet sich mit dem angrenzenden Mühlthal als Ausflugsziel vor allem für Radler und Wanderer an. An Föhntagen kann man hier einen phantastischen Ausblick genießen, der über das Leutstettener Moor und den Starnberger See bis weit in die Alpen hinein reicht. Nicht nur Geologen schwärmen aus diesem Grund vom »Leutstettener Amphitheater«.

König Ludwig III., der »Millibauer«

Das Attribut »königlich-bayerisch« erhielt das Dorf, als die Wittelsbacher 1875 das über 300 Jahre alte Schloss erwarben. Beim Ankauf durch Prinz Ludwig, den späteren König Ludwig III., umfasste der Besitz nur das Schloss samt Park, das Ökonomiegut Schwaige und den Torfstich Wildmoos mit angrenzenden Moorgründen, im Ganzen etwa 460 Hektar. 1890 kam die Mühle in Untermühlthal, 1904 der Weiler Rieden und 1909 auch das einstige Kurbad Petersbrunn zu den fast 1000 Hektar großen Ländereien hinzu.

In den Sommermonaten war Leutstetten das bevorzugte Domizil des letzten bayerischen Königs und seiner Familie. Ludwig III. baute Gut Schwaige und Gut Rieden (heute Golfplatz) zu Mustergütern für die bayerische Landwirtschaft aus, was ihm bei der Bevölkerung den recht respektlosen Spitznamen »Millibauer« einbrachte.

Dunkles Bier und edle Rösser

Seit Ende des Ersten Weltkriegs gehören die Zeiten, da die königlichen Rösser durch das Dorf trabten und die Bewohner am Straßenrand den Hoheiten in der Kutsche zuwinkten, der Vergangenheit an. Und doch ist Leutstetten ein »königliches« Dorf geblieben. Die Wittelsbacher haben zwar große Teile des Besitzes in und um Leutstetten verkauft, doch gehören das Schloss und Reste des einstigen großen Gestüts weiterhin der Familie. Koppeln und Ställe mit rassigen Pferden prägen auch heute noch das Dorfbild.

Ein Urenkel König Ludwigs III., der Pferdeliebhaber und Brauereibesitzer Prinz Luitpold von Bayern, wuchs hier am Nordende des Starnberger Sees auf. Seine Kaltenberger Schlossbrauerei liefert Prinzregent-Luitpold-Weißbier und das nicht minder süffige König-Ludwig-Dunkel in das »Biergarten-Bermudadreieck« zwischen Leutstetten, Unter- und Obermühlthal. An sonnigen Wochenenden droht der idyllischen Erholungslandschaft freilich der Verkehrskollaps. Die S-Bahn-Anbindung über den Bahnhof Mühlthal und der Ausbau der Radwege durch den Forstenrieder Park tragen nur wenig dazu bei, den Autoverkehr zu reduzieren.

Wohn- und Schlafort: Dorf in Bewegung

Beim königlich-bayerischen Biergarten neben dem Maibaum im Ortszentrum erinnert ein Gedenkstein an den vergeblichen Kampf der noch etwa 400 Einwohner von Leutstetten gegen den Verlust der Unabhängigkeit durch die Eingemeindung nach Starnberg 1978. Zehn Jahre zuvor wurde die Dorfschule geschlossen. Die Aufgabe der Poststelle und der letzten Einkaufsmöglichkeiten forcierte die Entwicklung des königlich-bayerischen Bauerndorfes mit bis zu 23 land- und forstwirtschaftlichen Betrieben (1949) zum bloßen Wohn- und Schlafort. Die Bevölkerung pendelt nach Starnberg oder München: die Kleinen in den Kindergarten, die Größeren in die Verbundschule, der Vater zur Arbeit, die Mutter zum Einkaufen in den Supermarkt der Kreisstadt. Schon im Juli 1987 beschrieb die Süddeutsche Zeitung die Situation Leutstettens: »Die Mobilität der Landbevölkerung hat ein nie vorhandenes Maß erreicht. War früher das Stetige, Bewahrende das Kennzeichen ländlicher Gesellschaft, so ist es heute das Unterwegs-Sein, das Gehetzt-Sein ... Eine Karawane bewegt sich in die Zentren, die die Straßen und öffentlichen Verkehrsmittel verstopft.«

Bedrohte Erholungslandschaft

Es besteht die Gefahr, dass der beschauliche Ort durch Zersiedelung, Betonierung und Zerstörung der Natur sein Gesicht verliert. Dabei haben lange vor den Wittelsbachern und dem Münchner Bürgertum schon die alten Römer die Schönheit der Landschaft am Nordufer des Starnberger Sees zu schätzen gewusst. 2002 legten Archäologen am Rande des Leutstettener Moors Mauerreste eines Gutshofes, einer so genannten *Villa rustica,* frei. Warum die Römer sich gerade in dieser Gegend niederließen, ist anhand der Ausgrabungen noch nicht nachzuweisen. Wir können die Gründe indes erahnen: die Nähe zum fischreichen See, der Blick bis zur Zugspitze, der fruchtbare Ackerboden, die faszinierende Natur und vielleicht auch der schon damals weiß-blaue bayerische Himmel.

Im »Biergarten-Bermudadreieck«.

Die Autoren

Baumann, Günther, M. A., freier Publizist, München und Leutstetten

Blädel, Egon, Sohn des bekannten Volksschauspielers; Spiritus rector des Starnberger Marionettentheaters

Dempewolf, Eva, Dr., freiberufliche Herausgeberin, Lektorin, Autorin und Literaturübersetzerin

Eberl, Walter, Dipl.-Bau- und Wirtschaftsingenieur; 1972–2002 Bürgermeister von Bernried

Frank, Edgar, Studiendirektor a. D., Inhaber eines Literaturbüros in Wolfratshausen

Fraunberg, Renate v., Mitarbeiterin des Münchner Merkur/Weilheimer Tagblatt und Redakteurin der Seeshaupter Dorfzeitung

Goldner, Johannes †, Studiendirektor, Autor heimatkundlicher Bücher über Oberbayern

Gröber, Roland, Dipl.-Ing., Nachkomme einer alteingesessenen Fischerfamilie; Familien- und Heimatforscher, Spezialgebiet Fischereigeschichte

Großer, Willi, ehemaliger Kreisheimatpfleger des Landkreises Starnberg, freier Mitarbeiter des Bayerischen Rundfunks

Heinemann, Paul R., Antiquar, Elisabeth-Forscher und Veranstalter historischer Ausstellungen

Just, Stefan, freier Autor, Spezialist für naturkundliche Themen; Mitarbeiter des WWF

Jutz, Christian, Prof. Dr., Univ.professor für Organische Chemie, Gründer der Sternwarte Berg

Kienzle, Annette, M. A., Historikerin; Leiterin des Kulturamtes der Stadt Starnberg

Klein, Hans Rudolf †, Dipl.Ing., Buchautor mehrerer historischer Ortschroniken vom Ostufer des Starnberger Sees

Klein, Manfred, Dr., Fischereibiologe, Leiter des Arbeitsbereichs Fluss- und Seenfischerei, Institut für Fischerei Starnberg

Krätz, Otto, Prof. Dr., langjähriger Hauptabteilungsleiter am Deutschen Museum; Honorarprofessor für Chemiegeschichte

Krafft, Barbara, Dr., Kunst- und Kulturhistorikerin, wissenschaftliche Betreuerin der Pocciana-Sammlung in Familienbesitz

Lieckfeld, Claus-Peter, freier Journalist und Autor, spezialisiert auf Naturthemen

Lukowicz, Mathias von, Dr., Leiter des Instituts für Fischerei, Starnberg

Meyer, Rolf K. F., Dr., Regierungsdirektor am Bayerischen Geologischen Landesamt, München

Muser, Heribert, Oberstudiendirektor a. D.; langjähriger Leiter des Landschulheims Kempfenhausen; freier Mitarbeiter des Münchner Merkur

Nefzger, Ulrich, Prof. Dr., Universitätsprof. für Kunstgeschichte an der Universität Salzburg

Prell Marcus, Dr., Dipl.-Kfm., Vorsitzender der Bayerischen Gesellschaft für Unterwasserarchäologie, Aichach

Pusch, Wolfgang, Volkskundler, Mitarbeiter des Kulturamts der Stadt Starnberg (Stadtarchiv, Museum, Marionettentheater)

Quester, Ernst, Dr., Studiendirektor, Lehrer für Deutsch, Geschichte und Sozialkunde am Gymnasium Starnberg

Reuter, Helmut, Schriftsteller; Gründer des Münchner Szenerestaurants »Alter Ego«

Schmied, Herbert, Studiendirektor i. R., Heimatforscher mit Schwerpunkt Literatur rund um den Starnberger See

Schwab, Josef, Leiter der Außenstelle Starnberger See der Bayerischen Schlösser- und Seenverwaltung

Segieth, Clelia, Dr., Kunsthistorikerin, Kuratorin des Buchheim Museums in Bernried

Simson, Peter, Dr., Dir. a. D., Enkel der Gründerfamilie des Hotels Simson

Söllner-Fleischmann, Erwin, Verbandsjournalist; zahlreiche Publikationen zur bayerischen Geschichte, seit 1944 aktiver Segelsportler

Sontheimer, Kurt, Prof. Dr. Dr., Universitätsprofessor für Politische Wissenschaften; bis 1997 Leiter des Politischen Clubs der Evangelischen Akademie Tutzing

Uenze, Hans Peter, Dr., Hauptkonservator a. D. an der Archäol. Staatssammlung in München

Vogel, Dieter, Dr., Herausgeber und Autor, Initiator und Leiter des Verlags Kiebitz Buch

Wachsmann, Anne, Dipl. Ing., Architektin; Lehrtätigkeit an der TU München, seit 1998 Leitung von Führungen zu moderner Architektur

Wenzel, Joachim, Dipl. Ing., langjähriger leitender Angestellter der Siemens AG; ehrenamtlicher Archivar der Gemeinde Berg

Wickler, Wolfgang, Prof. Dr., kommissarischer Leiter des Max-Planck-Instituts für Verhaltensphysiologie, Seewiesen

Wiedemann, Irma, Dipl.-Archivarin, von 1991 bis 1998 Gemeindearchivarin in Tutzing.

Bildnachweis

AKG images 167
Allianz Group 165
Archäologische Staatssammlung München 22, 23 (u.), 24
Architekturbüro Fink u. Jocher 47 (u.)
Bayer. Staatsgemäldesammlungen 36
Dempewolf, Eva, Dr. 20, 90, 92, 93, 109, 110, 114, 155, 156, 161
Edelmann, Matthias 40, 62/63, 80, 117
Evangelische Akademie Tutzing 126
Fischer, Jo 75
Foto Wörsching 85 (l.), 101
Frei, Franz Marc 124
Gemeinde Bernried 130, 131
Greiner, Wolfram M. 91
Gröber, Roland 1, 21, 32, 51, 54/55 (16), 87, 142, 151, 153
Gronau, Emanuel 10/11, 12/13, 42, 64, 67, 71, 96/97, 104, 111, 120, 123, 134, 140, 154, 171
Havenetidis, Olra 44, 45
Heimatmuseum und Stadtarchiv Starnberg 31, 34/35, 38, 57–59, 61, 83, 85, 100, 110, 116, 121, 157, 158
Hipp, Erwin Georg, Prof. 56
Hotel Kaiserin Elisabeth 113, 115,
Just, Stefan 135 (u.)
Koch, Annemarie 160 (l.)
Leidorf, Klaus 6, 50, 94/95, 98, 99, 103, 104, 108, 112, 118, 130, 132, 136, 138, 143, 150, 152, 159, 164, 168
LfL, Institut für Fischerei Starnberg 72, 73, 74
Müller, Ursula, Dr. 49
Muser, Heribert 166
Neubert, Sigrid 47 (M.)
Neue Pinakothek München 170
Pocciana-Sammlung 29, 144/145, 146, 147
Politische Akademie Tutzing 127
Prell, Marcus, Dr. 25, 26, 27
Sammlung Buchheim, Buchheim Museum 133
Schauer, J. 106
Schmied, Herbert 78, 79, 81, 82, 160
Schötz, Manfred 65, 66, 68, 69 (l.), 135, 139
Schuhbauer - v. Jena, Stefan 60, 86, 87 (u.), 88, 89
Schwab, Josef 41, 43, 119
Siepmann, Martin 14/15, 28, 33, 82/83, 84, 90, 122, 129, 141, 148, 149, 172
Simson, Peter, Dr. 125
Söllner-Fleischmann, E. 52, 53, 169
Staatliche Graphische Sammlung München 30
Steinmetz, Marc 107
Uenze, Hans Peter, Dr. 23 (o.)
Verlag Kiebitz Buch 102, 137, 164
Verlag Dr. Friedrich Pfeil 16 bis 19
Wachsmann, Anne 46, 47 (o.), 48
Willner, Wolfgang 68 (o.), 69, 105
Titelbild: **Bildagentur Huber, Garmisch-Partenkirchen**

Literatur zum Starnberger See

Baumann, Günter, Leutstetten, Geschichte eines »königlich-bayerischen« Dorfes, München 1989

Die Roseninsel im Starnberger See. Amtlicher Führer, bearbeitet von Elmar D. Schmid, München 2003

Goldner, Johannes, Starnberger See, Pannonia Verlag, Freilassing 1992

Gröber, Roland, Grüße vom Starnberger See (Postkartensammlung), Feldafing 2003

Hummel, Manfred, Hrsg., Rund um den Starnberger See, München 1993

Klein, Hans Rudolf, Berg am Starnberger See und seine historischen Ortschaften. Vierbändige Chronik, See Verlag, Berg 1999

ders., Eine Bayerische Chronik. Die Hofmark Kempfenhausen, Berg 1993

Kuhnert, F. / Siegert, W., Seekarte – Starnberger See, Verlag R. S. Schulz, Percha 1984

Link, A., Der Starnberger See und seine Umgebung vom Würmtal bis zum Alpenrand, Faksimile Nachdruck d. Ausgabe v. 1878, Oreos Verlag, Schaftlach 1994

Meyer, Rolf & Schmidt-Kaler, Hermann, Wanderungen in die Erdgeschichte (8 u.9). Auf den Spuren der Eiszeit südlich von München – westl. Teil und östl. Teil, 2 Bde., Pfeil Verlag München 2002

Noë, Heinrich, Bayerisches Seenbuch, hrsg. v. Heidi C. Ebertshäuser, München 1982

Poelt, Leonhard, Von Ascern und Musingin. Chronik der ehemals selbständigen Gemeinden Aschering und Maising, Pöcking 1996

Schober, Gerhard, Landkreis Starnberg. Ensembles, Baudenkmäler, Archäologische Geländedenkmäler (Denkmäler in Bayern I, 21), München/Zürich 1989

ders., Frühe Villen und Landhäuser am Starnberger See. Zur Erinnerung an eine Kulturlandschaft, Schaftlach 1999

ders., Prunkschiffe auf dem Starnberger See. Eine Geschichte der Lustflotten bayerischer Herrscher, München 1982

ders., Bilder aus dem Fünf-Seen-Land, 3. Aufl., Starnberg 1991

Spiegel, Beate, Pusch, Wolfgang, Heimatmuseum Stadt Starnberg (Bayerische Museen 10), München/Zürich 1988

Steub, Ludwig, Sommer in Oberbayern, hrsg. von Ernst Heimeran, München 1947

Topographische Karten Bayern, Bl. 1: Ammersee, Starnberger See und Umgebung, Bayerisches Landesvermessungsamt München 2003

Westenrieder, Lorenz v., Beschreibung des Wurm- oder Starenberger Sees, München 1784 (Faksimiledruck von 1977)

Die Heimat neu entdecken mit Kiebitz-Büchern

Das Vilstal
Ein unbekanntes Stück Niederbayern

224 S., über 200 Abb.
ISBN 3-9804048-3-8

Das Rottal
Badekultur im traditionellen Bauernland

224 S., 210 Abb.
ISBN 3-9804048-1-1

Dingolfing-Landau
Ein Landkreis stellt sich vor

176 S., 180 Abb.
ISBN 3-9804048-8-9

Die Salzach
Wildfluss in der Kulturlandschaft

176 S., 200 Abb.
ISBN 3-9807800-3-1

Der Gäuboden
Porträt von Bayerns Kornkammer

240 S., über 200 Abb.
ISBN 3-9804048-2-X

Die Hallertau
Das klassische Hopfenland

192 S., etwa 200 Abb.
ISBN 3-9804048-4-6

München neu entdecken
Bilder aus der Luft von Klaus Leidorf

144 Seiten, mit 144 Abb.
ISBN 3-9807800-0-7

Die Isar
Wildfluss in der Kulturlandschaft

192 S., etwa 200 Abb.
ISBN 3-9804048-5-4

Der Inn
Landschaften und Städte

192 S., 190 Abb.
ISBN 3-9804048-7-0

»Ob Details aus einem Museum, ob Bilder vom Biancograt oder dem Piz Roseg, ob Aufnahmen der Städte, Bauwerke und Menschen: stets höchste Qualität in Foto und Druck.«

aus Der Bergsteiger, Touren-Magazin, Okt. 2002

Register

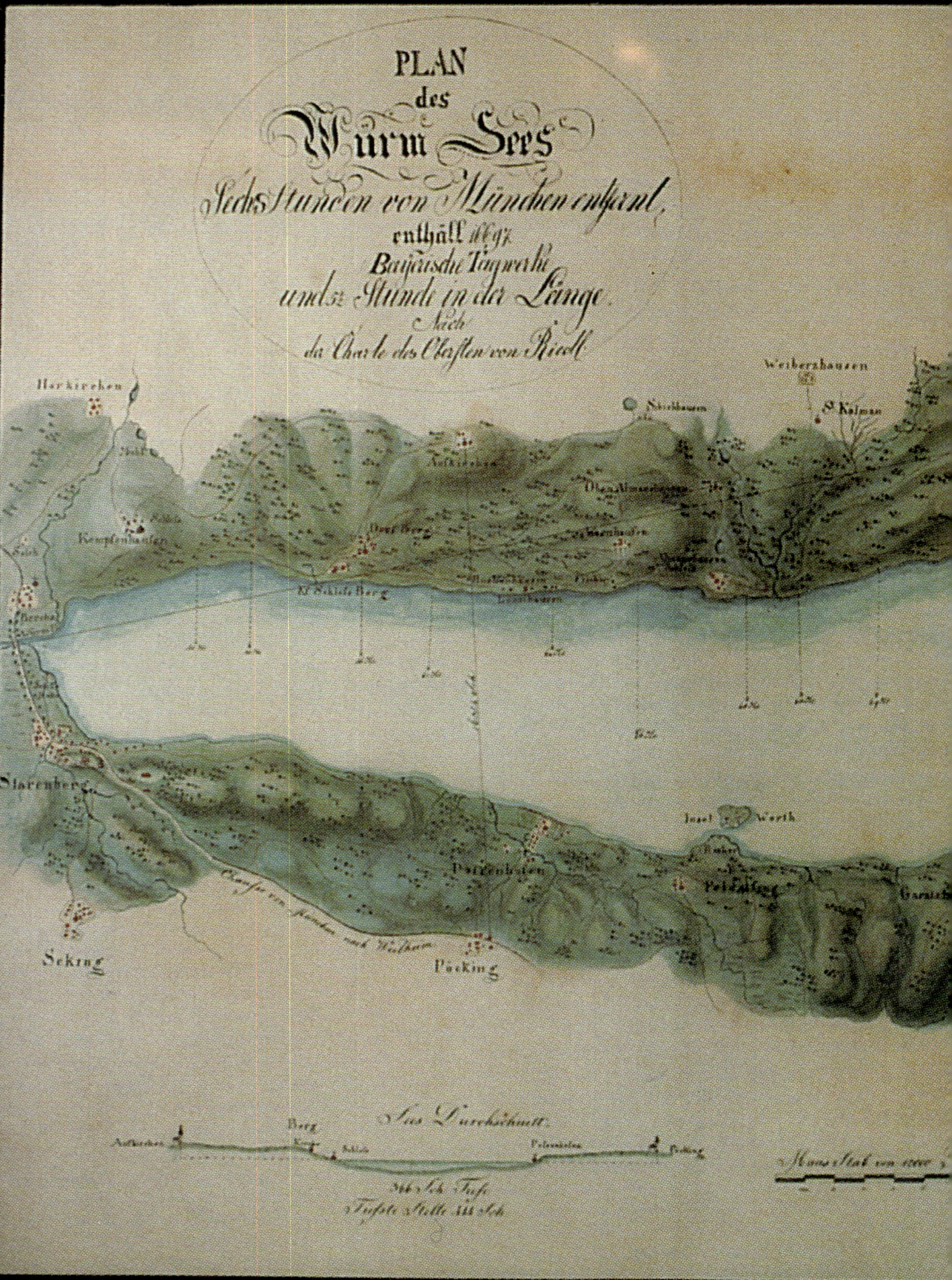
PLAN
des
Würm Sees
Sechs Stunden von München entfernt,
enthält
Bayrische Tagwerke
und 5½ Stunde in der Länge
Nach
der Charte des Obersten von Riedl
Harkirchen
Weiberzhausen
Starenberg
Insel Werth
Seking
Pöcking
Sees Durchschnitt